¿Qué le Sucedió a Juan?

Juan Carlos Martino

¿Qué le Sucedió a Juan?
Versión 1,
Libro 1 de la Serie,
Hechos,
La Manifestación de Dios Tal Como Sucedió,
primera versión publicada del original registrado en la Librería del Congreso de los Estados Unidos bajo el mismo título y número de registro,
Hechos,
La Manifestación de Dios Tal Como Sucedió,
TXu001236143/2005-06-10.

Otros libros de la Serie,
Hechos,
La Manifestación de Dios Tal Como Sucedió,
Libro 2, *El Regreso a la Armonía,*
Libro 3, *El Proyecto de Dios y Juan.*

Todos los derechos reservados.
Copyright © 2015 by Juan Carlos Martino.
All rights reserved.
ISBN-10: 069242167x
ISBN-13: 978-0692421673

Printed by CreateSpace.

Fotografía de la portada,
Amanecer en Melbourne, Florida, USA, 29 de Diciembre de 2014 a las 6:07 AM, tomada por Juan Carlos Martino.

Diseño de la portada por el autor.

DEDICATORIA

A quienes desean superar las barreras que nos inhiben de
conocer y entender nuestro Origen Absoluto,
Dios,
Creación para unos,
evolución para otros,
el proceso existencial consciente de sí mismo,
más allá de las limitadas interpretaciones racionales y versiones
condicionadas por las prácticas culturales que aún prevalecen en
nuestra civilización en la Tierra.

CONTENIDO

Introducción.
Un extraño caso es reportado.   ix

La Experiencia de Juan.
Hacia el 4 de Julio de 2001.   1
2 de Julio.   44
3 de Julio.   74
4 de Julio.   93
Después del 4 de Julio.   157

Epílogo.   227

Notas de Cierre del Autor.   235
Autor.   247

Apéndice I.   249
Advertencia, Promesa, Invitación y Orientaciones de Dios, para iniciar la Re-Creación de mí mismo.

Apéndice II.   255
Fases de la Manifestación y Reconocimiento de Dios.

Apéndice III.   261
Super Conocimientos.

Apéndice IV.   271
Otros Libros.

AGRADECIMIENTO

A Dios,
por haberme concebido *a Su imagen y semejanza,* y por el regalo especial que me hizo en esta presente manifestación de vida, al mostrarme el camino para hacer realidad la mayor experiencia del ser humano:
hacerse parte interactiva consciente y creadora del proceso del que proviene, del que es parte inseparable.

Introducción

Para la policía de la ciudad de Sugar Land, el personal del servicio de emergencia y Hospital Fort Bend County en Missouri City, Texas, es un extraño caso el de hoy,
4 de Julio de 2001.

¡Oh, Dios mío! ¿Qué pasó?

- Cálmese señora. Cálmese. Nosotros vamos a atenderlo y averiguar qué pasó - le dice el oficial de policía a Norma, a poco de llegar ella a la escena abriéndose paso entre tantos policías que tratan de evitar el acercamiento de curiosos.

Norma acaba de ver a Juan completamente ido, perdido, sentado en el cordón de la acera de la congestionada intersección, semidesnudo, descalzo, sin poder responder a nada, ausente a lo que ocurre alrededor de él, con una ramita de arbusto en la mano que no quiso soltar cuando la policía lo encontró con una herida inexplicable en la coronilla de la cabeza. La policía no ha podido hacerle responder sobre lo ocurrido. Este hombre está perdido mentalmente o ha sufrido un serio trauma.

- Sí, sí, pero... por favor, ¿qué pasó? ¡Es mi esposo! ¿Qué pasó con él? ¡Ay, Dios mío!, ¿qué pasó con mi esposo?... ¿Por qué está así? ¿Por qué tanta policía, y todo eso... la ambulancia?

- Señora...

- ...¿Y por qué el camión de bomberos? No veo su... ¿dónde está la camioneta de él? ¿Y su gente?... ¿dónde están? ¡¿Dónde están?! ¿Qué...?, ¿le hicieron algo a mi esposo? ¿Qué le hicieron? ¡Ay, Dios mío!, ¿qué le hicieron?... ¿qué le pasó?

- Señora... señora... cálmese usted - insiste el policía.

El gran despliegue de policía y recursos para casos de emergencia atendiendo una llamada reportando un extraño caso, y el congestionamiento creciente de curiosos que se detiene en la intersección, desasosiegan aún más a Norma haciendo la situación más difícil para el policía que necesita de su ayuda.

- ¿Qué...?

- Señora... ¡señora!, por favor, cálmese.

- ¡Es él, mi esposo! ¡Es mi esposo de toda la vida, el padre de mis hijos! ¿Qué le pasó?

- Señora, por favor, tranquilícese y ayúdeme usted a ayudar a su esposo - insiste el policía ante la creciente desesperación de Norma.

Este policía, que habla español muy bien, conoce a Norma ya que está acostumbrado a verla con su grupo de trabajo en el vecindario que es parte del área que él tiene asignada para patrullar.

- Está bien, está bien... - responde Norma fregándose las manos tratando de contenerse a sí misma frente al inesperado escenario al que se enfrenta. Norma está impactada, desconcertada totalmente frente a la situación a la que arribó sin saber nada de lo que estaba ocurriendo, menos de quién estaba involucrado.

- Necesito hacerle unas preguntas.

- Está bien, sí, sí. Está bien... ¡Ay, Dios mío!, ¿qué es esto?

- ¿Su esposo también salió a trabajar esta mañana?

- Por supuesto, como todos los días. Siempre... salimos siempre juntos.

- ¿Salió solo?

- ¡No! Con su camioneta y su gente. ¿Cómo va a salir solo a trabajar?

- ¿Dónde está su camioneta, entonces? ¿Y sus trabajadores? Señora, ¿está usted... está usted segura que su esposo salió a trabajar hoy?

- ¡Por supuesto! ¿Cómo cree que yo saldría a trabajar si no lo hacemos juntos? ¿Qué? ¿No encuentran su camioneta ni su gente? Él salió con su gente... ¡salió con su gente! ¿Dónde están ellos?

- Señora, la camioneta de su esposo y su gente no aparece por ningún lado. ¿Usted está segura que salió a trabajar con todos?

- Sí, sí...¡por supuesto! Por favor, créame. Salimos juntos. ¡Ay, Dios mío! ¿Qué pasa? ¿Qué pasa? ¿Por qué no me cree? ¡Carlos! Voy a llamar a Carlos... - le dice Norma al policía mientras se da vuelta para ir a su camioneta a buscar el teléfono.

- Un momento señora, nosotros vamos a llamarlo. ¿Quién es

Carlos? - la detiene el oficial.

- Mi hijo. Nuestro hijo. Él trabaja con nosotros. Él estaba con nosotros antes de salir del taller.

- Por favor señora, déme el número de teléfono de su hijo - le pide el oficial, e insiste - nosotros vamos a llamarlo.

Sí, sí, es ...4679, no, no, es ...4697. ¡Oh!, aquí tengo su tarjeta mejor. No puedo acordarme ahora. Aquí está - Norma le extiende la tarjeta que acaba de sacar de su bolsillo que hurgaba nerviosa mientras trataba de recordar el número de Carlos.

- ¿Estaba su hijo Carlos trabajando con su esposo? - pregunta el oficial mientras le extiende la tarjeta a un colega que sigue la interacción entre ambos desde un paso por detrás de él.

- No, no. Carlos trabaja con su camión, pero él estaba con nosotros esta mañana antes de salir. Él sabe de la ruta de trabajo de mi esposo, hacen el programa juntos. ¡Llámelo si no me cree! Él les va a decir que mi esposo salió a trabajar...

- Está bien señora. Ahora van a llamarlo. Dígame, ¿estuvo en su casa su esposo anoche? ¿No habrá estado bebiendo y no regresó...?

- ¿Qué? ¿Qué dice usted? Mi esposo no es un callejero que anda por ahí emborrachándose... ¡Nooo! ¿Cómo dice eso...?

- ¿No estuvo bebiendo esta mañana? - insiste el oficial.

- ¡No! ¿Cómo se le ocurre a usted que mi esposo va a beber antes de salir a su trabajo?

- ¿Qué tomó? - insiste otra vez el oficial.

- ¿Que.. qué tomó? Nada... nada. ¿Qué va a tomar?

- Drogas. ¿No toma drogas? - pregunta ahora el oficial mientras sigue apuntando las respuestas en un papel que tiene en su tablilla de reporte.

-¿Drogas? ¿Qué? ¿Drogas, dice usted? No, no, no. Mi esposo... ¿tomar drogas? No, no... él no toma drogas - responde Norma mientras se dirige para hablarle a Juan sentado a pocos pasos de ellos.

Norma regresa de inmediato junto al policía que apenas alcanza a reaccionar para seguirla mientras sigue escribiendo.

- No puede hablar... pero no, no señor, él no toma drogas. No puede hablar... ¡no puede hablar, Dios mío! Créame. ¡Créame!, él no toma drogas. ¡Ay, Dios mío! ¿Qué le pasó señor?, ¿qué le pasó? - pregunta Norma angustiada al oficial.

- Es lo que tratamos de averiguar...

- Sí, pero, ¿cómo llegó aquí? ¿Por qué está así, sentado, sin hablar? ¿Cómo llegó... así, sin camisa, descalzo? Tiene sangre en la cabeza. ¿Lo vio?... ¡tiene sangre!

- Señora, lo encontraron caminando así, descalzo, apenas con el pantalón y su sombrero manchado de sangre, y con esa ramita de arbusto en la mano, siempre mirando hacia el suelo. No sabemos si tiene una lesión cerebral o en el cuello.

- ¿Cómo es posibe? El salió a trabajar con su gente, como de costumbre... ¿dónde está su gente, su camioneta? ¿Qué fue lo que le pasó? - insiste Norma sin poder salir todavía del impacto recibido.

- No sabemos. Acabamos de llegar respondiendo a una llamada de unos vecinos que venían en su carro por la avenida cuando lo vieron. Estaba caminando por la orilla de la isla, luego cruzó sin mirar, ellos le tocaron bocina, él no respondió, no mostró ninguna capacidad de responder a los bocinazos. Le pasaron despacio a su lado, pero no los vió, no mostró estar consciente de la presencia del vehículo. Entonces decidieron quedarse siguiéndolo detrás de él mientras nos esperaron después que llamaron. Además, les llamó la atención lo que su esposo hizo antes de poder cruzar de la isla a la acera. No pudo cruzar sino como siguiendo algo en el concreto... estaba como buscando por dónde cruzar... es muy extraño el comportamiento que vinieron observando y nos reportaron. No sabemos otra cosa. No sabemos de dónde venía caminando hasta que lo vieron.

- Pero, ¿por qué está sentado ahí, solo? ¿Les dijo algo... qué le pasó en la cabeza?

- No, no quiso, o no pudo responder. Ya van a llevarlo al hospital señora; no se preocupe que ya van a atenderlo. Usted podrá hablar con el médico entonces. Allí van a hacerse cargo de él.

- ¿No les dijo nada?... ¿Nada, nada?

- No, nada... ¡Oh, sí, sí!, algo. Dijo "en la Casa de Dios", cuando le preguntamos dónde vivía. Es lo único que nos respondió de todo cuanto le preguntamos, nada más.

- ¿Qué? ¡Ay, Dios mío, Dios mío! ¿Qué pasó?... ¿Qué fue lo que le pasó? ¡¿Qué pasó con este hombre?!... ¿Qué... qué fue lo que les dijo?... que vive ¿en la Casa de Dios? Pero... ¿qué tiene? - Norma da unos pasos hacia Juan y luego se devuelve hacia el oficial.

Mientras todo esto tiene lugar, Juan permanece ausente, indiferente a cuanto ocurre a su alrededor precisamente a causa de él. Muy quieto, sin haberse movido del sitio en que se le sentó en el cordón de la acera, con sus pies desnudos en el caliente concreto de la calzada, sin levantar su cabeza gacha, Juan solo juguetea con unas piedrecillas que ahora tiene en su mano derecha.

¿Qué ocurrió el 4 de Julio de 2001?

Muchos claman haber tenido una experiencia espiritual y terminan en el hospital, y hasta internados, para ser tratados por problemas mentales.

¿Qué puede hacer a este caso, a esta experiencia que vamos a revisar, diferente de aquellas otras que necesitan de algún tipo de tratamiento médico y, o asistencia siquiátrica?

¿Cuándo estamos frente a un caso sicótico y cuándo frente a una experiencia espiritual?

¿Cuál es el origen real de los casos que se consideran sicóticos pero de raíces inexplicables, que no responden a perturbaciones biológicas causadas por drogas o sustancias nocivas, y a los que se les atribuye entonces una causa emocional?

¿Hay alguna relación real, directa, particular, individual, íntima, entre la mente del ser humano y el proceso existencial consciente de sí mismo del que provenimos, ya sea por Creación o por evolución?

¿Hay alguna manera de entrar al mecanismo de interacción entre la mente humana y el proceso existencial del que proviene el ser humano? Después de todo, todo proceso energético, sea consciente de sí mismo o no, da lugar a algo que lleva impreso al mismo proceso que le da lugar.

A quienes se hacen estas preguntas, particularmente en una civilización de la especie humana que aún no entiende el proceso existencial del que provenimos y nuestra relación íntima con él a través de la mente, les invito a asomarse a esa relación a través de esta extraordinaria experiencia y al mecanismo de interacción entre la mente humana y el proceso existencial del que proviene y del que es parte inseparable, con el que interactúa constante, permanentemente, aunque somos todavía mayormente inconscientes de ello.

¿Es esta experiencia solo para quienes creen en Dios?

Es para todos, crean o no en Dios como nuestro Origen, en alguna interpretación racional limitada por nuestras referencias de desarrollo, y, o condicionadas por las prácticas culturales. En esta experiencia, Dios es el Origen Absoluto del ser humano; es el proceso existencial del que el ser humano proviene, no importa por qué mecanismo, Creación o evolución. El ser humano no se ha creado a sí mismo sino que proviene de una presencia previa a la consciencia de sí misma de la existencia; presencia que ya ha sido reconocida por científicos y teólogos, aunque luego ambas disciplinas del proceso racional humano se desvían de sus propios reconocimientos.

¿Qué nos propone hoy Juan frente a lo que quienes le asistieron ese día, 4 de Julio de 2001, reportaron como un extraño caso, inexplicable para ellos, es decir, no ligado a ninguna sustancia tóxica ni a ningún problema biológico?

Juan nos sugiere revisar su experiencia en detalle, como si el lector estuviera presenciándola de primera mano junto a él. Había una razón para que Juan pudiera registrar, día a día, todo lo que ocurría, a pesar de lo que ocurría luego de la desvastadora primera experiencia que precedió a la segunda que le condujo al estado en que lo hallaron el 4 de Julio de 2001.

Abriendo una ventana a otra dimensión de la realidad existencial.

Si deseamos entender qué le ocurrió realmente a Juan tenemos que cambiar nuestra actitud con respecto a la mente del ser humano y su relación con el proceso universal; tenemos que liberarnos de interpretaciones racionales limitadas y de la influencia de prácticas culturales en las sociedades de nuestra civilización que inhiben, o limitan, la capacidad natural para extender nuestra mente más allá del entorno material del proceso universal que se alcanza por nuestros sentidos materiales.

Hay una relación íntima, directa, real, energética, entre la mente del ser humano y el proceso existencial, la mente universal. El ser humano es un proceso consciente de sí mismo que a su vez es un sub-espectro del proceso universal del que proviene.

Necesitamos entender el proceso de desarrollo de la consciencia de la especie humana.

¿Podemos?

Podemos, si tenemos interés.

Esta experiencia nos abre las puertas a la relación entre la mente del proceso universal y la mente del ser humano jamás explorada antes.

No vamos a introducirnos ahora en esta relación sino a la experiencia que nos abre las puertas a ella para quienes deseen ir a ella luego.

¿Por qué necesitaríamos entender el proceso existencial en el que estamos inmersos y del que somos parte inseparable?

Porque nuestras experiencias de infelicidades y sufrimientos depende de ello. Esta dependencia se explora en los libros que resultan de esta experiencia que vamos a revisar aquí. Entre las cosas de mayor interés inmediato con relación a las distorsiones de la mente humana tenemos la raíz de la violencia en la especie humana, a pesar de su naturaleza divina.

¿Es Juan un caso para la ciencia médica, para la teología, o para ambos?

¿Tuvo un ataque sicótico[*] o realmente "cruzó" una frontera del pensamiento humano para pasar a otra dimensión de la realidad existencial, de consciencia del proceso existencial?

La especie humana en la Tierra cuenta con una multitud de experiencias de individuos, en todas las épocas y culturas de nuestra civilización, que pudieron sobreponerse por sí mismos después de haber sufrido severos traumas personales, sentimientos de estar irremediablemente entrampados en un estado negativo, distorsión de la función mental por sustancias nocivas, y estados de profunda depresión y pensamientos obsesivos de suicidios, entre otros. Más aún, algunos de ellos terminaron en otro estado de realidad existencial, o de consciencia espiritual, por el que se constituyeron en inspiradores del reconocimiento y uso del extraordinario poder inherente a la especie humana para re-crearse a sí mismos frente a toda y cualquier circunstancia o experiencia de vida.

Conforme a las orientaciones prevalentes en el mundo, en el modelo de asociación de la especie humana en la Tierra y su consciencia colectiva, la conclusión casi inevitable, e incluso desde antes de terminar la lectura de este Libro 1, es que Juan sufrió algún tipo de ataque sicótico.

¿Qué hace diferente a este caso de Juan de esos otros que nos llegan del pasado y el presente, que resultaron en experiencias de superación y re-creación de sí mismos?

Juan nos participa su experiencia tan profusamente detallada que no puede dejar de asombrarnos la extraordinaria oportunidad que nos ofrece para asomarnos a la frontera del proceso racional del ser humano y su conexión con el proceso del que provenimos.

Una pregunta, siempre abierta al debate, formulada por quienes pasan por experiencias sicóticas y sus familias, no solo los profesionales en la ciencia médica mental, es la siguiente,

¿Cuándo un caso sicótico, tal como lo entiende y define la medicina, es una distorsión de realidad producida por sustancias que afectan al arreglo biológico, una reacción a un trauma emocional, o un "salto", una trascendencia a otra dimensión de consciencia, a otra dimensión de la realidad existencial?

Les invito a explorar esta experiencia de Juan con Dios que nos abre una ventana a la interconexión jamás antes explorada entre la mente del ser humano y la mente de Dios.

¿Cómo podría tener que ver con Dios la particular experiencia que Juan tuvo y que se les participa en este Libro 1? Querer relacionar esa experiencia con Dios va contra todo lo que se cree, contra lo que se ha enseñado a creer o aceptar como cierto en nuestra relación con Dios, con el proceso existencial consciente de sí mismo, universo, cosmos, como quiera que reconozcamos al origen del que provenimos, Creación o evolución, o ambos. Sin embargo, Juan nos ofrece luego, en el segundo libro, reflexiones e interpretaciones que son las bases para resolver las mayores inquietudes científicas y teológicas de nuestra civilización de la especie humana en la Tierra.

El propósito de ofrecer este Libro 1 sin interpretaciones, es, precisamente como lo dice el autor, dar la oportunidad al lector a buscar sus respuestas fuera de las explicaciones del mundo, íntimamente, dentro de sí mismo, por sí mismo, conforme a su individualización y no sujeto a las expectativas del mundo.

Luego vienen sus interpretaciones y el resultado de la experiencia de Juan que, aunque muestra el camino para resolver las mayores inquietudes racionales y teológicas de la civilización de la especie humana en la Tierra, permanecen sujetas a debate por quienes no pueden todavía "saltar", trascender a otra dimensión de la existencia, a otra dimensión de consciencia, de realidad en el proceso universal.

Para todos, al alcance de todos quienes buscan la felicidad y realización de sí mismos por sí mismos, en cualquier y todas las circunstancias de vida, y para quienes desean respuestas que el mundo no les dá, Juan nos trae las orientaciones y el proceso mismo que nos permite hacer realidad la experiencia de vida que deseamos, o creamos, y las explicaciones a las circunstancias de vida a las que debemos enfrentar para lograrlo; orientaciones para las soluciones a los problemas globales de la civilización y las inquietudes individuales que no pueden ser alcanzadas con las actitudes mentales por las que se desarrolla la especie humana en la Tierra en el presente; actitudes por las que no puede seguir las orientaciones naturales de desarrollo integral, material y espiritual, del ser humano en armonía con el proceso existencial, Dios, que están, desde siempre, a la disposición y alcance de todos, ¡desde el mismo proceso existencial del que proviene, del que es parte inseparable y en el que está inmerso! A pesar del desarrollo intelectual del que se precia la humanidad, sin dudas es un desarrollo extraordinario, sin embargo nuestra especie humana no puede todavía crecer desde la realidad aparente en la que se encuentra ahora, no obstante haber alcanzado un gran desarrollo intelectual temporal. Es que hay algo más detrás de la realidad aparente en la que estamos manifestados y que no se alcanza bajo la orientación de desarrollo prevalente actualmente en toda la civilización, en todas sus sociedades. Nuestra realidad está confinada por seguir orientaciones racionales limitadas como para ser referencias de un proceso de desarrollo mental de una realidad existencial más allá de la que se accede por los sentidos materiales, y además, por ser muy fuertemente condicionadas las experiencias mismas del proceso existencial en el ser humano por las prácticas culturales. La realidad existencial se extiende al dominio espiritual a través de la mente. Del desarrollo mental depende nuestra realidad más allá del entorno material que nos rodea, siempre y cuando el desarrollo tenga lugar siguiendo las referencias primordiales, eternas, que aunque las hemos reconocido no las seguimos. Reconocemos las interacciones *mente y cuerpo* para producir lo que llamamos milagros, pero no reconocemos las interacciones entre *alma, mente y cuerpo* para trascender a otra dimensión de la realidad existencial.

Sí, nuestra realidad existencial está ciertamente confinada.

¿Acaso no admitimos que hay mucho más de lo que podemos imaginar en nuestra relación con todo el universo, el cosmos, el proceso existencial consciente de sí mismo, como queramos llamarle a la Unidad Existencial?

La Unidad Existencial es Todo Lo Que Es, Todo Lo Que Existe, Energía de Presencia Eterna, Fuerzas Naturales, Espíritu de Vida; es el Origen Absoluto que sustenta un proceso consciente de sí mismo al que reconocemos muy limitada, condicionadamente, y llamamos Dios, de Quién somos parte inseparable. Somos parte inseparable de la Consciencia Universal, y parte inseparable de la Mente Universal, ¡de la mente de Dios!

Hay más, mucho más que esto que anticipamos.

El desarrollo de nuestra realidad depende de la relación con

Dios, con nuestro origen, con el proceso del que provenimos.

¿Conocemos a Dios, al proceso existencial del que provenimos, o sólo creemos en una versión racional limitada, condicionada por las aproximaciones culturales?

La experiencia de Juan nos abre nuevas puertas para entender a Dios, al proceso existencial consciente de sí mismo, y nuestra relación con él.

Hay algo que requiere nuestra atención al leer. Al margen de los resultados finales que pueden ser revisados en los libros (y dicho sea de paso, ¿cómo podría juzgarse qué pasó con Juan antes de leer sus reflexiones e interpretaciones, y el fruto de ellas?) hay algo primordial en este primer libro que Juan hizo para *"abrirse a sí mismo las Puertas del Cielo"*, y algo por lo que el *Cielo* continuó respondiendo pese a una equivocación reiterada de Juan.

¿Por qué continuaría respondiendo el *Cielo*?

¿Es acaso Juan un preferido del *Cielo*?

No, no lo es.

En el *Cielo*, en el proceso existencial consciente de sí mismo, no hay preferidos.

No hay preferidos en Dios pues cualquier y toda preferencia Le negaría dado que Dios es amor primordial incondicional, y profesa amor irrestricto por la especie humana, por *Su propia re-creación a imagen y semejanza de Sí Mismo*.

No. Juan reconoció y respondió a una acción de Dios como Él lo ha dispuesto al alcance de todos, y desea, estimula, y espera de todos y cada uno de nosotros.

Juan reconoció haber hecho algo mal frente a Dios y buscó la respuesta en Dios, no en el mundo. Juan buscó en interacción directa, íntima con Dios, el camino para resolver y no para pedir a Dios que le resolviera la equivocación.

Entonces, si fue Dios, ¿cómo, y por qué, haría Dios algo por lo que la compañera de Juan, su esposa Norma, sufriera tanto?

¿Es posible confundir una experiencia espiritual con un caso sicótico?

En nuestra civilización, sí.

Si no reconocemos que el proceso mental tiene lugar en el dominio primordial o espiritual de la existencia, y que nuestra mente es un sub-espectro de la mente universal, entonces no podemos entender las manifestaciones espirituales y las reacciones a las que dan lugar en los seres humanos, ni las razones de esas reacciones en conflicto con la naturaleza de la manifestación.

La experiencia de Juan nos introduce al proceso existencial a través de una interacción particular de éste con la mente humana que permitirá finalmente reconocer la relación entre ambos.

Juan fue estimulado a entender el proceso existencial, aunque de una manera muy particular a la que también había que entender.

Sólo había una manera de entender: interactuando con el mismo proceso del que provenimos, con Dios, a Quién llevamos dentro nuestro, en nuestra alma, corazón, esencia humana, y no con alguna de las versiones de Dios que sigue el mundo.

¿Por qué a través de una experiencia tan desvastadora?

¿Por qué las consecuencias para Norma, la esposa de Juan?

Tenemos éstas y otras respuestas fundamentales para reorientar nuestras actitudes frente a la vida, al proceso de experimentar nuestra función natural... ¡en el universo! Tenemos las razones por las que el mundo en que vivimos es como es, y sin embargo, y a pesar de él, podemos terminar con nuestras experiencias de infelicidades y sufrimientos que vienen plagando a la especie humana desde su arribo a la Tierra.

Nuestro Origen Absoluto, el proceso existencial del que provenimos, está a nuestro alcance, de todos, por sólo desearlo y hacer lo que hay que hacer para lograrlo. Este libro nos muestra el camino de Juan por el que estableció una interacción consciente con el Origen Absoluto que le condujo a entenderle.

A pesar de lo desvastadora de esta experiencia para Juan y muy particularmente para su esposa Norma, esta experiencia fue de naturaleza espiritual.

El reconocimiento de la naturaleza de la experiencia de Juan fue espontáneo, pero para entenderla hizo falta un largo proceso que llevó a Juan al Origen Absoluto de la existencia consciente de sí misma y al proceso de creación de nuestras experiencias de vida, inconscientemente primero, luego conscientemente.

Como una estimulación para todos, esta experiencia de Juan nos abre las puertas a todos para hacer realidad la más grande experiencia del ser humano: ser parte consciente, creadora, interactiva, del proceso existencial.

Quienes hagan lo que realmente hay que hacer no tienen que pasar por el camino de Juan, ni por el camino que pasan los que siguen al mundo, para hacer realidad la experiencia de vida que desean en toda y cualquier circunstancia que deban enfrentar. Ya no.

Este libro es para todos, crean o no en Dios.

Creer en Dios como Origen no es suficiente para llegar a Él, por una parte, y quienes no creen en Dios pueden beneficiarse de Dios siguiendo una orientación primordial, absoluta, que rige el proceso existencial y la consciencia de sí mismo, que no depende de la interpretación racional bajo la que se reconozca o no a Dios. Podemos entender a Dios, el proceso existencial del que provenimos. Está a nuestro alcance, de todos, si tenemos interés. Llegar a Dios significa alcanzar la dimensión absoluta de consciencia del proceso existencial, y esto depende de nosotros, no del proceso existencial, no de Dios.

(*)
Sicosis.
Es el deterioro mental, de la capacidad del proceso racional, para reconocer o interpretar la realidad y responder emocionalmente a ella. (Obviamente esta definición responde a nuestra experiencia limitada del proceso existencial).

Acerca de los Hechos.

Algo más, antes de ir a revisar la experiencia de Juan.

Los hechos se participan tales como ocurrieron.

Muchos de los que creen en Dios no podrán reconocer o aceptar la intervención de Dios en esta experiencia simplemente por el temor cultural que se genera por las interpretaciones racionales limitadas de Dios, el Origen Absoluto, proceso existencial consciente de sí mismo, que prevalecen en nuestras sociedades, y por el condicionamiento impuesto por las prácticas culturales de esas interpretaciones, versiones.

Para quienes no creen en Dios, este testimonio es el de quién pasó por una experiencia de la misma naturaleza de las que muchos de ellos pasan y que requiere de atención diferente a las que la ciencia, la religión y los líderes sociales proveen. Muchos de quienes no creen en Dios tienen, sin embargo, una actitud en armonía con Dios, sin darse cuenta de ello pues a quién niegan o rechazan es a la interpretación racional limitada de nuestro Origen Absoluto.

Si se desea entender a Dios, los que creen en Dios, o al proceso existencial del que provenimos, los que no creen en Dios, como ya se dijo y volveremos a insistir, se debe cambiar la actitud mental siguiendo al corazón, a la esencia del ser humano, y no a las interpretaciones del mundo. Nuestra esencia se revela, manifiesta, en nuestros sentimientos íntimos.

No todos los pensamientos son nuestros.

Somos un proceso energético consciente de sí mismo que genera pensamientos que son arreglos de información y conocimiento, de relaciones causa y efecto.

Somos una estructura energética pulsante, una entidad receptora y emisora particular inmersa en otro proceso, aquél del que provenimos, de manera que hay una interacción, consciente o no, entre ambos, y cuyo mecanismo se pone hoy a nuestro alcance.

Estamos inmersos en un proceso consciente de sí mismo del que la especie humana es un sub-espectro, y cada individuo es un sub-espectro de la especie, por lo que dadas ciertas condiciones los sub-espectros se superponen, y los pensamientos e interacciones en diferentes sub-espectros se comparten sin ser conscientes de ello. Esto ocurre, tenemos innumerables casos, pero no conocemos el mecanismo de sus interacciones en unos casos, de interferencias en otros, mucho menos cómo protegernos de las últimas.

Finalmente, dos notas de precaución al leer este libro.

Quizás se mencionan brevemente algunos aspectos de ciencia del universo que no se entiendan, en los hechos antes de tener la experiencia objeto de este libro. No se preocupen, no importan por ahora. No son esos aspectos a los que el lector debe prestar su atención si no son de su interés, sino a un aspecto muy particular de la existencia, un aspecto que captura el interés de Juan y está al alcance de todos; deben atender a lo que se genera en Juan en relación a Dios por su interés por ese aspecto tan particular, porque ese aspecto, a su vez, está muy íntimamente vinculado con Dios, el Origen, el proceso consciente de sí mismo del que provenimos, ya sea por Creación, por evolución, o por ambos.

En algunas ocasiones leerán pensamientos incoherentes, que no tienen sentido en el momento. Pero Juan los registró, a todos, y más adelante, luego de un proceso de reflexiones e interacciones con la fuente de esos pensamientos, resultaron ser orientaciones extraordinarias. Tal vez el lector desee pasarlos por alto, pero luego querrá regresar a ellos.

En ciertos momentos la narración es repetitiva. No se altera lo que Juan ha experimentado en cada momento, que precisamente es parte de lo que se toma como elementos de comportamientos típicos de los casos que en nuestro mundo se consideran como sicóticos, y a los que se les responden y tratan como tales, dejando de observar particularidades fundamentales que distinguen a las diferentes experiencias de la mente humana y sus interacciones con las diferentes dimensiones de la estructura de consciencia del proceso existencial, universal. Es de gran importancia captar el estado emocional en el momento, más allá de la mera narración de los hechos, y las reacciones frente a esas emociones. Por otra parte, y muy a menudo, en una revisión que se toma como repetitiva hay elementos claves que no se habían expresado antes. Mas aún, la repetición en estos casos es parte de un mecanismo de asociación entre sub-espectros del proceso existencial, de la mente universal, que la ciencia no reconoce y la teología no se atreve a explorar.

Un error común en quienes rodean y tratan al "paciente" de una experiencia de perturbación es suprimir en él el comportamiento anormal porque no se entiende el origen de esa perturbación, y luego averiguar qué la causó, cuando el tratamiento puede limitar y hasta inhibir la capacidad natural del individuo para conciliar dos componentes de la estructura energética trinitaria humana cuya interacción permite el desarrollo de consciencia, y que son los componentes que bajo circunstancias hoy explorables se encuentran en conflicto generando la perturbación del proceso racional. Mientras ciencia y teología se excluyan entre sí porque sus áreas de exploración racional de la experiencia de vida tienen lugar en diferentes dominios energéticos del proceso existencial, universal, la civilización de la especie humana continuará restringida en la exploración del proceso existencial que tiene lugar en los dos dominios energéticos, y por lo tanto, limitada en el entendimiento del proceso del que es parte inseparable, ¡del proceso con el que interactúa permanentemente! a pesar de ser mayormente inconsciente de ello.

La Experiencia de Juan

Notas sobre nuestro español.

Las interacciones entre Norma, mi esposa, y yo, tienen lugar en castellano argentino, empleando el voseo típico de nuestro país de origen, que hace uso del pronombre *vos* en lugar de *tú* y las conjugaciones alternas particulares correspondientes del presente indicativo e imperativo de los verbos. Nuestra relación, iniciada y cultivada desde muy jóvenes, tuvo lugar en esta versión del español, por lo que es nuestra versión íntima.

Con el fin de enfatizar en algunos aspectos y, o conceptos descriptos por palabras, hago uso de separaciones en palabras que usualmente no la tienen pero la permiten, como re-creación (volver a crear) para no confundirla con recreación (entretenimiento), y para acentuar el concepto en otros casos como re-definir (la fe, creencia), re-distribución (energética) y re-ajuste (del arreglo de identidad temporal, cultural).

Empleo las dos palabras *conciencia* y *consciencia*, para destacar con *conciencia* al aspecto moral del reconocimiento de sí mismo del ser humano y, o su estructura de referencia, de normas y reglas que rigen su comportamiento, mientras que con *consciencia* me refiero al *reconocimiento con entendimiento* del proceso existencial y sus manifestaciones, particularmente en el dominio energético primordial (o espiritual).

Hacia el 4 de Julio de 2001

19 de Junio.

Es algo más de las seis de la tarde.

Acabo de llegar a casa luego de otro día de trabajo que comienza antes de salir el sol.

Norma no ha llegado todavía; no veo la camioneta roja en el acceso a nuestro garage.

Hoy tenemos que regresar del taller separados porque tuve que ir a hacer un estimado de trabajo mientras ella fue a llevar a los muchachos, y no iba a hacerla ir conmigo sin necesidad; pero el dueño de casa no estaba, tuvo que cancelar el estimado, y me dejó una nota en la puerta del frente de su casa junto al timbre de entrada. Nada agradable que pase esto después de un día de trabajo bajo el sol, pero ocurre de vez en cuando.

Bajando de mi camioneta que uso para los estimados, es la que no está enganchada a ningún trailer y siempre disponible en el taller, me dirijo a buscar la correspondencia en el cartero junto a la calle. Tomando las cartas le silbo a Chester, nuestro cocker spaniel que asoma su hocico por la puerta entreabierta del garage. Me acerco a él, lo palmeo, le hablo para tranquilizarlo, me lame la mano; ya voy a abrirle la puerta de atrás para que salga al patio. Me dirijo a la entrada de la casa mientras reviso la correspondencia sobre mis pasos.

No hay nada fuera de lo usual y los anuncios comerciales con las ofertas de la semana... ¡Oh, no, no!, hoy sí tengo nuevo material para leer. Veamos qué hay.

Como todos los martes, este 19 de Junio recibo la revista Time correspondiente a Junio 25, 2001. La portada promoviendo el artículo principal *¿Cómo terminará el universo? ("How the Universe Will End?")* captura instantáneamente mi atención. El subtítulo continúa no menos atractivo *"Buscando profundamente en el espacio y en el tiempo los científicos acaban de resolver el mayor misterio en el cosmos".* "Diablos, esto sí me suena realmente interesante hoy", me digo a mí mismo. Al mismo tiempo, muy brevemente, se me antoja muy rimbombante el comentario acerca de que los científicos *"acaban de resolver el mayor misterio del cosmos, del universo".* Pero no tengo tiempo para más por ahora. Ya lo leeré en la noche, antes de ir a dormir, en el único rato de lectura de que dispongo. Como todos los días, éste ha sido otro largo día de trabajo, larga jornada como las que hemos venido realizando durante años. Es pleno verano. Calor. Sudor. Polvo. Cansancio. Sueños. Proyectos. ¡Ahh...! Eso sí, siempre plenos de sueños y los proyectos para hacerlos realidad. Todos los días dedico un rato a los sueños, casi tanto como a la lectura. Todos los días pienso en nuestra experiencia de vida, y en el trabajo para alcanzar todo cuanto hemos logrado entre todos, con gran fe y disposición para el trabajo arduo toda la familia, con voluntad y gran sentido de unión familiar. Dios ha sido muy generoso conmigo y con mi familia, siempre. Toda mi vida he ido tras mis sueños, a los que les hice sueños de toda la familia; sueños que Dios ha venido ayudándonos a hacerlos realidad, sólo para dar paso a nuevos sueños, nada espectacular quizás a los ojos de los demás, pero sí extraordinarios para mí, y de alguna manera para la familia, objeto y razón de mis esfuerzos y de los esfuerzos de Norma, mi esposa, mi compañera en la travesía de la vida que nos ha traído hasta aquí, hasta esta tierra, con el apoyo de nuestros hijos respondiendo a las circunstancias y no dejando que ellas les desvíen de sus propósitos íntimos individuales.

Norma y yo trabajamos en servicios de jardines y corte de grama, que iniciamos y desarrollamos entre toda la familia, y que hoy continuamos muy apoyados por Carlos, uno de nuestros tres

¿QUÉ LE SUCEDIÓ A JUAN?

hijos, que es parte de la compañia y trabaja en servicios de tratamientos de fertilización de grama y árboles. Carlos vive con su esposa e hijo Evan muy cerca de nuestra casa. Omar, hermano mellizo de Carlos, está estudiando en Denver, Colorado; y Mariano, el mayor, ya graduado, casado, vive en San Antonio, Texas, con su esposa y pequeña hija Sofía.

Tenemos una gran cantidad de trabajo diario de lunes a sábado, que nos han hecho ir dejando todas las otras áreas de trabajo con las que nos abrimos paso frente a este reto en esta tierra, solos; bueno, nunca solos sino con ayuda de Dios, obviamente.

Abriendo la puerta de entrada viene a acercarse, como siempre lo hace cada vez que nos oye entrar a Norma o a mí, Casey, la perrita cocker spaniel negra. La acaricio, salta afuera a hacer sus necesidades aunque siempre apurada por entrar conmigo. Termina y regresa a su alfombra frente al sofá, a mi puesto que tomo cuando veo televisión. Le encanta ver la televisión conmigo, o mejor dicho, le encanta estar conmigo. Yo fui quién la alimentó con tetero de leche a poco de habernos sido entregada luego de nacer. El otro perrito, Chester, oye el alboroto en la cocina al lado del garage y se desespera por salir también. Voy a abrir la puerta del garage que da al patio de la casa. Chester sale disparado a hacer sus necesidades y a retozar locamente en la grama corriendo de un extremo al otro del patio; luego de unos minutos viene a gemir al otro lado de la puerta de salida del comedor al patio para que deje salir a Casey allí, con él. Me apena por él porque a pesar de sus gemidos y arañazos a la puerta con los que pide estar con Casey, Casey prefiere quedarse adentro, en su puesto a los pies del sofá.

Este día de Junio la rutina de trabajo de oficina después del trabajo en el "campo", al aire libre, no es nada diferente de la de los demás días.

Antes que nada, tomo una ducha.

¡Ah! qué bien sienta quitarse el sudor y el calor dejando correr el agua fría por todo el cuerpo y un rato por el rostro. Salgo de la ducha, me seco, pongo unos bermudas, y ya mucho más cómodo, después de liberarme del sudor y polvo pegado por todas partes, regreso a la planta baja.

Casey me sigue con la mirada esperando por su comida. Voy a darle algo de anticipo, lo mismo que a Chester, pero es cuando venga Norma que ambos van a comer lo que les gusta a cada uno pues ella les prepara su comida preferida también; los dos comen comida casera.

Les doy un par de crackers y un trocito de queso a cada uno que están a ambos lados de la puerta entre la cocina y el garage, Casey del lado de la cocina, Chester en el garage. Chester simplemente hace desaparecer todo de un brusco y apurado tarascón mientras que Casey deja que ponga lo suyo en su plato y luego come con delizadeza, aunque con hambre también. Ella no pierde su dignidad, es lo que siempre se me ocurre pensar frente a la hilarante torpeza de Chester.

A veces estoy algo cansado y por un instante es como si resintiera haber tomado esta responsabilidad frente a estos animalitos, pero es algo fugaz que se pasa por mi mente como consecuencia del cansancio al final del día; lo que en realidad siento es una gran alegría de contar con ellos, con su amor incondicional, y hasta con sus dependencias de nosotros, particularmente de Norma que los consiente tanto. Casey puede disfrutar mucho estar a mi lado, pero a la hora de comer corre junto a Norma; lo mismo Chester.

Mientras Casey come lo suyo en la cocina, yo me voy un rato afuera, al patio, con Chester. No deja de saltar alrededor mío; amenazo con correrlo y sale disparado, pero regresa de inmediato con sus festejos.

El jardín se ve bien bonito. He puesto algunos árboles frutales además de las plantas decorativas, pero es la mano de Norma lo que le tiene tan bonito. Ella ama las plantas, y éstas le responden con su exhuberancia de flores de vivos colores. Me gusta mucho

¿QUÉ LE SUCEDIÓ A JUAN?

la amplitud del patio pues se extiende hasta el riachuelo que corre a unos cincuenta metros detrás de él, de modo que en la práctica todo ese terreno es parte del nuestro. Corre una fresca brisa a esta hora, que hace sentir muy bien a uno luego del fuerte sol durante el largo día. No me disgusta trabajar bajo el sol, no me afecta emocionalmente estar al sol, bajo este calor sofocante, húmedo; es más, incluso prefiero estar fuera que dentro de una oficina si el trabajo en la oficina no es creativo, no podría estar en una oficina haciendo algún trabajo monótono, pero estar al sol obviamente cansa al cuerpo. Lo malo de este trabajo es la manera en que hay que hacerlo dada la gran competencia y las expectativas de muchos de los clientes.

Voy a nuestra oficina junto a la entrada de la casa, al otro lado del comedor.

Tengo que revisar numerosos mensajes dejados en el teléfono. A veces no sé si comenzar por los mensajes. El rojo titileo de la máquina contestadora de llamadas pareciera desconcentrarme de las prioridades. Tengo que pasar a la computadora la lista de los trabajos ejecutados; tengo que preparar el programa para el día siguiente, y echarle una mirada a los varios estimados pendientes alineados sobre el escritorio. La correspondencia recibida incluye los cheques de pagos, los que tendrán que esperar hasta el fin de semana, y las infaltables cuentas, algunas de las cuales no van a esperar; ciertamente no las que ya he venido dejando pendiente por mi acción desde hace varios días y al menos tengo que volver a revisarlas para ir procediendo luego de acuerdo con sus fechas de vencimientos. También está el reporte anual de los impuestos a las ventas. El "sobrino del Tío Sam", el Controlador de Texas (Texas Comptroller) no va a esperarnos. Ya he solicitado una extensión por tres meses pero no quiero esperar hasta el fin de ella. Entre todo el papeleo recibido están también los infaltables folletos, las revistas y otras menudencias, propagandas, cupones, que se suman callada, subrepticiamente, a este paquete de cosas que se unen como conspirando diariamente, sin cesar, para robarme hasta el último minuto libre. "¿Por qué no buscás ayuda, eh?", me pregunta Norma muy a menudo. "¿Por qué no busco ayuda?", me repito a mí mismo también a menudo. ¡Ah! ¿Por qué? Es otro asunto. No es tan fácil resolver este aspecto cuando se maneja un negocio de la familia con las características como lo hacemos nosotros. Éste no es, al menos para nosotros, otro negocio convencional más. La familia, toda, le ha dado su característica especial, y también está mi propio celo por el manejo de sus aspectos y las responsabilidades para con todos, incluyendo los trabajadores y clientes.

No puedo evitar suspirar frente a la cantidad de pequeñas tediosas tareas por hacer antes de cenar y después de haber estado todo el día trabajando afuera; "pero algún día esto cambiará", me repito otra vez en un interminable rito donde supongo que expreso mi más profunda convicción de que tarde o temprano esta situación de trabajo cambiará. No es tanto el trabajo en sí lo que deseo que cambie sino tener algún tiempo para mí, y para todos, especialmente Norma. Una vez más, y como siempre, le agradezco a Dios por sus tantas bondades, pero también en silencio le hago llegar mi deseo por tener algún tiempo libre. Estudiar, leer, pensar, son mis grandes pasiones. Acepté cambiar la ingeniería por un servicio básico, pero jamás he renunciado a estudiar, leer, pensar para entender más sobre la existencia toda. Me apasiona buscar y resolver casos inusuales en mi mente. Me gusta retarme a mí mismo. Si me considero un intelectual es en este sentido, inquieto por saber.

Llega Norma.
Para Norma la situación no es nada mejor. También acusa el cansancio, no solo del día sino el de tantos años de mucho trabajo fuerte y entrega a nuestros proyectos; para ella el trabajo es muy duro, y a pesar de ello, sigue adelante. Yo quisiera que no lo hiciera, sin embargo, desea ayudarme, y ella misma insistió en

que yo la preparara a hacerle frente a este trabajo a veces, tal vez muchas veces, muy ingrato para una mujer.

Me entrega su lista de trabajos y el reporte diario de su ejecución y las novedades.

- ¿Todo bien? - le pregunto.
- Todo bien, sí - responde y sigue hacia la cocina.

Sigo haciendo mi trabajo en la oficina.

Trabajo sin dejar de navegar en mis pensamientos.

Hemos podido vencer muchas dificultades, la familia toda, sí; hemos podido concretar nuestras aspiraciones, hemos podido dar forma real a nuestra nueva vida en un nuevo entorno. Una vez más, nada espectacular pero sí muy profundo, trascendente para la vida como familia, como una célula básica. Siento que hay algo muy profundo que no puedo expresar, que no se puede ver. Sólo puedo sentirlo, pero no puedo definirlo. De todas maneras, aunque no puedo definirlo me hace inmensamente feliz. Es algo dentro de mí que siempre me ha hecho feliz, sin importar las circunstancias. ¡Cómo me gustaría compartir ese sentimiento que ahora no puedo definir!

Ahora, una vez más inmerso en mis pensamientos y proyectos, vuelvo a suplicar en silencio por tiempo libre. No nos falta nada material, a Dios gracias. Pero, de verdad, ¡cómo me gustaría tener algún tiempo libre! ¿Cómo podría explicarlo? Siento que lo tengo todo, y no me importa el trabajo duro, no en mí, pero la necesidad de tener tiempo libre se hace muy fuerte; tiempo para pensar, meditar, contemplar, es algo esencial para mí, más allá de una explicación simple. Desde pequeño he sentido una gran inclinación por leer muy diversamente, en especial sobre aventuras y ciencia ficción, y experimentar con electricidad y magnetismo.

Norma me llama a cenar.

Ella llega a casa y tampoco deja de trabajar sino que se mete en la cocina. Ninguno de los dos estamos acostumbrados a comer fuera de casa, excepto en algunas ocasiones para salir de la rutina o celebrar algo.

Ceno apurado; es lo normal. Norma ya ha estado comiendo mientras preparaba nuestra cena. Me toca el corazón ver su rostro cansado. ¿Qué podría hacer? Ambos estamos cansados, ambos continuamos en la entrega al trabajo. A veces me siento realmente atrapado entre mi felicidad, mis pensamientos aparentemente contradictorios buscando tiempo para dedicarme a más actividad mental para desarrollar mi entendimiento de la existencia, y expandiendo el negocio para generar los medios para desarrollar opciones a este tipo de actividades; y también, viendo el cansancio de Norma, siempre pensando en una alternativa para este trabajo de ella. Toda opción requiere de más dinero, y eso hace que tenga menos tiempo libre, con lo que se cierra más el círculo vicioso del que me quiero liberar alguna vez.

Conversamos poco en este breve rato que tenemos juntos en casa Norma y yo. Ella se va a regar las plantas de nuestro jardín, algo que le agrada y relaja, que son realmente "sus plantas" y que tanto le gusta. Yo me encargo con resignación de revisar y devolver los mensajes dejados por nuestros clientes. Esto es algo que realmente no me gusta nada tener que hacer porque las interacciones por teléfono me generan una tensión a causa de mi limitación auditiva, cosa que no siento cuando lo hago personalmente, y prefiero; en gran parte el éxito del negocio depende de la comunicación con el cliente. Entender qué es lo que desean y esperan nuestros clientes es tan importante como nuestra disposición para satisfacer sus requerimientos de servicio. Bueno, debo apurarme ahora, es tarde.

Saco los perros a caminar. Éste es un rito que no puedo saltear. Estos dos animalitos ciertamente nos esperan como dos niñitos. Necesitan nuestra atención; necesitan salir a caminar, pararse a olfatear sin cesar, ladrar a cuanto vehículo pasa o transeúnte se les cruza. Las bicicletas son la preferencia de Casey;

¿QUÉ LE SUCEDIÓ A JUAN?

Chester, es más joven, prefiere estar pendiente de ella aunque Casey no le presta ninguna atención.

Finalmente me siento a ver algo de televisión. Como siempre, Casey se acomoda a mis pies primero, luego salta a mi lado. Ella es mi sombra; donde yo voy, va ella tras de mí; obviamente hay una conexión fuerte entre los dos. Chester va al patio. Apenas si tengo tiempo para ver algunas noticias y el pronóstico de tiempo que no puedo perder ya que nuestro trabajo depende fuertemente de las condiciones del tiempo.

Llega la hora de ir a dormir. Subo a nuestro cuarto. Norma ya está dormida.

Pero antes, como de costumbre, desde siempre, yo voy a leer un rato en el baño. Hoy, como muchas veces lo hace, Casey viene detrás de mí para quedarse junto a mis pies, sobre su alfombra. Voy a dejarla estar por un rato; ella duerme abajo, en su alfombrita. Chester permanece afuera de la casa. Así les acostumbramos, muy desparejamente, por falta de tiempo para entrenarles de otra manera luego de traer a Chester cuando Casey ya tenía tiempo con nosotros. Me duele, pero no encontramos otra opción, sobretodo porque Casey no le presta atención a Chester y éste no cesa de molestar, de seguir a Casey.

Traje conmigo la revista Time. Ahora es mi rato para leerla.

La abro, hojeo, leo los temas cortos; como es usual, dejo el tema que más me interesa para el final.

Finalmente, al cabo de un rato llego al tema de mi particular interés hoy: el fin del universo.

Lo leo por unos minutos, y luego cierro la revista. Cierro mis ojos y me pongo a pensar por un minuto o dos, pues lo que acabo de leer lo leí más bien rápido. Hay conceptos con los que no estoy familiarizado, de manera que no entiendo ciertos aspectos, es la verdad. Pero, y muy ciertamente fuera de toda duda, no me gusta nada el final; no, en absoluto. Me deja muy mal la conclusión de los científicos. "No, no me gusta el final", me repito a mí mismo. No lo considero correcto. Volveré a leerlo mañana, y entonces con más calma. Hasta ahora nunca he prestado especial atención a la teoría del inicio del universo, el Big Bang, ni a los científicos involucrados en ella, ni siquiera Einstein, más allá de una curiosidad personal por las cosas obvias del universo, su bella, cautivante magnificencia; esas teorías nunca fueron necesarias en mis estudios, y en mi entorno de intereses de aplicación de estos conocimientos especiales nunca los tomé más que como un tema de especulación racional más bien irreal. Siempre estuve más interesado en la fenomenología energética y de vida universal, pero ahora siento que hay algo mal en la conclusión que acabo de leer, algo no está bien; lo pude sentir hace unos momentos, aunque no puedo definirlo ahora. Hay algo aquí, en los científicos que soportan el artículo, y hay algo también en las teorías y en la ecuación de Einstein, que no está bien. Aquí no se habla del inicio del universo sino de su fin, y de la aparente incontrovertible información científica que respalda la conclusión reportada en este artículo.

¿Qué estoy haciendo? ¿Preocupándome por estas cosas a este nivel racional?

No, no es preocupación, es algo que siento muy íntimo, no sé qué en este momento.

Me iré a la cama.

Bajo a Casey a la planta baja y allí se queda, en su alfombrita, aunque siguiendo mis pasos con su mirada, como cerciorándose de que realmente termina el día para ella también cuando me alejo hacia las escaleras de regreso a mi cuarto.

Subo los escalones a paso lento. Ahora sí ya me siento bastante cansado. Una vez en la cama me duermo pronto.

No tengo nada en particular en mi mente cuando me despierto a la mañana siguiente por mí mismo como es usual y antes de que sonara el reloj despertador; no tengo recuerdo de que me ha-

¿QUÉ LE SUCEDIÓ A JUAN?

ya quedado dormido alguna vez en las mañanas en los últimos años más allá de la hora fijada en el despertador.

Norma se despierta también y va rápidamente al baño de abajo y a prender la cocina. Además, Casey ya estará arañando la puerta de entrada para que se la saque a hacer sus necesidades.

Voy al baño.

Al pie de la puerta, en la canasta que tengo para las revistas, veo la revista Time. Otra vez me asalta esa fuerte sensación de disgusto que me ocasionó anoche la conclusión del artículo acerca del final del universo. No puede ser cierto; no tiene sentido. ¿Habré interpretado mal lo que leí?

Continúo rumiando algunos pensamientos mientras me cepillo los dientes.

Me miro al espejo, como queriendo verme dentro de mí a través de mis propios ojos. Se me antoja divertido el pensamiento. ¿Eh? ¿Verte a "ti mismo" dentro de "mí"?

¡Qué curioso! He usado la expresión *verte a ti dentro de mí*.

Bajo las escaleras pensando en el artículo del Time.

"Lo leeré otra vez, más detenidamente y mejor esta noche", me digo dirigiéndome a la cocina para luego continuar con la otra rutina diaria de las mañanas.

Me siento a esperar que Norma traiga el té.

Ella gusta de servir lo que vaya a la mesa, más aún lo que ella prepara, no importa nada más, y yo estoy muy acostumbrado a ella, aunque hay quienes creen que yo simplemente me aprovecho de que ella sea así, que no es cierto; pero no creo que me importe mucho realmente lo que otros crean. No me defino por lo que otros crean, no obstante, hoy me fijo en este "rito" y siento que es importante notarlo para mí mismo.

Tomamos el té, Norma y yo; ella con pan con queso y miel, yo con algunas crackers.

Norma saca a Casey a caminar por un rato por el amplio patio trasero; Chester ya está allí, ya se comió las galletas con que hay que consentirlo cada mañana. Mientras tanto, yo termino de revisar el programa de trabajo de ambos, y de recoger mi teléfono, las llaves, y la correspondencia para despachar.

Finalmente salimos de casa.

A último momento decido dejar la camioneta de estimados en casa y nos vamos juntos Norma y yo en su camioneta. Ya no podré hacer estimados hasta el sábado porque terminamos tarde el resto de los días de la semana.

Todavía no ha amanecido y hay poco tráfico en la calle.

Llegamos al taller.

Salgo de la camioneta y le dejo el volante a Norma.

Abro el portón corredizo.

Norma se va a buscar a los muchachos, a los trabajadores.

Yo me quedo a dar vuelta las dos camionetas con sus trailers para dejarlas listas para salir tan pronto lleguen los muchachos. Cuando llegamos al taller todas las tardes luego de haber trabajado, entramos, Norma y yo, nuestras camionetas al taller directamente, de frente, en paralelo. El taller es largo pero no es tan ancho como para permitirnos dar vuelta las camionetas con los trailers, de manera que en la mañana hay que sacarlas marcha atrás con los trailers, hacia la carretera, y allí dar la vuelta y entrarlas marcha atrás, algo que no es posible hacer en la tarde por el tráfico, y además Norma no sabe hacer esta maniobra que no es nada fácil con los trailers.

Mientras abro los otros dos portones comienzan a pasar los recuerdos de construcción de este taller con mis propias manos y recursos. Era un gran reto que se antojaba casi imposible para una sola persona... ¡sin experiencia en construcción metálica! Al principio yo había pensado en madera, algo más manejable por mí, pero luego decidí por metal, quizás por las dimensiones de la construcción y el propósito del taller de dos niveles. ¡Recuerdo la innumerable cantidad de tornillos autorroscantes que puse en las láminas del techo! Luego, el trabajo de nivelar el concreto del piso antes de que se endureciera ante la mirada de los trabajadores

¿QUÉ LE SUCEDIÓ A JUAN?

que estaban parados, mirándome, sin seguir el ritmo de trabajo que era necesario mantener antes de que se endureciera. Finalmente, a muy duras penas, pudimos nivelar todo, yo mismo conteniendo mi ahogada furia interna por sus actitudes de irresponsable desgano, todos ellos totalmente ajenos a la posibilidad de que el concreto se endureciera antes de tiempo y luego tener que romperlo con una máquina y quitarlo si eso hubiera ocurrido.

Cada vez que vengo al taller surgen espontáneamente los pensamientos sobre este gran proyecto hecho realidad sin haber tenido experiencia alguna de construcción de edificios en metal; no obstante, aquí está, frente a todos.

Recuerdo a este terreno cuando era un lote lleno de malezas y árboles e inundado de podredumbre, pero era el único sobre el que se podía construir sin necesidad de seguir las regulaciones de la ciudad pues este lote, y solo este lote, había quedado en el limbo del límite entre el condado y la ciudad, y por lo tanto, libre de todas las regulaciones de la ciudad. Yo no lo sabía al comprarlo, pero obviamente estaba allí para mí, para dejar que hiciera realidad mi proyecto como constructor. Lo compramos con la idea de hacer un simple parque de estacionamiento para las camionetas de trabajo y trailers, y para construir sólo un pequeño galpón para máquinas y herramientas. Norma estaba algo dudosa viendo las condiciones deplorables en que estaba este lote feúcho, pero confió en mí, y se dejó llevar por mi entusiamo, una vez más. Más adelante fue que surgió en mí la visión de un proyecto a otra escala, éste que hoy vemos aquí.

Estoy en el taller pequeño de máquinas.

Mientras termino de recoger lo que necesitamos sigo mirando todo alrededor; recorro la instalación eléctrica, es una de las partes que más me agrada siempre, aunque a veces la menos notada en el conjunto. Siempre me detengo un momento especial en el panel de distribución eléctrica; es que llevo a la electricidad y electrónica en mi esencia.

Recordar este proyecto me trae a la mente el proyecto de mi

motorhome en Venezuela, con el que se hizo posible viajar, toda la familia, a lo que entonces experimenté que era la *Antesala del Cielo*, la Gran Sabana. La revista *Nosotros* de Lagoven, una subsidiaria de Petróleos de Venezuela S.A., publicó nuestro viaje en ese motorhome casero por la Gran Sabana y el Territorio Amazonas. Bautizamos *Chajá* a nuestro motorhome por una avecilla de Argentina.

Frente a los recuerdos, ¡oh, Dios mío! que bueno fue, y sigue siendo todo.

¡Honk, honk! ... ¡hoooooonk!

Unos cornetazos desde la carretera me traen a la realidad. Regreso a este tiempo, a hoy, aquí, a otra rutina diaria, temprana, antes de finalmente salir a trabajar.

Preparo las máquinas, reviso las camionetas, los trailers, re-inflo las ruedas; coloco el suministro de bolsas plásticas en ambas camionetas, aceite para mezcla con gasolina, cuerda para los cortadores de maleza (weed eaters); reviso las luces de trailers; todo mientras espero que lleguen los muchachos para sacar todas las bolsas de basura de las camionetas y arrojarlas en el contenedor de basura para su recolección.

Llega Carlos, nuestro hijo.

Le saludo y comento brevemente el artículo de la revista Time debido a sus propios intereses e inquietudes y estudios en física y matemáticas, ya que ha pasado por la Universidad de Houston.

Carlos me hace ver algo acerca de las teorías de Einstein, y no ve nada especial en las conclusiones del artículo del Time dadas las orientaciones que prevalecen en la comunidad científica de hoy. Me doy cuenta de que tendré que prestarle un poco más de atención, leer algo acerca de ellas, las orientaciones prevalentes. Le digo que voy a leer el artículo otra vez más detenidamente porque hay algo que no me convenció, por no decirle que no me gustó nada la conclusión. Creo que Carlos no toma muy en serio, a juzgar por su expresión y el tono de su voz, lo que le digo. Al fin

¿QUÉ LE SUCEDIÓ A JUAN?

y al cabo, ¿con qué autoridad podría yo cuestionar ningún aspecto del artículo? Yo no tengo las bases de conocimiento para hacerlo; además, quizás estoy dejándome llevar emocionalmente por un sentimiento que no puedo definir, mucho menos explicar por ahora.

Carlos se pone a preparar su camión de fertilización.
Miro hacia el cielo. Ya comienza a asomar el sol.
Universo... Mi pensamiento comienza a fijarse otra vez en el tema del artículo. "La verdad es que me gustaría pensar en ello", me digo para mis adentros, pero ¿cuándo?... ¿cuándo?
Llega Norma con los muchachos. Se acaba mi fijación.
Pronto todo es movimiento, preparativos, cambios de algunas máquinas, vaciado de las camionetas de las bolsas de grama y basura de ayer que van a parar al contenedor, al dumpster.

Salimos a trabajar.
El sol ya está afuera y subiendo sobre el horizonte.
Aún es temprano y ya hace calor, como de costumbre. Ya estamos avanzando hacia el verano, pero lo peor del calor está por venir. Entiendo que muchos sufren por el calor, pero yo no lo siento tan pesado a este trabajo, más bien tiene muchas ventajas por sobre la mayoría de otros trabajos en los que se me ocurre pensar ahora. Creo que la mayoría de la gente no aprecia las ventajas de estar trabajando al aire libre, y más bien se deja dominar por prejuicios, por una actitud generalizada de desprecio por este tipo de trabajo, servicio. Mi actitud frente a este trabajo ahora, después de tantos años de contínua lucha, sin descanso, se debe sólo a mi pasión precisamente por la lectura, estudio, pensar. Sólo quisiera contar con un poco de tiempo libre. Este trabajo, efectivo, muy rendidor desde el punto de vista económico cuando se maneja de la manera como lo hacemos en nuestra familia, es sano físicamente dada la necesidad natural de estar en constante movimiento, al aire libre, pero, y he aquí donde está el serio problema, es un trabajo absorbente, un servicio muy deman-

dante. No lo es por una actitud particular o premeditada de la gente, la clientela, no, pues lo es para todo y cualquier servicio; es por la característica propia de este servicio muy competitivo, y en principio elemental que no requiere destrezas especiales de los trabajadores. Sí, hay mucha gente ofreciendo sus servicios; se les conocen en nuestro medio por "solistas" porque trabajan solos o en parejas de individuos, y la manera de tener éxito frente a tanta oferta de servicio es teniendo realmente una vocación de servicio y predisposición para trabajar más allá de lo general o normal en otros trabajos. Vinimos a esta tierra con nuestros objetivos específicos, y para alcanzarlos debemos encontrar la independencia financiera, y para ello, en este servicio, siendo posible y al acceso de todos, hacen falta cualidades nada extraordinarias, pero tampoco abundantes, de confiabilidad y continuidad, que requiere tener equipos en condiciones todo el tiempo. Por otra parte, para muchos pareciera que trabajar bajo el sol es más una cuestión mental limitada por prejuicios que de alguna condición física y aptitudes para los negocios.

De pronto se me ocurre,

¿Qué tal si me pongo a pensar en lo que realmente me gusta mientras trabajo en esto, en los jardines? Me gustaría escribir un libro. Algo comencé, respecto a esto de escribir, mientras trabajaba en un proyecto en la industria petrolera en Venezuela, y luego lo dejé porque no era el tema que realmente me gustaba. Más adelante lo hice con nuestros viajes por Venezuela en el *Chajá*, nuestro motorhome, pero lo dejé al decidirnos movernos una vez más, esta vez a Texas.

Sí, creo que podría usar el tiempo mental durante este trabajo. Después de todo, hay un gran contenido mecánico, repetitivo, en estas tareas, por lo que podría dedicar algo de atención a lo que me interesa. ¿Podría hacerlo? ¿Me queda otra opción? Algún día contaré con el tiempo que tanto añoro hoy.

En la noche leeré nuevamente el artículo del Time, con más cuidado. Estoy pensando en él. Necesito leer otra vez ese artículo

¿QUÉ LE SUCEDIÓ A JUAN?

y resolver lo que tanto me disgustó anoche que todavía no alcanzo a definir, menos a explicarme a mí mismo.

Paramos a cargar gasolina.
Yo me encargo de esto y de la mezcla con el aceite para las máquinas con motores de dos tiempos. No le dejo esta tarea a nadie. No quiero tener máquinas arruinadas por un descuido en la mezcla de aceite para su combustible. Lo hago para mi grupo y para el de Norma. Ella sabe hacerlo muy bien pero prefiero ocuparme yo para ayudarla.
Mientras hago esto los muchachos desayunan. Luego de unos quince minutos salimos. Norma va hacia una zona con su grupo y yo voy a otra con el mío. Hoy no vamos a cruzarnos en el camino ni en el vecindario porque estaremos en áreas muy separadas.

Llegamos a la primera casa, y todos se bajan de la camioneta.
Se abre el trailer, unos bajan las máquinas de cortar grama, yo bajo la grande, la mía, uno toma el cortador de maleza, otro toma la podadora. Cada uno sabe lo que tiene que hacer. Yo termino mi corte y tomo la sopladora mientras los cortadores que terminaron se ponen a sacar la hierba que crece en las camas de flores y arbustos. El cortador de maleza termina y toma la otra sopladora. En este momento dejo la mía y reviso el trailer y su equipo, y luego le echo una mirada al trabajo alrededor de la casa. Todo está en orden y lo apunto en el reporte en el que incluyo el pedido en particular para la próxima semana que me dejaron en una nota debajo de la alfombra de entrada a la casa; hay que podar unas ramas que desde el árbol del vecino se recuestan sobre ésta llegando hasta un poste en una esquina en el que hay una casita para los pájaros. Sí, acabo de ver esas ramas cuando revisaba el trabajo.

Subimos todos a la camioneta y salimos rumbo a la próxima casa a pocos bloques de ésta.

Transcurren las horas.

Van siendo trabajadas las casas una detrás de la otra.

El tiempo es bueno, bien soleado, normal en este mes; no hay lluvia en el pronóstico por los próximos días de acuerdo a lo que he escuchado hace un rato en la radio.

Luego de otro día rutinario sin nada especial en él, llegamos de regreso al taller, como todas las tardes.

Hoy Norma llega inmediatamente detrás de mí. Apenas deja la camioneta con el trailer, toma la de uso personal que usamos entre casa y el taller, y se va con los muchachos, todos. Ella lleva a los muchachos a su complejo habitacional donde viven mientras yo me ocupo de guardar todo el equipo de trabajo, de ambos. Hoy hemos terminado algo más temprano los dos. El tiempo seco nos ayuda mucho porque la grama está seca también y es más fácil de cortar.

Termino de revisar. Todo está bien, no hay máquinas rotas que reemplazar.

Al rato regresa Norma a buscarme al taller y nos vamos a casa.

Al llegar, ya está Chester esperándonos con su hocico fuera de la rendija que dejamos en la puerta del garage para que circule el aire. Reconoce la camioneta y comienza a gemir lastimosamente y forcejear la pesada puerta del garage con su hocico. Recojo la correspondencia, voy a palmear a Chester, le hablo un poco, y en reconocimiento me lame la mano, como siempre.

Norma abre la puerta de entrada y, como también es usual, Casey está esperando del otro lado batiendo rápidamente su corta colita. A la voz de Norma Casey echa a correr afuera a hacer sus necesidades. Yo dejo la correspondencia en el escritorio de la oficina y voy a abrir la puerta de atrás del garage para dejar salir a Chester al patio.

Hoy me apuro algo más de lo normal para las tareas de la oficina, comer, y casi salteé la televisión. Luego, mientras Norma termina con la cocina y las plantas, yo recorto algo el paseo de los

¿QUÉ LE SUCEDIÓ A JUAN?

perros. Quiero subir más temprano a leer otra vez el artículo del Time. Un ratito más, y ahora sí, termino con el programa para mañana y reviso el programa para unos trabajos especiales de poda de arbustos.

Finalmente subo a nuestro cuarto.

Norma ya está en cama, y dormida, o al menos eso creo; no veo que reaccione frente a mi paso hacia el baño.

Casey me sigue y empieza a acurrucarse a mis pies, pero hoy no la dejo. La llevo abajo y allí se queda; ya está acostumbrada que no siempre la dejo venirse arriba conmigo al ir a dormir, por lo que, sin más, se acurruca en su alfombra frente al televisor.

Regreso al baño de nuestro cuarto.

Dedico un largo rato a la lectura, más de lo usual. Me siento atrapado por este artículo. Hoy puedo llegar más profundamente a él porque siento que me toca de alguna manera aun más cerca, íntima, de lo que sentí ayer.

Repaso un par de veces algunos aspectos que llaman mi atención,

"Explorando profundamente en el espacio y el tiempo los científicos acaban de resolver el mayor misterio en el cosmos... eventualmente esos restos decaerán, dejando un vacío informe, infinitamente grande... el universo se expande aceleradamente... hasta eventualmente desaparecer en un vacío informe, infinito, la nada absoluta".

Definitivamente, el fin del universo, de acuerdo a este artículo, es absurdo. No lo creo, no. No tiene ningún sentido. Obviamente el artículo no es serio, o los científicos están equivocados. No puede ser.

¿Muerte absoluta del universo? ¿Expansión indetenible, infinita, para terminar en la nada? ¡Ah, ah, no! No puede ser. No tiene ningún sentido, definitivamente. Es una conclusión absurda.

Si es verdad que el universo desaparece en la nada, aunque eso ocurra dentro de billones de años a partir de hoy, entonces mi vida hoy, la vida en general, no tiene ningún sentido. No; algo tiene que haber que estos científicos no saben, para que eso no ocurra. Estoy seguro.

Este final no sólo es extraño a mi naturaleza sino que de alguna manera me sacude inexplicablemente. Me siento inquieto; sí, me estremezco al pensar en ese fin sin sentido.

Releo ese párrafo absurdo.

"El universo se expande aceleradamente... hasta eventualmente desaparecer en un vacío informe, infinito, en la nada absoluta".

"Eso no es verdad", me digo una vez más a mí mismo quieta pero muy firmemente, sin duda alguna, espontánea, inespeculadamente; e inmediatamente agrego, siempre para mí mismo en la pura intimidad de mis pensamientos,

"Definitivamente, si eso fuera verdad entonces mi vida hoy no tiene sentido".

Pongo la cabeza entre mis manos, los brazos apoyados por los codos en mis muslos, y miro por un instante el suelo, sin pensar en nada.

De pronto escucho, o un pensamiento se hace presente en mi mente, como una voz muy lejana, como un tenue eco dentro de mí mismo,

- *"¿Por qué habría de preocuparte a ti lo que ha de ocurrir en billones de años desde hoy?".*

- Pues, billones de años no es sino un abrir y cerrar de ojos en la eternidad - respondo a esa voz, ese pensamiento, o ¿quizás es a mí mismo dentro de mí mismo?, sin ningún titubeo, sin especular absolutamente nada antes de expresar mi respuesta natural que surge desde muy dentro de mí.

Me sorprendo a mí mismo frente a mi decisiva respuesta.

Ahora pienso en ella, en mi propia respuesta; y sí, eso es, es... eternidad.

- *"Tú... ¿crees en la eternidad?".*
- Soy eterno.

¿QUÉ LE SUCEDIÓ A JUAN?

¿Cómo surgió así mi respuesta, espontánea, impensadamente, y tan firme, segura?

Por un rato pienso en la eternidad, mejor dicho, trato de obtener una realidad de ella. ¿Qué es lo que ocurre para que el universo sea eterno? Si el universo es eterno quiere decir que nosotros también lo somos, estamos conectados de alguna manera; dicho de otra manera, ¿adónde vamos a mantenernos eternos si el universo desaparece? Si algo se queda pues somos eternos, *a alguna parte es que nos vamos luego de pasar por la Tierra que está en el universo*; entonces el universo es sólo parte de eso que se queda, ¿o no? Si el universo desaparece es porque algo emerge a partir de él, pues la vida es eterna; si no fuera así,

¿Qué sentido podría tener la vida si no fuera eterna? Ninguno.

"¿Qué sentido tendría entonces preocuparse por el bien si la vida no fuera eterna?", me repito una y otra vez. ¿Por nuestros hijos y sus hijos, y los hijos de sus hijos? ¿Para qué?, si todos estarían también destinados a desaparecer en la nada.

No, no me preocupa la eternidad, pues yo sé que somos eternos, sino que me gustaría entender qué ocurre para que el universo sea eterno, o que haga eterno lo que contiene al universo.

El sentido a la vida se lo da la eternidad. Sí, eso es. Punto.

Mejor me voy a dormir ahora. Ya pensaré más en la eternidad, en la vida eterna y lo que la hace posible energéticamente.

Antes de salir enciendo la diminuta lamparilla de pared, al lado del lavamanos, que nos alumbra tenuemente el baño durante la noche, y además evita que pisemos a Casey si llegara a subir, aunque muy rara vez lo hace.

A la mañana, ya una vez estando en la rutina de trabajo en los jardines, comienzo a pensar otra vez en el universo, en el artículo que releí anoche.

Trabajo como siempre, pero hoy mi mente está muy lejos, infinitamente lejos. De pronto es como si pudiera manejar dos ambientes mentales al mismo tiempo. ¿Tanto es lo que me ha impactado el artículo anoche?

Comienzo a pensar poco a poco, primero en consideraciones generales que son quizás del interés y tema de conversación de cualquiera, tales como las dimensiones del universo y el origen de la materia. Pero pronto me veo enfrascado en el punto esencial para mí. ¿Por qué tendría que estar nuestro universo condenado a morir, a desaparecer así, tan fríamente, para siempre, sin sentido? Entonces, ¿qué pasa? ¿Es el universo un evento de una sola vez? ¿Qué ocurre con la vida entonces? ¿A dónde va y cómo? Si el universo es todo lo que existe no puede desaparecer pues la vida es eterna. El universo es entonces parte de otra entidad.

Según los científicos esto está previsto pasar dentro de unos cuantos billones de años, no a corto plazo. Para nosotros billones de años puede ser la eternidad, pero de todas maneras no es la eternidad absoluta. Según el artículo, científicamente basado, esto sucederá tarde o temprano. Esto entra en gran conflicto conmigo, de acuerdo, pues la vida es eterna, pero... ¿por qué siento esto tan fuerte? Todavía no puedo definir por qué. No puedo explicarlo. Pero esa conclusión me choca, está en gran conflicto conmigo. ¿Por qué siento esta gran inquietud?

Sin darme cuenta al principio, ahora me encuentro pensando en esto con un gran fervor, con una gran energía mental. Y, a la misma vez que pienso en el fin del universo, comienzo a pensar en el inicio del universo.

Comienzo a hacerlo con razonamiento puro mientras manejo y trabajo. Mantengo mi ritmo normal y la concentración en el trabajo sin perder la concentración en este tema. ¡Esto es fantástico! Sí, lo es. ¿Cómo puedo trabajar, y manejar, al mismo tiempo que estoy haciendo abstracciones que me demandan gran energía mental? No lo sé, pero me siento bien y voy a seguir.

De pronto "salto" dentro de mí mismo: mi conflicto de anoche es porque el universo es eterno, en tanto que algunos científicos dicen que, *científicamente concluído*, no lo es. Obviamente esta conclusión de la ciencia es absurda pues ahora la ciencia invalida lo que por otra parte muchos de ellos, los científicos, reconocen: a Dios, a Quién se reconoce ser eterno. Entonces regreso a lo de anoche: *si el universo desaparece es porque vamos a otro.* La eternidad está reconocida, aunque nadie sepa explicarla. Es más, ni siquiera se necesita ninguna explicación pues *nada tiene sentido sino en la eternidad.*

La eternidad no es lo que debemos discutir sino el mecanismo que la sustenta. Hay una gran enriedo, o confusión, que voy a desenredar. Lo haré.

¿Cómo va a desaparecer el universo? ¿Cómo va a desaparecer toda la belleza que observamos en las galaxias y en la sinfonía celestial de sus infinitas constelaciones?

La observación y el estudio del universo puede ser muy científico pero es también una experiencia espiritual.

No, no voy a negar el valor de la ciencia, pero ella no es infalible; algo está siguiendo y concluyendo incorrectamente con respecto al universo y su fin. No sería ésta la primera vez que la ciencia se equivoca, como también ocurre en las religiones.

- "*¿Por qué te importa tanto de repente el universo?*".

"¿Me pregunto yo, o de dónde surge este pensamiento?", me pregunto a mí mismo. Y me respondo, en mi mente,

"Porque acabo de descubrir que es mi medio para entender la eternidad, que es lo que realmente me interesa. Sé de la eternidad, pero deseo entender su mecanismo del que intuyo que soy parte, del que somos parte todos".

Paramos en la siguiente casa a hacer el trabajo.

Aprovecho unos instantes de espera por el último trabajador que está terminando de soplar en la calle, para imaginar el inicio del universo a partir de una sola partícula, e imagino y dibujo a trazos un modelo que representa a esa partícula y a la manera en que dicha partícula debería comportarse para generar el universo, si se sigue la teoría del Big Bang.

Agarro una piedrecilla de la calle.

"¿Una partícula generando el universo?", me pregunto.

No, no; un "punto", un entorno energético infinitesimal de energía infinita. Bueno, ese entorno es una "partícula" de energía infinita, después de todo. Es lo que los científicos dicen que es el origen del Big Bang. Me pregunto si eso es posible, una partícula de masa y energía infinita. No importa; ahora siento que tengo que imaginar, imaginar tanto como pueda. Ya veremos más adelante qué pasa. De repente entiendo que el Big Bang sí es cierto, el fenómeno del Big Bang, pero hay algo acerca del Big Bang que no es correcto.

Tengo pensamientos así, de la nada.

"*¿De la nada? No hay tal cosa como la nada*".

"*Imaginando trasciendes tu entorno existencial, pasas a otra realidad existencial*".

Imaginar es "saltar", pasar de... ¿dimensión?

¡Vaya! ¿De dónde se me ocurre todo esto?

¿En qué estaba? ¡Ah, sí! en la expansión de una partícula y del universo que se "genera" a partir de ella.

Al mismo tiempo llego a una conclusión para explicar que no hay una expansión infinita del universo. Me gusta mi propia explicación, Sí, y mucho. El universo es cerrado, ¿por qué más?, pero ¿cómo se cierra? Por alguna razón me siento demasiado excitado por lo que acabo de concluir. El universo es cerrado, pero la ciencia dice que es abierto ya que se expande indefinidamente. ¿Qué es lo que me pasa que me siento excitado a pesar de que estoy frente a una contradicción? *Que nuestra ciencia está equivocada*. ¿Quién lo dice? Lo digo yo. ¿Con qué bases? Que la vida es eterna, nada más y nada menos. Me siento sumamente cómodo a medida que voy entrando en un terreno mental que nunca antes había explorado, sólo leído algo y con muchas limitaciones dado que soy ingeniero, no físico ni matemático. *Ahora es como si habláramos dos "yos": yo y el otro*. Algo ha ocurrido desde anoche.

¿QUÉ LE SUCEDIÓ A JUAN?

Lo siento, pero no me doy cuenta de qué es. Incluso es como si me sintiera más liviano; no, no de peso, sino rápido mentalmente.

Alterno mis pensamientos entre la expansión del universo y el comienzo del mismo.

Comienzo a ver cosas en mi mente pero no tengo tiempo de describirlas, mucho menos de dibujarlas. Ahora sólo confío en que permanecerán en mi memoria.

Me siento cada vez más excitado interiormente. Siento una gran euforia que no puedo explicar, que me llena y sobrepasa. Quisiera tener a alguien para compartirlo. Tal vez mis hijos. Sí, ya les diré. Puedo llamar a Omar a Colorado por el celular. Creo que le gustará escuchar todo lo que estoy descubriendo, sabiendo; él está estudiando electrónica y le gusta matemáticas.

Voy a esperar hasta mañana.

Seguimos yendo de casa en casa según el programa del día.

Recostado contra la puerta de mi camioneta y con el brazo apoyado en el marco de la ventanilla abierta, aprovecho algo de tiempo extra hasta que los muchachos terminen de podar unos arbustos en largos canteros, y de limpiarlos, de recoger las hojas. Hay ya una buena cantidad de bolsas que van dejando al lado del acceso al garage de la casa, en el sitio designado para ser recogidas mañana por el servicio de recolección de la ciudad. Ésta es otra cosa de la que hay que estar muy pendientes, que no se dejen sino las bolsas que pueden ser recogidas al día siguiente; no va a gustarme nada tener que regresar a buscarlas en la noche si llaman a casa, a la oficina de Best Colony Home Services (BCHS), por haberlas dejado sin ser el día permitido.

Tengo que interrumpirme en mis meditaciones cruzadas con la supervisión del trabajo.

Un vecino se acerca hasta mí para hablarme de un trabajo de árboles en el frente de su casa.

Acordamos lo que hay que hacer y el estimado por el trabajo. Lo programo para el lunes que viene, el día con la menor carga de trabajo pues todo el mundo quiere que todo lo que se corte y arregle luzca bien el fin de semana, por lo que prefieren y piden servicio para los jueves y viernes, pero no es el caso para los árboles. Para mantener el trabajo de corte los lunes y martes ofrecemos una reducción de precios en el servicio esos días y con ello hemos logrado balancear la carga de trabajo para toda la semana. Deseamos conservar los buenos empleados, al fin y al cabo de ellos depende el negocio, y para ello necesitamos tener la carga de trabajo balanceada a lo largo de la semana pues ellos son pagados por la semana, no por día, y entonces la compañía tiene que buscar y asegurar un flujo de ingresos estable para responder a este arreglo de compensación.

Me siento bastante bien alternando imprevistamente entre mis pensamientos y la atención a mi trabajo, pero me gustaría estar dedicado exclusivamente a mis meditaciones.

Terminé de hablar con el nuevo cliente haciendo algún esfuerzo, sí, es la verdad, pues mientras atendí a todo lo que me pidió como trabajo especial para podar sus árboles la semana que viene, mirando, estimando, anotando en mi hoja diaria, por otra parte mi mente no dejaba el tema que ahora cautiva mi interés. Me prometo a mí mismo que no he de dejarme arrollar por ninguno de los dos aspectos sobre el otro. Voy a balancear los aspectos de intereses personales también, aplicando lo que hago para el trabajo, ¿no?

Pasamos a la casa siguiente, apenas un bloque adelante.
Bajo a ver si los arbustos del patio necesitan podarse. Sí.
Terminamos pronto ya que la casa es pequeña.

Otra casa más que marcaré como hecho el servicio en la hoja diaria. Entro a la camioneta y echo otra mirada al programa de hoy mientras espero que los muchachos terminen de subir al trailer las dos máquinas que dejaron en la grama para ir a podar los arbustos y limpiar las camas.

Marco la casa con el consabido símbolo ✓.

¿QUÉ LE SUCEDIÓ A JUAN?

El golpe al subir y cerrar la puerta rampa del trailer indica que ya podemos ponernos en marcha hacia la próxima casa. Me acomodo y arranco la camioneta. Miro por el espejo. Uno de los muchachos aún no sube. De pronto, "¡vámonos!", me confirma uno de ellos en la parte de atrás al tiempo que palmea la caja de la camioneta mientras de un salto trepa a ella el que esperábamos.

Ahora sí, ¡a la próxima!

Necesito papel en blanco para escribir mis pensamientos.

Voy a escribir todas estas cosas que estoy sabiendo, que voy entendiendo. Mañana traeré un cuaderno. ¡Hey! ¿Por qué no se me ocurrió antes? Por hoy voy a anotar todo esto, mis pensamientos, ideas y grandes "conclusiones" preliminares, en los volantes (flyers) para que no se me olviden los aspectos que van apareciendo y quiero continuar después; no sé por qué ocurre pero por momentos estoy pensando en un detalle sobre el universo y de repente mi mente "salta" a otro detalle diferente. Sé que están conectados, pero no encuentro la conexión; entonces yo dejo que "mi mente me lleve a mí", es extraño, pero es la manera que siento que ocurre. Bueno, al menos tengo mis pensamientos para mí solo.

Tenemos un tramo de carretera.

Retomo mis pensamientos. Me sorprendo otra vez a mí mismo.

¿Será posible todo esto que hoy estoy pensando, especulando, imaginando?

Esto es simplemente increíble. Por momentos me parece un sueño, y no lo es, pues... no; es cierto.

¿Es esto que estoy pensando el conocimiento del universo que estoy buscando, que estoy tratando de entender?

En la noche asigno un cajón de mi escritorio para poner mis notas del día acerca de todo sobre el universo; ahí van los primeros flyers de hoy que sirvieron como papel borrador. Para mañana me preparo un cuaderno y lo pongo con mi carpeta de programa diario. Ahora me llevo otro cuaderno al baño que voy a dejar allí. Ya no voy a leer otra vez el artículo del Time. Yo sé que no es cierto. Voy a entender qué lo hace eterno al universo. Voy a ir anotando cuánto se me viene a la mente con respecto a este proyecto en el que me he metido. Tengo a mano el *Selecciones del Reader's Digest* en la canasta de las revistas para cuando quiera "descansar" de pensar en este rato antes de ir a la cama.

Iniciamos un nuevo día de trabajo.

Junto a la lista de los trabajos tengo ahora mi cuaderno de notas, lo que me hace sentir mejor ante el deseo de anotar todo lo que me viene a la mente.

Frente a un nuevo día de exploración mental del universo ya no me importa tener que trabajar en este servicio de jardines bastante monótono para la mente; al contrario, me permite permanecer concentrado en lo mío ahora, en algo que de repente me fascina.

Sale el sol.

Mirando hacia sol, atraído por el color que toma el cielo, se aparece un pensamiento en mi mente,

"En la luz está la respuesta".

De repente sé que la explicación está en la luz. No dudo de esto que se aparece en mi mente, pero, ¿cómo se explica?

"La luz es el límite entre la materia y la energía, tal como la relacionamos hasta ahora".

La luz es el límite que separa nuestro universo físico, material, del otro energético que "se considera inmaterial"... hasta ahora. Siendo así, "¿cómo sería ese otro universo?", me pregunto profundamente. Creo saberlo, intuírlo, como si tuviera una palabra en la punta de la lengua y no puedo decirla. Es como... ¿un universo espiritual en el que estamos inmersos? ¿Por qué sentí como si fuera recalcado, acentuado de alguna manera, eso de que "se considera inmaterial"? Ya volveré sobre este punto. Anoto en el

¿QUÉ LE SUCEDIÓ A JUAN?

cuaderno mientras espero en el semáforo.

La luz del semáforo continúa en rojo cuando un pensamiento aparece en mi mente,

"*La expansión se detiene por la luz*".

¿Qué quiere decir esto que se me ocurre, que se presenta en mi mente?

¿De dónde provienen todos estos pensamientos, todo esto que siento como un gran conocimiento?

Este pensamiento de que la expansión del universo se detiene cuando la materia, los cuerpos en el espacio, universo, alcanzan la velocidad de la luz, me abre las puertas a otras conclusiones y analogías; aunque por el momento entiendo que hay que alcanzar la velocidad de la luz, pero no veo aún el mecanismo bajo el que se logra detener una expansión. Según Einstein la materia no puede desplazarse a la velocidad de la luz. No obstante, materia son también las partículas elementales ¿no?, y éstas pueden ir a más velocidad que la luz. "La luz es el límite para el electrón, para una partícula del tamaño del electrón", se me ocurre. Pero ya me dije que no es siguiendo a Einstein que voy a entender nada de esto acerca del universo y su supuesta expansión hacia la nada.

Una palabra viene a mi mente: *analogías*; la veo como puesta por un sello en mi frente, en mi cerebro... ¡por dentro!

¡Eso es! Analogías en el universo. ¿Por qué "salto" ahora a esto? Sé que debo pensar en analogías. ¿Por qué será? ¿Será como usar las parábolas para ilustrar una lección moral o espiritual? En casa voy a buscar en el diccionario para asegurarme que lo que entiendo de las analogías energéticas y parábolas tienen que ver con este pensamiento impreso en mi mente.

Pasamos a la siguiente casa, y otra más.

Ya no me impaciento esperando por los muchachos. Aprovecho para escribir mis notas durantes esos breves minutos de espera por ellos.

Regreso ahora al modelo de ayer, el del "punto", el entorno energético expandiéndose hacia infinito para luego contraerse a velocidad infinita hacia el centro de la esferilla de la que parte la expansión. Por un instante siento que de alguna manera este mecanismo me desconforta, me... inquieta; no sé cómo definir lo que siento. No puedo dejar de decirme a mí mismo en este momento que, si esto fuera cierto, si este modelo fuera cierto, entonces Dios no hace falta aquí. Obviamente, Dios está aquí. Este modelo no es así entonces.

¿Acaso puede un "punto" ser inteligente?

El universo sustenta vida inteligente consciente de sí misma, entonces el universo tiene que ser inteligente y consciente de sí mismo, de lo contrario ¿cómo el ser humano, que es resultado de un proceso, sería inteligente si no lo fuera el proceso del que proviene?

Descarto el modelo del punto expandiéndose hacia infinito y contrayéndose luego. No, no puede ser, escribo sobre los trazos dibujados al mismo tiempo que lo cruzo con una raya. Pero... *¡sí hay algo que regresa a un centro desde el infinito! La presencia de la luz tiene que ver algo con esto. La luz cierra de alguna manera el regreso y detiene la expansión. No, no es la luz en sí, sino que la luz nos indica algo cuando se produce el detenimiento y reversión de la expansión universal.* No tiene mucho sentido frente a lo que sabemos, o mejor dicho a lo que aceptamos o creemos, pero algo lo pone en mi mente. Tengo que entender, y yo voy a entender.

Hay algo de lo que estoy seguro, bien seguro.

El universo no es un evento de una sola vez. Es eterno, pero, ¿cómo se hace eterno? Tengo que encontrar la explicación. *Sé que hay un universo espiritual. Es por donde se produce el regreso de todo al centro del universo. La luz es el camino de ese regreso. La materia alcanza la velocidad de la luz y luego posibilita ese regreso.* ¿Es eso? Tal vez no, pero lo que he recibido en mi mente quiere decirme algo en esa dirección de pensamiento.

¿QUÉ LE SUCEDIÓ A JUAN?

¡Oh... Dios mío, cómo me gustaría encontrar la explicación! "Sería bueno Señor, ¿verdad?", le digo a Dios en mi mente, y agrego que no me importa lo que digan los científicos. Ellos están equivocados.

Pasan dos o tres días.

Continúo trabajando en este ambiente mental de gran excitación y euforia. Todas mis manifestaciones externas en relación al trabajo no solo no se han deteriorado sino que por el contrario, yo me he revitalizado. Una exhuberante energía me desborda todo en mí y la expreso en mi ritmo de trabajo. No puedo ocultarme a mí mismo, dentro de mí. Me siento muy contento. No creo que nadie se percate de lo que acontece dentro de mí, o al menos no percibo señales de ello, o no me lo hacen saber. Sigo arreglándomelas para atender el trabajo, ejecutar mi parte, recortar los arbustos donde sea necesario, soplar, controlar el deshierbado de los canteros y el corte mismo, estar pendiente de recargar la gasolina, atender los eventuales clientes, y las llamadas de Norma y Carlos por sus radios, y una que otra comunicación por teléfono con los clientes.

Continúo anotando todo, no importa que muy brevemente sea ya que lo importante es que no pierda las orientaciones que se me ocurren... ¿o que recibo?

Llamo a Omar en Colorado. No responde.
Yo sé que a él le gusta el tema de electrónica y la transmisión de ondas, y de alguna manera todo esto se relaciona con eso.
Yo visualizo todo lo que ocurre en otra dimensión energética, de alguna manera, pero al mismo tiempo no puedo describirlo.
No hay vacío absoluto en el espacio universal, nada puede transmitirse en el vacío absoluto. Vacío se refiere a la ausencia de materia, de asociación de energía, pero hay energía, aunque

ahora sé que energía es más que lo que define la ciencia.

"Hay algo, pero no sé cómo llamarle, ya veremos", me digo a mí mismo agregando a mi conclusión sobre la luz: *La luz es una interfase entre la materia y la energía.* Luz no es simplemente una onda, sino una perturbación material infinitesimal que se transmite, se transfiere como una onda en todo el espacio universal lleno de ese "algo" energético, es decir, sobre ese "algo" se transfiere la energía. ¿Es eso? La energía es un efecto de otra cosa. ¡Sí, eso es!

"La onda es solo una representación en un espacio simbólico".
"Algo no está bien con la definición de energía".

Dios es energía. Dios es espíritu, entonces, ¿energía es espíritu? ¿Cómo se relaciona Dios con la energía? ¿Hay acaso diferencia entre energía y espíritu?

Otra vez,
"Algo no está bien con la definición de energía".
Al rato me llama Omar.

Frente a mi excitación y entusiamo Omar me dice que tal vez yo pueda preparar algún trabajo sobre todo esto que estoy pensando y sabiendo, y tal vez presentarlo en alguna parte; tal vez eso me permita dejar mi trabajo actual.

- ¿Acaso no es lo que has estado deseando, esperando, pá? - me pregunta.

- No lo sé todavía; tengo que esperar a entender todo - le digo.

Siento que este conocimiento no es realmente mío. Me parece todo casi imposible... rayano en lo increíble, pero es cierto. Es extraordinario, eso también. Por ahora esperaré. Mientras tanto, voy a continuar con estas reflexiones sobre el tema.

Al rato llamo a Mariano en San Antonio para hablarle de la energía y espíritu. Con Carlos hablo de todas estas cosas unos minutos a la mañana en el taller antes de salir, y luego durante el tiempo de almuerzo, en la gasolinera.

Continúo robándole segundos entre casa y casa, entre trabajo

¿QUÉ LE SUCEDIÓ A JUAN?

y trabajo para escribir todo lo que voy recibiendo, imaginando y, o pensando mientras superviso a los muchachos y hago mi propio trabajo mecánicamente. Es cuando corto la grama usando la máquina grande, el "tractorcito" como le llaman los muchachos, que me siento más concentrado en mis pensamientos mientras que ejecuto la tarea.

Regreso a pensar en la necesidad de las analogías universales. ¿Qué me hace pensar en eso ahora?

De repente tengo una analogía del pez que encontrándose en el agua, si él pensara, se preguntaría tarde o temprano qué pasaría si la temperatura del agua alcanzara 100°C, la temperatura de su ebullición. El sabría que moriría, pero si pudiese ver lo que ocurre, vería que de pronto, una vez que toda el agua se ha evaporado, se encontraría en un medio diferente, desconocido, en el aire o una mezcla de aire y vapor de agua. Él no vería nada conocido; desde su punto de vista, todo cuanto había conocido antes habría desaparecido. De repente me interrumpo. Entonces... temperatura y velocidad son las variables que están relacionadas en los puntos límites o los valores de los fenómenos físicos que definen... ¡los extremos entre los cuales tiene existencia la materia como la conocemos! Nuestra realidad que percibimos depende de ciertos límites físicos a los que aún no hemos reconocido. Esto me hace excitar de una manera increíble.

"Temperatura y velocidad".

Sí, sí, entiendo que temperatura y velocidad son las claves. Sé, me doy cuenta, que tiene que ver con ciertas variables importantes de la fenomenología energética universal de las que estas dos variables son sus indicadores en nuestro dominio material.

Entiendo todo en un instante y luego se me va de mi mente; pero queda la orientación. Queda lo que debo seguir luego para desarrollar el modelo por el que pueda entender el universo y el mecanismo de la eternidad. Se me dio un pantallazo de otra cosa en otra parte, para que yo busque luego. Eso es. Anoto todo tan pronto como puedo. Finjo estar especulando con el programa de trabajo.

Seguimos con el trabajo diario. Vamos hacia la próxima casa.

De repente, frente a mí, ¡dentro de mi mente!,
¡Veo al pez, imagino al pez, saltando fuera del agua!
"Atrévete a 'mirar' más allá de tu entorno, universo. Hay vida allá, 'fuera' de tu universo".
"No llegas con los sentidos sino con la mente".
"Al hervir el agua desaparece el agua como tú la percibes pero sigue habiendo agua en otra dimensión energética que no percibes (que el 'pez' no percibe)".
¡Oh, ahora entiendo! Yo soy el pez en esta analogía.
Nunca deja de haber materia (es el agua para el pez) sino que está en otra dimensión energética.
¿Por qué estoy yo, supuestamente, adquiriendo este gran conocimiento? ¿De dónde saco esta analogía? ¿Es solo un sueño estando despierto? ¿Son solo simples ilusiones? ¿Qué ha estado sucediendo conmigo? Yo me siento algo extraño ahora. Algo, sin duda, está ocurriéndome. ¿Qué es?
Recibo pensamientos tras pensamientos[*].
No son míos. Yo sólo miro al espacio dentro de mi mente, o al espacio al que penetro con mi mente, al que me "pierdo" o llego con mi mente. ¿Es acaso eso? ¿Estoy viajando con la mente?
Algo ocurre en dos partes, en dos niveles de mi mente. ¿Será esto correcto? Tengo que ponerme en esto también, en entender cómo trabaja mi mente, no importa todo lo que tenga que trabajar en ello. Después de todo soy eterno, ¿no?, y este trabajo me lo permite. Nadie entra en mis pensamientos. Tengo mi ambiente que es sólo mío y de nadie más.
Más pensamientos.
Tengo recibiendo algo que siento verdaderamente como un río o un flujo de pensamientos.
Otra vez,

¿QUÉ LE SUCEDIÓ A JUAN?

"La luz es el límite superior de la materia; es el límite superior de nuestro universo".
¿Qué significa todo esto, exactamente?
Y también otra vez,
"Temperatura y velocidad".
¿Temperatura y velocidad? ¿Cómo se relacionan? Entiendo que son las variables que tienen que ver con nuestra realidad, ya lo anoté antes, pero ¿cómo?
Me doy cuenta que más adelante voy a tener que *conectar el límite indicado por la luz con la analogía del pez.*
Una vez más me pregunto, ¿puede la materia alcanzar la velocidad de la luz? No. No, de acuerdo a Einstein. Pero también ya descarté a Einstein con respecto a este punto. ¿Hasta cuándo voy a insistir en esto? La materia puede ir decayendo, desintegrándose, disociándose, y en el límite, en cierta subdivisión más allá de la reconocida hasta hoy, alcanzar la velocidad de la luz. Así, esa partícula ya no sería materia, al menos no en los términos conocidos hasta ahora, y se integraría a otro estado que ya no se alcanza con los sentidos materiales ni la instrumentación del hombre. ¿Cómo lo alcanzamos entonces?
"Plasma. Hebras eléctricas".
¿Plasma? Nunca he usado ese término, ni siquiera sé qué se define con ese término.
Comienzo a visualizar mejor que en el universo todo se repite a diferentes escalas, que podemos encontrar analogías simples y utilizarlas luego para entender fenómenos que son mucho más complejos, describir sus comportamientos, si sabemos reconocer esas analogías y establecer sus rangos de validez. Una galaxia es una hipercélula. Un átomo es una célula energética. Comienzo a entender que la información que necesitamos para saber del universo está presente, "frente" a nosotros. El universo mismo no es sino un registro de datos y comportamientos que tenemos que remodelar. Se ha cometido un error inicial y se ha continuado arrastrando ese error porque las diferencias que ocasiona en

nuestra vida práctica no se pueden apreciar. Sé que estoy recibiendo algo realmente cierto que debo entender. ¿Cuál es ese error inicial?

(*)

En el Apéndice III se incluyen las principales orientaciones, los pensamientos, inducciones o estimulaciones, como deseen tomarse, recibidas en el transcurso de esta búsqueda en mi mente. No las incluyo a todas ellas en esta narración porque el aspecto científico de ellas no es relevante ahora para el propósito de esta participación para todos. Creo que basta con unos pocos ejemplos como los que se intercalan en la narración de los hechos, una narración enfocada más hacia la extraordinaria interacción, aunque todavía no enteramente consciente por mi parte, que estaba desarrollándose entre mi mente y la fuente de esas orientaciones a las que entonces les llamé *Super Conocimientos*. Yo no me había dado cuenta todavía con Quién estaba desarrollando mi interacción mental.

Las llamadas a Omar y a Mariano se hacen más frecuentes.

Mis cuadernos y papeles sueltos se van llenando de notas y "conclusiones" aunque ni yo mismo las puedo describir ahora, pero a otro nivel de mi mente sí entiendo... no, no entiendo sino que lo sé. Una cosa es saber, tener información, otra cosa es entender. Es un archivo realmente impresionante de datos lo que ya tengo, de conocimiento, de orientaciones. Es un conocimiento, a mí no me cabe ninguna duda, pero no es mío. *Definitivamente este conocimiento no es mío; no, yo no produzco todo esto.* ¿Cómo lo obtengo? Yo no estoy preparado para describir esto por mí mismo. ¿Debo aprender a usarlo, a expresarme con él? No lo sé. Debo esperar. ¿Preparar un trabajo, un libro? ¿Publicar mis conocimientos? No lo sé aún. Muchas cosas se me pasan por la mente. Podría registrarlo como sugirió Omar. También pedir ayuda para manejar los aspectos financieros para su publicación. No todavía. No sé lo que es correcto. Debo esperar más tiempo hasta que sepa qué hacer. No debo dejar que nadie me fuerce a nada.

¿QUÉ LE SUCEDIÓ A JUAN?

Cuando sepa qué hacer será por mí mismo; la respuesta vendrá desde dentro de mí.

Vuelvo a llamar a Omar. Quiero explicarle algo nuevo.

Comienzo a hacerlo, pero de repente tengo que decirle que tengo que colgar y que ya voy a llamarlo más tarde porque "me están llamando". No sé qué me pasa que no puedo decirle lo que deseaba compartir con él.

Llegamos a casa en la tarde.

Mientras paseo los perros luego de la cena, llamo a Carlos, pero enseguida apago el teléfono.

Acabo de darme cuenta que ya no puedo dar detalles de esos conocimientos que voy adquiriendo en el día, cuando por la tarde o la noche llamo a mis hijos a participarles de ellos. Puedo darles idea general del concepto nuevo, pero no detalles, no explicaciones precisas. Si trato de hacerlo, mi conversación se detiene ... sola, involuntariamente; algo me detiene si deseo explicar detalles. ¿Soy yo? No, no. Algo me dice, me impide que yo llegue más lejos por ahora. Algo hace detenerme. ¿Es mi voluntad? No lo sé, pero no puedo participar detalles. Entiendo que no debo hacerlo por ahora. Acepto, aunque no entiendo lo que pasa.

Ya estamos hacia finales de Junio.

Estoy dormitando dentro de la camioneta durante la hora de almuerzo en la estación de servicio donde usualmente pasamos este rato para comer y descansar.

De pronto me viene a la mente la razón primordial, no simplemente biológica, del pulso cardíaco, su frecuencia particular, la temperatura corporal humana, y la razón de la gestación humana inmersa en el líquido amniótico. Doy un salto sobre mi asiento. Entiendo... no, no entiendo, sino que reconozco la relación energética entre la temperatura del cuerpo humano con una constante universal que incluso yo mismo he empleado frecuentemente en los arreglos electromagnéticos en mi época de diseñador de equipos electrónicos simples.

Comienzo a escribir apresuradamente todo cuanto viene a mi mente antes de que se me vaya de ella.

Carlos aparece para cargar gasolina. Le digo en líneas muy generales lo que acabo de saber. Otra vez no puedo ser preciso sobre lo que recibo. No puedo hablar más que de ideas generales. No sé si toma en serio lo poco que le digo. Obviamente, pues no es muy coherente lo que puedo decirle a él. Es extraño que lo que trato de decirle no "sigue" lo que tengo en la mente; hay como una desconexión en mi mente entre lo que sé, la información que tengo y quiero participar, y lo que realmente puedo decir. Es como si una parte de la mente tiene la información y otra parte no puede procesar el ponerla en palabras. ¡Uhm! No sé como explicarlo. El efecto resultante es que detengo lo que trataba de decir.

Norma se acerca. Ya ha comenzado a disgustarle que "moleste" a nuestros hijos con mis cosas, que estoy entreteniéndoles y distrayéndoles de sus propias ocupaciones y preocupaciones normales de ellos con mis cosas "raras" del universo. Me siento mal. Deseo compartir lo que voy recibiendo, imaginando, pensando. No entiende que ellos son los únicos a quienes yo puedo hablarles sobre estos aspectos del universo, del proceso energético. Ella misma, Norma, no puede seguir el hilo de estas meditaciones si trato de hablarlas con ella; y este ambiente de trabajo me aisla de tener otro tipo de relaciones afín con lo que ahora estoy enfrascado.

Terminamos el almuerzo y salimos.

Esta tarde no voy a hacer nada, excepto supervisar, y pensar.

Algunas veces me pregunto si estoy viviendo un sueño. Si todo esto es cierto, y algún día lo publico, ¿qué pasará? ¿cómo afectará mi vida? y... ¿qué haría con el dinero? Yo no siento que tenga

¿QUÉ LE SUCEDIÓ A JUAN?

derecho a ese dinero, pero ¿por qué? ¿Por qué estoy ahora pensando en esto, de esta manera? Me esfuerzo por tratar de escribir todo esto, lo que siento emocionalmente, porque creo... no, no, es más que creer, estoy seguro que es importante comparar con la respuesta verdadera que podré experimentar más adelante una vez que dé a conocer lo que sé, cuando sepa cuándo y cómo hacerlo. Y, algo muy importante que me pregunto constantemente, ¿cómo lo sabré?, aunque por otra parte sé que lo sabré.

"¿Por qué pienso en esto de esta manera?", me repito a mí mismo ahora, y como ya hago a menudo estos últimos días.

Todo lo escribo. Tengo ya una gran pila de escritos borradores. De alguna manera entiendo yo que esto es algo realmente trascendente, aunque todavía no haya podido explicármelo concretamente. Eventualmente creo que lo sabré. Ahora no quiero perder lo que voy sabiendo día a día. No dejaré que se me vaya ningún pensamiento. Por alguna razón siento que debo escribir no solo lo que voy entendiendo del universo sino mis sentimientos y emociones en todo momento en que recibo lo que recibo, y frente a las circunstancias en que tienen lugar estas experiencias por las que estoy pasando. ¿Por qué? No lo sé, pero es lo que siento que tengo que hacer. Siento que un cambio va a ocurrir en mí a causa de este flujo de conocimientos que estoy recibiendo y entonces voy a usar la información de los estados emocionales antes y después de ese cambio. Se me acaba de ocurrir, ¿cómo me sentiría yo si fuera lanzado frente al mundo con algo que realmente constituyera un conocimiento revolucionario frente al que hoy se toma para orientar nuestro desarrollo racional? Imaginemos que soy famoso de la noche a la mañana... ¿Cambiaría algo en mí? ¿Qué? Sólo puedo saberlo si ahora guardo la información de lo que hoy ocurre, que ya no tendré mañana si no la pongo en estas notas. ¿Por qué pasa esta inquietud por mi mente? Yo sólo deseo entender eternidad en el universo, qué lo hace eterno al universo, qué es lo que pasa energéticamente que lo hace eterno. Sin dudas hay un propósito que va más allá de solo entender esto del universo. Lo sé, lo siento.

Me gustaría compartir todo esto con Norma. Ojalá ella pudiera entenderme, y por otra parte, entiendo su preocupación. Estamos en pleno verano y nos vendría bien alguna ayuda. Tenemos mucha carga de trabajo comprometido. A menudo la veo hablando con uno u otro trabajador, chofer, de las camionetas de otros grupos de trabajo para encontrar alguien que quiera o necesite trabajo. Me da pena ella, sí; al mismo tiempo le digo que no se preocupe tanto. Siempre hemos salido de nuestros apretones. Dios no nos ha negado nunca Su ayuda. ¿Acaso nos hemos olvidado ya cuando los agentes de inmigración se llevaron todos nuestros empleados un día, y tuvimos que regresarnos a casa sin poder hacer el trabajo? Boquiabiertos quedamos en la gasolinera cuando los agentes nos rodearon y cayeron sobre nuestras camionetas y se llevaron a todos los muchachos, excepto uno. Sin embargo, una semana más tarde teníamos el servicio completo otra vez en marcha, en parte gracias a los esfuerzos de ella, en parte gracias a los de Dios que se hizo en respuesta al esfuerzo de ella. Pero ahora Norma se siente muy afectada por la decisión de mi hermano, hace unos dos meses ya, de dejar de trabajar con nosotros. Ella piensa que esa decisión va a afectar negativamente nuestro trabajo. Le digo que no, y no puedo convencerla de que al menos ya no piense en ello. Ya resolveremos la falta de recursos de una forma u otra. ¿Cómo convencerla de que sus preocupaciones son estériles? Bueno, ya no trato de hacerlo sino de dejar que pase el tiempo. Con el tiempo todo se resolverá, de esto estoy completamente seguro. Sí, es verdad que el alejamiento de su cuñado primero, y de mi hermano luego y muy particularmente, nos tomó por sorpresa, pero era el derecho de ambos el tomar sus caminos, y nuestro negocio depende de nosotros, de cómo lo manejamos nosotros, y la posibilidad de tener deserciones en la fuerza de trabajo es algo que debe estar siempre frente a nosotros. No obstante, Norma se preocupa por nuestro negocio, el ne-

¿QUÉ LE SUCEDIÓ A JUAN?

gocio de la familia que nos provee los medios financieros para hacer realidad nuestros planes, los de la familia toda y los de cada uno de nuestros hijos. "Lo sé, lo sé", le digo a menudo y agrego, "¿acaso no estamos juntos en este gran proyecto y todas las ilusiones que nos movieron hacia este país?".

Hemos venido creciendo en trabajo y tal vez la carga nos desborda por momentos, en el "campo" (en las casas), en el taller, y administrativamente, a lo que se suma el nuevo terreno en el que estamos tratando de adelantar un proyecto de minicentro comercial, aunque por ahora está a la espera de tiempo.

Sí, entiendo a Norma, y por eso me molesta también a mí mismo el que yo no pueda convencerla de que no hay nada por qué preocuparse; pero reacciono como si fuera ella la que me molestara, así lo percibe ella con cierta razón, y eso me hace sentir mal. ¿Cómo podría convencerla de que todo va bien?

Otra vez insistí y enfaticé mis argumentos para tranquilizarla. No hay quejas de empleados, menos de los clientes; por el contrario, ¡la clientela sigue en aumento! Tenemos dos camionetas completas con cinco empleados cada uno, para hacer el servicio a casi trescientas casas por semana, un número que varias veces nos hemos pasamos ya en algunas semanas, y que esperamos que siga creciendo hacia Agosto, Septiembre, y más cuando viene la temporada de las flores, en Octubre antes de la Noche de Brujas (Halloween), Noviembre para Acción de Gracias (Thanksgiving) y Diciembre para Navidad. Para optimizar la continuidad de nuestro servicio, tenemos dos camionetas de repuesto para cuando las que están de servicio necesitan reparación o mantenimiento. Aún no tenemos un empleado fijo para el taller mecánico que reemplace a mi hermano para arreglar las máquinas, pero ya estamos buscando uno, alguien que también sepa soldar para que me ayude cuando construímos o reparamos nuestros traileres. Carlos tiene su camión de fertilización con su empleado. No hay nada que indique nada malo, excepto que se me ve a mí ocupado escribiendo en todos los ratos libres que puedo hacerlo, pero la supervisión no se ha deteriorado y la mejor prueba es que no hay quejas y el trabajo sigue en aumento, le repito, y todos los estimados de jardines los hago yo, no los empleados. Carlos se ocupa de la parte de fertilización y tratamientos de grama, arbustos y árboles, y de los estimados de los trabajos grandes de decoración de jardines. Incluso Carlos se ocupa hasta de imprimir su propia propaganda que diseñamos juntos, con una impresora comercial que acaba de comprar no hace mucho tiempo. Más aún, tiene su tractor y máquina de trenchar para la instalación de sistemas de riego en propiedades particulares y comerciales.

Entiendo que ella se preocupe porque puedo estar distrayendo a nuestros hijos que se hallan estudiando y, o trabajando, pero ellos me lo dirían, ¿o no? Entiendo sus temores por el trabajo y por ellos; estamos solos y ella se siente vulnerable, pero debe creer que todo estará bien. Entiendo su preocupación por la fragilidad del negocio que depende de nuestros empleados, es verdad. Una redada de inmigración como ya tuvimos, y nos deja sin nada, es cierto, pero no se puede vivir tensionado, le digo una y otra vez. "No dejes que tus temores te dominen, te condicionen", le digo. Si yo me hubiera dejado llevar por el temor en mi vida no estaríamos hoy aquí en este país. Dejemos que pase lo que no podemos controlar, y ya veremos qué hacemos cuando ocurra. No es la filosofía usual en negocios si se desea preveer tanto como se pueda para protegerlo, lo sé, pero estamos en un tipo especial de trabajo que requiere de otra actitud pues la volatidad mayor que tiene está totalmente fuera de nuestro control (las redadas de inmigración), y no tiene sentido preocuparse demasiado cuando el trabajo en sí ya nos exige un gran esfuerzo. Tengamos fe en nosotros y en Dios; además, nada indica que no podamos seguir adelante como venimos trabajando para hacerlo. Sí, ocupo parte de mi tiempo en algo que me atrae intensamente, pero no veo que vaya a afectar nuestro trabajo.

Entretanto doy vueltas supervisando, continúo alternando en

¿QUÉ LE SUCEDIÓ A JUAN?

mi mente otra vez tratando de entender cómo una partícula sola, un entorno infinitesimal muy, muy pequeño, podría generar el universo, buscando una variante al modelo que planteé antes, tratando de visualizar en un papel, empleando el modelo de la partícula que previamente imaginé, tratando de ver cómo es que tendría que comportarse, y siempre teniendo en cuenta el aspecto principal de *cerrar energéticamente el universo, que matemáticamente es cerrar el cero con el infinito*, que es como veo el principal aspecto del problema. Creí verlo hace unos días, cuando me dije que si eso era cierto, lo que estaba pensando acerca del "punto" origen de todo, entonces Dios no hacía falta para crear el universo. Y si Dios no me hace falta entonces concluí que todo eso que estaba modelando no era cierto. Pero hoy me pregunto otra vez, ¿cómo es que interviene Dios en todo esto?

Una vez más me sorprendo a mí mismo.

Deseaba ocupar mi mente, y ahora se me ha presentado un reto, un gran reto.

Con respecto a lo demás, tengo ¿cómo podría definirlo? ¿Un superconocimiento? ¿Lo es si puedo saber en un nivel de mi mente pero no puedo explicarlo, o describirlo, en el nivel que necesito en este entorno de la vida, aquí y ahora? Creo que algo va a pasar. Creo que algo va a pasar en el plano material, entre otras cosas, algo me sacará de la actividad actual, me dará la oportunidad de estudiar, de dedicarme a lo que me gusta. De alguna forma pienso, al mismo tiempo, que me hará feliz retribuir todo lo que estoy recibiendo, por ese conocimiento que se está poniendo a mi disposición.

JUAN CARLOS MARTINO

2 de Julio

Es lunes en la tarde. Estamos en la última casa a trabajar.

Pensando en la misma orientación que lo he venido haciendo ya por días, llego a la conclusión definitiva de la existencia de algo a lo que le llamo *plasma energético* en el universo aunque tal vez no tenga nada que ver con el término *plasma* que la ciencia usa en otras cosas, y en el intercambio y almacenamiento de información con este algo, *plasma*, por medios electrónicos, e inclusive, desde y hacia nuestro cerebro. Más aún, nuestra mente se extiende a ese algo, *plasma*.

De alguna manera sé, es decir, reconozco aunque no entiendo, que la información de vida se almacena en memorias en el espacio. *El espacio es un arreglo de memoria existencial.*

Apenas puedo contener mi excitación. Siento algo extraordinario. Algo indefinible se llena y se desborda internamente dentro de mí. Es como si no puedo dejármelo para mí mismo. Noto que me cuesta contener el expresar a viva voz lo que siento. Me esfuerzo en retenerme. Dejo de soplar, le doy la tarea a uno de los muchachos, y lo llamo inmediatamente a Omar. Me dice que si eso que le digo es cierto entonces podríamos patentarlo. Le repito lo que ya le dije unos días atrás, que nada se hará hasta que yo sepa qué hacer con todo este conocimiento que recibo.

Terminamos bastante más temprano. Como todos los lunes, hoy es un día de no tanto trabajo como el resto de la semana.

Al llegar al taller, Norma ya está esperando por mí sentada en

¿QUÉ LE SUCEDIÓ A JUAN?

el banco de madera en el frente. Ella llegó aun más temprano y ya ha llevado a sus muchachos a sus apartamentos.

Dejo la camioneta y el equipo, cierro el taller y nos vamos juntos a llevar a mi gente, y de allí a casa.

Norma me pregunta por qué estoy tan callado.

- ¡Oh! Por nada, sólo estoy pensando... cosas - respondo sin agregar nada más.

- ¿Todavía seguís vos con todas esas cosas raras del universo, eh?

Permanezco callado haciendo un gesto no dando importancia a lo que estoy pensando. No quiero distraerme en mi mente.

Tan pronto llegamos a casa me pongo a trabajar sin demoras. Quiero escribir en la computadora, en el procesador de palabras. Desde que recibí lo del *plasma universal*, hace un rato, hay algo que siento que tengo que hacer ya mismo: escribir con algún detalle sobre el universo, su configuración y el proceso energético al que da lugar dentro de él que le define. Hay algo que explica por qué la NASA no puede tener un modelo del universo que sea real.

Antes llamo a Mariano a San Antonio y le comento también lo que supe hace sólo un rato. A Carlos se lo diré mañana.

Norma desde la cocina me escucha hablar con Mariano y se viene rápido a la oficina. Dejo de hablar con Mariano y me siento frente a la computadora para escribir también sobre lo que vengo pensando desde que entendí que toda la información de vida está en el espacio, en la red o manto espacio-tiempo, en la modulación de la energía que contiene. Norma no cesa de quejarse por mis interferencias en nuestros hijos; no entiende que ellos son los únicos con quienes puedo hablar de estas cosas, y yo no puedo hablarle a ella sobre lo que me pasa. Ella se siente muy incómoda por mis conversaciones con ellos y no creo que debería ser así, pero ella percibe que algo raro pasa conmigo. Creo también que teme lo que escucha, un tema que no comprende y le asusta. He tratado de explicarle, pero rechazó lo que traté de decirle y creo que es mejor que no trate de hacerlo ahora. Ya querrá dedicarme atención con otra actitud. Pero Norma no está dispuesta a dejar de ventilar lo que le preocupa.

- Decíme, todo esto que estás haciendo, ¿es un escape? - me pregunta a boca de jarro.

- ¿Escape? - repregunto, y agrego, - un momento, voy al baño y regreso.

Mientras estoy en el baño, pienso.

"Esta dedicación ferviente, ¿es un escape? ¿De qué, entonces, estaría escapando? Estoy siendo tocado maravillosa, divinamente, de alguna manera. ¿Es fruto de un fuerte estado emocional que no he identificado? ¿Qué pasa conmigo?", me pregunto a mí mismo frente a los reproches de Norma, a pesar de que no siento que sea nada negativo lo que ocurre, al contrario, sólo tengo que entender lo que de alguna manera recibo y por qué lo recibo. "¿Qué pasa conmigo", me repito, y me respondo, "pues que deseo entender todo lo que recibo, la manera en que está ocurriendo y el propósito que vislumbro más allá de saber acerca de la eternidad del universo y el mecanismo que la sustenta. Al mismo tiempo que "sé" de la eternidad no la entiendo todavía, y no puedo describir nada coherente, por lo que no puedo mostrar lo que está en mi mente y por eso tal vez genere un rechazo o indiferencia frente a lo poco que digo en palabras y, o emociones".

Regreso a la oficina.

Me siento en el sofá de la esquina, a un lado de la biblioteca de pared a mi derecha, y de la ventana a mi izquierda.

Norma no me da más tiempo para mis propias preguntas.

- ¿Y la seguís también con todos tus dichosos papeles? - se lanza a la carga otra vez, se aleja un par de pasos, pero regresa,

- ¿No te viste lo que parecés en la camioneta? ¡Parecés ido, perdido! en vez de estar más pendiente de tu trabajo, del negocio y de la gente, y encima llamando, molestando a cada rato a los chicos como si ellos no tuvieran nada que hacer.

Frente a esta nueva descarga verbal de Norma intento explicarle algo de lo que ella dice, acerca de que si no podría habérse-

¿QUÉ LE SUCEDIÓ A JUAN?

me ocurrido algo mejor en qué pensar. Pero no me deja hacerlo.

- ¿Por qué, por qué todo este agite que cargás con ese dichoso tema? ¿Eh? ¿Se puede saber? - me increpa bien disgustada.

- Ese artículo científico que ya te dije, ese de la revista Time que me interesó tanto, que es muy particular para mí, es un tema que siempre me ha atraído, de ciencia... aunque no de esta manera hasta ahora - atino a decirle, y agrego - tal vez sea inusual un interés en esta forma, es verdad... - concedo.

A punto de hablar Norma, la detengo rápido con un gesto de mi mano.

Tras una pausa, agrego,

- Pero es algo que deseo entender acerca de la eternidad...

- ¿Eternidad? ¿Por qué? ¿Vos tenés miedo de morirte?

- ¿Estás dispuesta a escucharme... por un rato? - le pregunto esperando que lo haga.

- Sí, empezá de una vez - casi me corta el querer seguir adelante.

Intentaré algo aunque me resulta difícil dada su actitud.

- En principio, la lectura de ese artículo respondió a un interés natural en mí. Siempre he sentido una inclinación hacia la ciencia, física, y en particular la electrónica. No creo que esto que digo sea algo nuevo para alguien que me conoce como vos. Todo tema de la ciencia me llama la atención, algunos más, otros menos. Siempre me ha inquietado saber. Cuando yo era apenas un chico el interés por la electricidad fue evidente desde muy pequeño...

- Ya sé toda esa historia...

- ¿Acaso no te he contado lo que hacía a escondidas debajo de mi cama con baterías, bobinas, y qué se yo cuánta cosa se me ocurría inventar para hacer funcionar con ellas? Más adelante, electrónica pasó a ser un gran juego que disfrutaba en mi propio trabajo. ¿Te has olvidado de mi trabajo en la Sección Electrónica en la Fábrica de Aviones, allá en Córdoba? Nada espectacular, lo sé, nada fuera de lo común; pero para mí fue muy profundo por entonces, y sigue siendo a pesar del gran cambio profesional a

Venezuela primero, y mucho más aún ahora, aquí, en este país. Simplemente me sentía muy feliz estudiando electrónica, aunque fuera a un nivel modesto, entendiéndola y practicándola. Lo sabés, ¿o no?, así fue que me conociste y más aún en el tiempo cuando se fue afirmando en mí la convicción de que entender y ser capaz de "jugar" con la electrónica me permitía, a su vez, entender o seguir razonamientos en otras áreas de la ciencia, incluso de la medicina. Astronomía fue siempre motivo de interés, pero no con una particular atracción como ahora. Nunca antes había ni siquiera conocido el significado de la palabra *cosmología* que leí en ese artículo. No recuerdo haber pensado jamás antes en este tema del final del universo, ni solo en mi mente, en mis ratos de ocio, ni con nadie. Quizás de cuando en cuando, alguna conversación acerca del inicio del universo y del famoso Big Bang, pero más en el plano general como un evento fuera del alcance humano, y por lo tanto innecesario de dedicarle mayor esfuerzo...

- Un momento... - le digo ante su amague de interrumpirme, y me dispongo a continuar.

- Dále.

- Ahora, el interés inusual despertado después de la lectura inicial del artículo del Time me llevó a una especulación racional que me sorprende a mí mismo. Sí, es la verdad... Luego leí brevemente cosas acerca de Einstein y sus teorías...

- ¿Qué tiene que ver ese Einstein en esto? ¿Quién es...? - me interrumpe Norma entre sorprendida y fastidiada.

- Un momento por favor, sólo quiero darte una idea de lo que ha estado ocupando mi mente mientras trabajo sin dejar de hacer lo que tengo que hacer, y he estado llamando a los chicos porque ellos entienden de estas cosas y además pueden darme ideas de algunas cosas que yo no he estudiado. Omar me ha dicho que le interesa todo esto y me gusta compartir estas cosas con él... y bueno, también con sus hermanos. Déjame seguir un poco más para que tengás una idea completa. Entonces, continuando con lo que te decía, leí algo sobre las teorías de este científico, Einstein,

¿QUÉ LE SUCEDIÓ A JUAN?

y de otros para poder entender algunos aspectos en los que yo jamás antes había tenido algún interés especial, y por lo tanto sobre los cuales no había siquiera intentado pensar. Frío al principio, el concepto espacio-tiempo, la curvatura del espacio por la gravedad, la atracción de la luz por un cuerpo masivo, dejaron de ser temas o conceptos difíciles... Yo sé que estoy hablando chino para vos, pero tenéme paciencia, ¿eh? Sólo quiero decirte lo que siento. ¿Por qué apareció así de repente este gran interés en el universo, en la eternidad, de esta manera? No lo sé, no lo sé, pero sí sé que *fue el entender eternidad lo que me llevó a pensar en todo lo demás.* Lo que llamó mi atención, el aspecto que me perturbó, que no pude aceptar, es que el universo se expandía por siempre, infinitamente, para morir, "frío", en la nada infinita. No tiene sentido, me repetí una y otra vez. Creémelo, algo dentro mío me lo dijo, ahora lo sé, sí, pero también quiero entender. Sí, lo sé, el universo no se expande por siempre para perderse en la nada. Sencillamente eso no puede ser, no. Este convencimiento intuitivo, primordial, inexplicable, me llevó a pensar muy profundamente. En muchos aspectos me conduje por caminos errados, me refiero racionalmente, y en otros aspectos me ha venido abriendo puertas, y esto es algo que también trato de entender ahora, ¿de dónde proviene todo esto que vengo recibiendo desde hace más de dos semanas?... Los conocimientos que he venido recibiendo ocurren de una manera que quiero y necesito entender. Sé que es por algo importante que me tomará un tiempo saber. Sí, algo pasa en mí, es cierto, tenés razón, pero no es nada malo, no estoy perdiendo mi mente, la cabeza como decís, y...

- Un momento, pará, pará. Parála ya... - me interrumpe Norma ahora en un tono de voz algo menos agresivo pero obviamente de impaciencia, - yo sé que te duele haber dejado tu carrera... - agrega reconociendo algo de lo que trato de decirle, puesto que ella sabe de todo lo relacionado con la electrónica que siempre me ha atraído para desarrollarme y disfrutar mentalmente.

- No, no es eso - la interrumpo.

- Mirá, yo sé de tu carrera, yo sé, yo séeeee... - insiste ella atropelladamente pues ve que yo trato de interrumpirla pues no es exactamente acerca de mi carrera de lo que hablo, por lo que agrega rápido, corriendo la silla a un lado,

- Yo no entiendo nada de todo eso que estás diciendo. Estás hablando jeroglíficos para mí con todo esa... no sé. Yo lo que sé es que hay que trabajar, que hay que dejar a los chicos tranquilos, no llenarles la cabeza con tus cosas raras. Si vos estás loco, allá vos, pero no vuelvas locos a todos. ¿Me oíste? ¿Eh? Mirá todo lo que hay que hacer. Tengo que hacer la cena, atender los perros y las plantas, vos tenés que hacer las listas para mañana y llamar por teléfono, y en cambio aquí estamos, hablando de estupideces que no nos van a dar de comer. ¿Lo entendiste? No nos van a dar de comeeeer... - Norma suena muy molesta.

No quiero contestar. Temo perder mi calma si le contesto.

Transcurren algunos segundos en silencio, muy tensos. Ahora yo estoy molesto, ¿por qué habría de negarlo? Pero me abstengo de decir nada más.

- Mirá, ponéte a hacer tu trabajo y yo voy a hacer el mío. Ya bastante tengo que hacer en la cocina como para estar escuchando más de esto - me dice Norma rompiendo el silencio mientras se va hacia la cocina.

Me quedo pensando por un rato.

Me levanto del sofá, miro todo alrededor, y vuelvo a sentarme. Pasa otro rato, no sé cuanto tiempo.

Llamo a Norma.

Ella viene secándose las manos.

- Éstas son cosas que vos siempre has sabido - le digo - y aunque todavía no entiendas nada de lo que pasa, ahora yo necesito escribir algo. Tengo que hacerlo, algo me impulsa a hacerlo, yo lo siento muy dentro de mí. No va a afectar al trabajo, ya verás, y no

¿QUÉ LE SUCEDIÓ A JUAN?

voy a molestar a nadie -. Agrego que voy a escribir algunas de mis ideas acerca del universo para que queden para los chicos; que si algo me pasara, realmente quiero que nuestros hijos sepan que yo he sabido cosas importantes del universo antes que otros, por alguna razón que aún desconozco, que no importa si alguien sabe estas mismas cosas más adelante y lo publica en algún momento previo a mí; yo ya he sabido algo fuera de lo común antes que nadie más, sin tener instrumentos para observar el universo, sólo por el pensamiento, y esto tiene un significado muy especial para mí que todavía tengo que descubrir, y tendrá un sentido mayor para todos, que aunque yo no veo completamente ahora sin embargo anticipo, y que esos conocimientos no puedo dárselos en detalles sino hasta un poco más adelante y que por ahora les dejaré ciertas orientaciones fundamentales en la carta que voy a preparar para ellos.

Sin decir nada Norma sale de la oficina, de regreso a la cocina.

Agarro una tablita de apuntes y unas hojas en blanco que sostengo con la presilla superior.

Saco las notas guardadas en el escritorio para orientar lo que voy a escribir en la carta.

Me pongo a esbozar primero a mano las ideas acerca del universo para luego hacerlo en el procesador de palabras, y dibujo algunos aspectos de las re-distribuciones energéticas en un universo visto desde "afuera". Me viene muy bien ahora mi gran facilidad para el dibujo.

Luego de un rato me muevo frente a la computadora.

Escribo por primera vez en la computadora un resumen de por qué creía, por qué sabía que el universo es finito y cómo se detiene su expansión; que el universo siendo finito es esférico, cuál es la prueba de ello, y que esa prueba la voy a poner a disposición de la NASA; que la luz es un límite. Incluyo una descripción del universo finito, esférico y unas vistas que debemos identificar en el espacio-tiempo del universo si nos alejamos continuamente, si acaso fuera posible salir de él, excepto mentalmente; algo sobre densidad de radiación universal; una mención de que en la Vía Láctea, nuestra galaxia, está la explicación que buscamos acerca del universo; algo a nivel primordial sobre el fenómeno que reconocemos como luz que es el límite superior de nuestro universo, y la temperatura absoluta como el límite inferior; y la relación real de la temperatura con la radiación cósmica de fondo, que es una información que obtuve muy recientemente, ayer.

Termino los escritos; luego los imprimo, y los pongo dentro de un sobre, junto con los dibujos a mano, al que luego coloco detrás del marco que contiene mi diploma, en la pared, sobre la copiadora.

Llamo otra vez a Norma.
Le muestro a Norma donde puse los papeles.
Le repito que puse allí esa información para que algún día, en el futuro, ellos, nuestros chicos, sepan lo que yo sé ahora y acabo de poner en ese papel. Es importante. Ellos sabrán por qué.

Ella gesticula fastidiada y me dice que no se explica qué es lo que está pasando conmigo. Yo tampoco puedo explicarle mucho más ya; sólo insisto que si algo me pasa, allí está una información extraordinariamente importante que yo quiero que mis hijos sepan que yo ya sabía antes que nadie más, pero que por ahora no debe ser tocada. Norma no deja de mirarme y seguir mis movimientos con expresión de gran disgusto y desaprobación frente a su completa imposibilidad de entender qué es lo que estoy haciendo, hasta que finalmente sale de la oficina totalmente contrariada.

Verifico que he fijado bien el sobre detrás del diploma, y regreso al escritorio donde está la computadora, para hacer los programas de trabajo para los dos para mañana teniendo en cuenta que el miércoles es feriado.

Guardo en el cajón del escritorio las notas a mano que usé para orientarme en la carta que acabo de dejar en el sobre.

Me acomodo frente a la computadora.

¿QUÉ LE SUCEDIÓ A JUAN?

Voy a abrir los archivos de la compañía.
No puedo abrirlos. Espero un momento. Intento otra vez.
Algo pasa en la computadora. No puedo trabajar en ella. Las pantallas parecen ir muy lentas, más lentas que mi vista, ¿o más lentas que mis manos? ¿Qué pasa? No, no, acabo de observar que las pantallas van cambiando lentamente, o sea... sí, sí, eso es, ¡estoy viendo cuando el haz de rayos catódicos corre de un lado a otro de la pantalla! ¡hey, estoy viendo el trazo del haz catódico! Quedo mirando absorto el trazo que llega al extremo y reaparece un poquito más abajo en el otro extremo.
¿Cómo es posible esto?
Ahora trato de abrir la aplicación del procesador de palabras.
No puedo abrirla.
¿Qué es lo que pasa que no puedo ahora, si hace tan sólo un ratito escribí la carta para los chicos?
Pruebo nuevamente con los archivos de la compañía.
Ahora sí, pero....
¡Hey! Se están borrando... ¡Se borran frente a mis ojos!
Voy a buscarlos al "basurero" de la computadora. No están allí.
Sigo buscándolos. Trato en Documentos, Aplicaciones, Finder.
Nada.
Algo bien extraño pasa; sí. ¿Por qué se borraron los archivos? ¿Qué habré hecho? ¿Qué es lo que hice mal? ¿Habré pulsado un comando equivocado? No lo creo, pero... ¿podría ser? ¿Y ahora qué? La computadora se congela totalmente, ya no responde a ningún comando, no puedo sacarla de este estado. La computadora se ha bloqueado. De repente ya no hay imagen ni tampoco ningún trazo en la pantalla; no hay nada. Se apagó todo.
¿Qué ocurrió? Yo vi el trazo del haz catódico hace un momento, ¿cómo puede ser? ¿Se habrá quemado algo dentro de ella?
Me resigno a hacer los dos programas de trabajo a mano, de memoria, pues no tengo acceso a nada en la computadora. Menos mal que pasado mañana es feriado, es 4 de Julio, y no vamos a trabajar el día completo. Allí tendré tiempo para ver qué hacer

con la computadora. Como siempre, espero el día de descanso para hacer lo que siempre falta o aparece nuevo por hacer.

Apago la fuente de poder de la computadora. No quiero que se quede energizada, no vaya a ser que haya algo mal en ella.

Le saco copias a las dos listas de trabajos ejecutados la semana pasada; tacho lo que no va, agrego lo que hay nuevo para mañana, y ahora sí, listo, por hoy.

Me siento extraño.

Algo pasa en mi cerebro. ¿Qué es? No sé. Algo me pasa, pero no puedo definirlo. No puedo explicarlo. ¿Es mi imaginación? Yo vi el haz catódico de la computadora ir trazando lentamente la línea de un lado a otro de la pantalla, y desaparecer los archivos hasta que todo se detuvo... todo desapareció de la vista.

Conecto otra vez la fuente de poder y trato de prender la computadora a ver si ahora responde.

Nada enciende eléctricamente. Nada. Ahora todo está muerto, computadora y fuente. Reviso el fusible de la fuente; está bien.

Mejor voy a comer, después a sacar los dos perros, y quizás un poco de televisión antes de ir a dormir. Una cerveza con la cena me caerá muy bien para dormirme rápido pues estoy cansado. De verdad ¡qué bien me viene haber terminado temprano hoy!

Le digo a Norma que la computadora se "murió".

- ¿Qué? ¿Qué pasó? - me pregunta.

- No sé, creo que se quemó. - No quiero dar los otros detalles.

- ¿Qué vamos a hacer ahora? ¿Cómo voy a saber de las casas y del trabajo que les toca hacer esta semana?

- Por el momento usaremos las copias de las listas de la semana pasada. Ya están preparadas las dos listas. Ya vamos a ver qué hacemos el miércoles en la tarde.

Me preparo para sacar los perros.

Sacar diariamente, todas las noches, a Casey primero, y luego a Chester pues molesta mucho a Casey y no me deja pasearlos a los dos juntos, se me antoja pesado; pero no puedo dejar de hacerlo. ¿Cuándo?... ¿Cuándo voy a hacer la cerca en el patio para dejar a Chester suelto allí y no tener que pasearlo por fuera, no tener que dedicarle este tiempo? De todas maneras, no podría dejar de sacarlos a ambos. Los dos necesitan ese paseo. Es parte de sus limitados momentos de esparcimiento. No puedo evitarlo. Creo que aunque tenga cerca en el patio de casa Chester siempre querrá salir afuera, a la calle; es su entretenimiento. A los dos les gusta ir olfateando los postes de los carteros, todos y cada uno, y dejar sus marcas. Es su sistema de comunicación, no cabe duda.

Saco a caminar a ambos hoy.

Tengo oportunidad de reflexionar un poco más sobre lo que le preocupa a Norma, y su actitud.

Es verdad que me molesta su reproche por lo que considera mi desatención del negocio y a veces tengo que contenerme para no explotar; no obstante, la entiendo, y desde su punto de vista la justifico pues creo que interpreta mi "desatención" como una falta de cuidado frente a su sacrificio en este trabajo. Ella le dedica un gran esfuerzo en tanto que, según su perspectiva, yo dejo de hacerlo, pero mi rendimiento de trabajo no ha caído. Yo no uso tiempo de trabajo sino mi mente mientras trabajo; por otra parte, no puedo dejar de recibir la información que recibo, no depende de mí, excepto que deseo atender y entender lo que recibo. Hay una percepción equivocada por parte de ella con respecto a "desatender" el negocio o ser indiferente a su propio trabajo. No. Yo sólo deseo tener mi propio espacio mental y acomodar las actividades para ello, y por eso a veces pierdo mi paciencia frente a sus reclamos fundados en sus temores, porque no entiende lo que ocurre, y por nuestros hijos, por la tranquilidad de ellos que podría ser disturbada por lo que yo les comparto y que Norma, al no entender y temer, entonces teme que les afecte a ellos también.

Termino el paseo, y con él otra sesión de meditaciones al amparo de mi soledad y la quietud de esta noche algo húmeda y caliente porque no hay nada de brisa.

Mientras llevo a Chester al garage regresa a mi mente lo que pasó con la computadora y siento algo que recorre mi cuerpo.

Agarro una cerveza, y un Advil por si me duele la cabeza en la noche, y me siento frente al televisor. Pero no, hoy no estoy para quedarme a ver nada; definitivamente me siento extraño. Mejor me voy a dormir temprano. Termino la cerveza, apago el televisor y me levanto. Casey se sorprende y amaga con seguirme. Le digo que se quede allí, en su alfombrita.

Antes voy a echar un vistazo por la oficina a revisar los programas para mañana. ¿Habré pasado algo por alto en las listas? Espero que no. "¿Qué habrá pasado con la computadora?", me pregunto una vez más? "¿Estaré sobrepasando a la computadora en alguna forma?".

Los programas para mañana están bien.

A punto de salir de la oficina miro una fotografía que tengo sobre el escritorio.

Es una de Norma, Evan (mi nieto, hijo de Carlos y Rebekah, su esposa) y yo. Creo que Carlos la tomó en casa; no reconozco qué hay como fondo de la foto.

La tomo para verla de cerca.

Jugando con el enfoque de mis ojos, logro borrar dos sujetos de la foto, primero uno, luego otro. Pero luego de dos o tres cambios uno de los dos sujetos no reaparece en la foto... ¡ya no está en la foto! Ese espacio está... ¡vacío!

Paseo mi vista por la habitación, y la regreso a la foto.

No. El sujeto faltante no está.

¿Cómo lo hice? ¿Fue realmente una cuestión de enfoque? No, no sé, y definitivamente el otro sujeto no reaparece. No entiendo lo que pasa.

Por alguna razón no insisto seguir jugando con la foto. Se me ocurre pensar que tal vez yo esté jugando con otras dimensiones espaciales. ¿Puede ser eso?

¿QUÉ LE SUCEDIÓ A JUAN?

Miro una vez más; no está en la foto el sujeto que falta. La dejo así. No más. Primero es la computadora muy lenta para mi mente, ahora esto de... ¿hacer desaparecer una imagen de la foto? No, no, no, mejor dejo todo esto como está. ¿Qué estará pasando ahora? Ya veré de entender mañana.

Mientras sigo la rutina de todas las noches de revisar las puertas de la planta baja decido llevar a Casey a dormir al baño de arriba a pesar de que hace un momento le dije que se quedara. No deja de seguirme; creo que es porque está esperando que la lleve arriba.
Subimos.

Voy al baño luego de prepararme para ir a la cama.
Casey está en su alfombrita del lado del lavamanos, en un rinconcito en la pared que da hacia el patio.
Veo la revista Time en el mismo lugar, en el canasto de revistas; hace rato que no la toco. Ya no me interesa releer el artículo acerca del universo y su "muerte". Creo que superé a ese artículo en conocimiento, en profundidad.
Trato de hojear la revista Selecciones del Reader's Digest.
No puedo poner mi atención en leer nada.
Finalmente voy a la cama.
Norma ya está profundamente dormida en su cama, al lado de la mía.

No sé cuanto tiempo habré estado en la cama cuando necesito ir al baño otra vez.
Tan pronto como entro algo ocurre.
Todo alrededor mío... ¡desaparece! Todo es negro.
De pronto me encuentro aterrorizado. No puedo gritar. No puedo hacer nada. No puedo expresar el terror que de repente me invade.
Estoy siendo arrastrado, sin poder hacer nada... ¡a la nada!
Sólo me siento a mí mismo siendo succionado hacia un vacío

insoportable, alienante. Ni siquiera me veo a mí mismo, nada; ni mis manos, ni mis pies, nada de mi cuerpo. Me siento a mí mismo ... sin verme.

¡La nada, el vacío total, y un súbito enloquecimiento!

¿Qué me ocurre? ¿Qué... qué es esto?

Quiero gritar. No puedo gritar.

No estoy pensando, pero de alguna manera pienso... no, no pienso, lo sé.

A la inexplicable y desvastante transportación, ¿dónde fui traído, dónde estoy?, que ocurre con increíble rapidez, le sigue en aumento mi terror alienante, un terror que me despoja despiadadamente de mí mismo... sí, de mí mismo, es lo que siento, lo que experimento; el terror es una invisible bestia despiadada que se ha apoderado de mí y se cierra sobre mí y en su abrazo me disocia en partes junto a las que pierdo la razón. Me siento como si me desmembrara, me deshiciera en partes que se alejan entre sí y no las puedo agarrar, no quiero perderlas... ¡no quiero perderme a mí mismo!

Dios... ¡Dios mío!

Mi angustioso "grito" se ahoga, sí, en mi mente, en mi propia desesperación. No es un grito, no muevo nada de mí mismo, pero grito, e imploro... de alguna manera.

Encuentro un fugaz instante de raciocinio.

Necesito encontrar, y rápido, la salida de esta aterradora, enloquecedora vaciedad a la que he sido tan brusca, salvaje, inesperadamente arrastrado.

Tengo que salirme de esto; no puedo decir "de aquí" ya que no hay nada, absolutamente nada, ¿cómo describirlo?, es la nada total, aplastante. ¿Qué es esto? ¿Qué es esto?

Busco... busco... pero ¿qué busco en esta nada horripilante?

Me busco a mí mismo, ¿dónde estoy? No tengo cuerpo, nada, solo terror.

Quiero salir. ¡Quiero salir de aquííííí...!

No; no puedo hacerlo sólo. No puedo "escaparme" de esto.

¿QUÉ LE SUCEDIÓ A JUAN?

Estoy paralizado por el terror en el centro de esta nada brutal.

La bestia es un terror que me invade y me posee, me anula completa, inescapablemente.

La infinita, oscura ausencia de todo vestigio de vida en este despiadado y alienante vacío sin fin, sólo es quebrada por una enloquecedora vibración que me sacude todo, ¡sin moverme!, y un monótono, recortado y escalofriante batir mecánico de aspas, eso es lo que parece, que me desespera aún más; es un alienante taca-taca-taca-taca-taca-taca. Rápidamente se va anulando lo poco que resta de mi impotente capacidad de raciocinio, la que se sumerje en una espiral... ¿diabólica?; no tengo, no encuentro palabras para describirlo.

Me siento despojado de algo... ¿de mí mismo?; no puedo definir a esto tampoco.

No estoy muriendo, no, es algo peor, algo inenarrablemente peor, si estuviera muriendo sería mejor.

Estoy perdiendo la razón; me doy cuenta de ello, sí; estoy... consciente de ello, estoy consciente de perder la razón, ¡pero no puedo hacer nada! ¿Qué... qué clase de locura es ésta?

Taca-taca-taca-taca-taca...

¡Dios mío! ¡Madre mía!

Casi ni me oigo a mí mismo en mi mente. ¿Qué queda de mí?

¿Dónde estoy? ¿Qué ocurre? ¿Qué es ese horrendo monótono batir de aspas?

Taca-taca-taca-taca-taca...

No puedo gritar ni llorar para aliviar este terror y mi creciente desesperación.

Siento, lo "toco" de alguna manera al creciente, presionante sólido terror fuera de toda descripción racional y la escalofriante locura diabólica, pérdida racional; siento como si fuera una espiral invisible que se cierra, se apreta sobre mí, sobre mi mente, sobre mi razón, atrapándome en una siniestra trampa, infinita, vacía, mientras mi cuerpo se ha ido desmembrando...

El vacío, la nada, es aterradora.

No sufro dolor; no, no tengo dolor alguno. Esto es peor, es terror, un terror absoluto. Es otra clase de sufrimiento espantoso. Es un indescriptible terror que se realimenta en mi locura, en la diabólica pérdida de mi razón; de mi razón... ¡estando consciente de ello!

Estoy perdiendo la capacidad racional, pero no es su colapso; ella simplemente se desvanece.

¿Es el colapso de mi consciencia?, se me ocurre por un instante, en otro latigazo de lucidez que allí mismo se pierde, se esfuma.

Por entonces el terror es ya intolerable, infinitamente intolerable. No puedo salir de esto, de este horrible sitio, ¿o estado mental?

No pierdo la consciencia, no; aunque ya no puedo casi razonar más. Estoy vacío. Sin embargo el terror es, a cada momento, peor. ¿Es que puede ser peor aún?

Taca-taca-taca-taca-taca...

¡Madre mía, sálvame!

Suplico una vez más, ya ahogándome en mi insoportable terror y la angustia de mi remanente consciencia que se contorsiona en su propia desesperación por salir de la trampa infinita que se cierra sobre ella; es un vacío atroz que se apreta sobre ella, el mismo vacío en el que ella se expande, se disocia, se "pierde" a sí misma.

De repente, todo comienza a cesar.

Taca-taca... taca... tac...

Cesa la presión, cesa la vibración enloquecedora.

Finalmente se apaga el monótono, escalofriante batir mecánico.

Regreso a la luz; veo luz otra vez.

Salto fuera del baño que comienza a tomar forma otra vez desde la nada, desde el vacío del que regreso.

Finalmente me veo a mí mismo nuevamente.

Estoy sentado en el borde de mi cama, allí mismo de donde

¿QUÉ LE SUCEDIÓ A JUAN?

hace, ¿cuánto tiempo?, fui al baño para ser llevado, transportado a ese espeluznante vacío infinito apenas entré en él.

No sé cómo regresé del baño a mi cama.

Norma está durmiendo en su cama, al lado de la mía. No ve, no siente, no se percata de nada. Yo no puedo hacer nada. Me veo en la habitación, estoy ahora sentado sobre la cama. Veo mi cama, la luz del baño encendida, la puerta está entreabierta. El ventilador del techo está girando, lo veo. Estoy despierto. Sí, estoy bien despierto; sí, estoy bien consciente; estoy en mi habitación. Es mi ambiente físico real, estoy en casa, en ¡mi propia habitación! Pero... pero... ¡Ay, Dios mío, no... no puedo salir de eeeesto!... es... es mi mente... ¡mi mente! ¡Otra vez... noooo! es mi mente la que otra vez está siendo arrastrada al mismo infierno. Nooo... eso nooo, es absolutamente aterrador, indescriptible. Una parte de mi mente, de mi cerebro, está siendo arrastrado, absorbido, succionado, por el infinito oscuro, girando, oscilando, palpitando, vibrando, y otra vez una cadencia taca-taca-taca... letanía terrífica que proviene del oscuro espacio que se extiende más allá del techo y lleva mi mente hacia el espacio por encima y más allá del techo... otra vez. ¡Oh, Dios mío!, grito en silencio, ¡Sálvame, por favor! ¡Por favooooor!

Señor mío, Dios mío... ¡Ay, mi Dios! vuelvo a suplicarte, estoy sencillamente aterrorizado, más allá de toda imaginación. Estoy enloqueciendo inexorable y ¡conscientemente! ¿Estoy muriendo? No, otra vez estoy siendo arrastrado al ¡infierno! Me llevo una mano al corazón, por un instante estoy seguro que voy a morir, siento una palpitación tremenda, el corazón "salta", no late; pero no, no es mi corazón lo que falla... ¡no es mi corazón!

¡Señor mío y Dios mío, en Vos confío!

Estoy enloqueciendo, perdiendo mi mente que me está siendo quitada conscientemente. ¡Nooooo!

Todo cesa otra vez.

Tengo mis manos tomadas, cerradas sobre mi pecho, sobre mi corazón que late como si estuviera enloquecido él mismo; no, no late, está golpeándose a sí mismo dentro del pecho, en su suelta, desenfrenada carrera, en tanto que no se ha apagado todavía mi súplica, aún sonando en mi mente.

¡Madre mía, Dios mío, sálvame; ayúdame a salir de esto; no puedo hacerlo sólo!

Me recuesto.

El batir de mi corazón es terrible. El golpeteo en mi pecho llega a todas partes de mi cuerpo.

Veo el crucifijo en la pared, sobre la cabecera de la cama, el crucifijo que he mantenido toda mi vida, desde niño. Lo tomo, desesperado. ¡Dios mío, sálvame Jesús, mi Señor!

El crucifijo apretado contra mi pecho salta a cada "salto" del corazón.

Lo aprieto más fuerte, para que no se me suelte de las manos. Me hago doler los dedos de tanto apretarlo para estar seguro.

Otra vez el batir enloquecedor de ese taca-taca-taca como las aspas de un helicóptero.

De un violento impulso me siento en la cama. ¡Necesito luz, más luz, Dios mío! ¡Mi mente se pierde!

Lo aprieto aún más.

¡Jesús, sálvame!

No, no pasa nada; estoy aterrorizado, eso es todo, nada más. Debo calmarme, sí, debo calmarme.

La visión mental termina de desaparecer mientras estrecho el crucifijo contra mi pecho como si fuera a hundirlo en él. La visión se desvanece totalmente de mi mente mientras ruego sin cesar por ser salvado; finalmente terminó ese ritmo monótono y escalofriante con que comenzó todo en el baño.

Persiste el recuerdo reciente y no puedo quitarme el terror. Me aferro a mi crucifijo. Me recuesto otra vez. El corazón... ¿qué pasa ahora? ¿no late más? Sí. ¡Ay!, no sé, estoy aterrado. ¡Dios mío!, ¿qué hice? Me vuelvo a levantar. La luz. ¡Qué bien me hace la luz! Mantengo el crucifijo bien apretado contra mi pecho. Ya se está pasando el momento tan aterrador. Pero estoy en un terri-

¿QUÉ LE SUCEDIÓ A JUAN?

ble estado de choque. Estoy desvastado.

Algo terrible hice. Lo sé. Lo reconozco. Ésta es la manifestación de Dios... ¿anunciando mi muerte?

¡Oh, Dios mío, Dios mío perdóname! ¡Jesús, Señor mío y Dios mío, perdóname, sálvame! ¡Por favor!

Sí, tal vez voy a morir y éste sea el anuncio, pero... pero... ser llevado al infierno... ¡nooo! Oh, Dios mío, ¡nooo!

Un instante más tarde, algo más recuperado frente a la luz que se cuela por la puerta y desde la lámpara del baño, lo advierto.

Acabo de ser sacado, "subido" desde el infierno, un infierno desconocido, jamás antes descripto, imaginado.

Dios me sacó del infierno. Sí, Dios me sacó de allí.

La experiencia es realmente indescriptible racionalmente.

¿Podré olvidarme?

De repente, una vez más me asalta el terror de verme arrastrado otra vez allí. El sólo pensar en ello me arrastra... ¡no! ¡no! ¿Otra vez al vacío?... ¡noooo!

En un instante sólo atino a suplicar ¡Jesús, no lo permitas!, y me tranquilizo otra vez.

No, no pasa nada, sólo estoy aterrorizado.

¿Podré olvidarme?, me repito sin desearlo como temiendo atraer otra vez el vacío enloquecedor si pienso en ello.

Respiro muy profundamente tratando de recuperar también mi ritmo cardíaco, a la vez que tranquilizar mi temblor que ahora me recorre todo el cuerpo.

Tiemblo desenfrenadamente.

A pesar del temblor, de alguna manera decido algo.

No voy a olvidarme. A pesar del terror pasado y de que pudiera ser arrastrado otra vez, no, no quiero olvidar en realidad. Quiero entender. Necesito saber, entender lo que ha sucedido; aunque el terror no me ha abandonado todavía, acabo de saber que Dios, mi Madre, me protege. Ella, Dios, me "subió" del infierno al que fui arrastrado recién, o no sé cuánto tiempo hace ya. Lo sé. ¿Una prueba? Pues aquí estoy, de regreso del infierno.

Buscaré entender ese infierno.

¿Tendré tiempo? Creo que Dios me anunció también que voy a morirme... pero antes tengo que entender ese infierno. Casi lo siento como una creatura con la que tengo que medirme. Yo acabo de sentir a la bestia de terror que me atrapó y me envolvió. ¿Qué me hace querer entender, después de esta espantosa, enloquecedora experiencia de la que acabo de salir?

Voy a morir, pero no voy a ir a ese infierno, no. Lo sé. ¿Para qué, entonces, me sacaría Dios de allí si allí fuera al morir? ¿Acaso es para prepararme? ¿Prepararme para qué?

Buscaré a mi Madre. La respuesta está en Ella, sí, en Dios.

¡Oh Dios, Dios mío!

Acabo de salir del infierno. Sí, eso es. Acabo de ser mostrado el infierno.

Dios mío, sé que algo hice mal, pero ¿qué?... ¿qué fue?

No puedo salir de mi estado de choque frente a la idea de ser conducido otra vez allí. Rezo en silencio buscando la bondad de Dios, de Su perdón, rezo en silencio también buscando borrar la imagen que acaba de serme presentada en la consciencia. ¡Oh, mi Dios, Dios mío! ¿Qué... qué fue todo eso?

¿Qué voy a hacer ahora Señor?

Norma me llama a gritos desde su cama próxima a la mía.

- ¡Juan Carlos! ¡Juan Caaaaarlos!... ¿Qué tenés, qué te pasa?

Está tratando de hacerme responderle, obviamente molesta, y sorprendida y asustada por mi estado visiblemente agitado, desencajado.

No sé si yo desperté a Norma, o si ella se despertó a causa de mis movimientos. Todo fue, pasó en sólo unos breves instantes, ahora me doy cuenta, sí, pero me parecieron demasiados aterrorizadores como para que hubiera podido soportar más. He estado en el infierno, o a las bocas del mismo, ¡Oh, Dios mío, por favor, sálvame! En Ti confío.

Mi primer intento por hablarle a Norma se ahoga en mi gar-

¿QUÉ LE SUCEDIÓ A JUAN?

ganta. No sé cómo empezar.

Norma vino a mi lado.

- ¿Se puede saber qué te pasa? ¿Qué estás haciendo acá, sentado, ido, hablando solo con ese crucifijo en la mano?

Norma está disgustada. Acabo de interrumpir su sueño. No la culpo. No. Pero yo estoy demasiado aterrorizado como para pensar en ella en este momento. Con el crucifijo en la mano todavía y contra mi pecho le digo bajito, muy entrecortadamente, "que.. que creo... creo que estoy por morir. Sí, morir".

Pega un salto, y ahoga un grito, en parte asustada, y en parte disgustada por otra de mis tonterías, como me lo dice.

- Sí - le digo - estoy por morir. Algo pasó en mi cabeza. Estoy aterrorizado. No... no... no puedo explicarte ahora lo que pasó, pero algo horrible pasó por mi cabeza, en mi mente, como una pesadilla - y continúo con dificultad - pero no fue en realidad una pesadilla, ni un sueño. No. No sé. Después te explico... trataré de hacerlo. Por favor, fue terrible, fue... el infierno.

- ¿El infierno? ¿Qué estupidez estás diciendo ahora, se puede saber? ¿Y esa cara? - Norma se asustó de veras.

- Sí... por favor, creéme. No encuentro cómo explicártelo ahora. Pero voy a morir, lo sé, porque... estuve en el infierno... en el infierno. Dios me... me llevó y me sacó del infierno... - balbuceo entrecortadamente.

- ¿Qué decís? ¿Que fue Dios qué cosa? ¿Qué es lo que pasó?

- Infierno, infierno - repito, y agrego - Dios me llevó y después me sacó del infierno.

- ¿Quéeee...? ¿Estás volviéndote loco de verdad ahora? ¿Cómo Dios te va a llevar al infierno?... - Norma está visiblemente aterrada de mi propio aterramiento y mis súplicas a Dios, a Jesús.

- ... fue Dios... fue Dios.... - repito, entrecortadamente pero sin titubear en lo que creo, en lo que de alguna manera estoy seguro, - Sí, sí, ¡síí!, fue Dios, Él fue... fue Dios - insisto atropellándome con mis palabras - fue Dios.

- ¿Dios llevándote al infierno? ¿Seguro que fue Dios? ¿Cómo

podés decir eso? - grita Norma.

¡Oh, Dios! Norma no me puede entender lo que le digo.

- Sí. Dios me ha hecho... no, no, me quiere decir algo... es... es increíble... sí, pero... hizo algo extraordinario... sí, ¡ohhh...!

- ¡Oh, sí! Dios te quiere decir algo increíble. ¡Oh, Dios! ¿Qué locura tiene este hombre? No, no, sino que... ¿qué? ¿Cómo dijiste?... ¡ah! sí, sí, te hizo algo extraordinario... ¡y nada mejor que llevándote al infierno! ¿Es eso decirte algo extraordinario y dejarte con ese aspecto de loco, de ido que tenés? ¡Todavía estás aterrorizado!, ¿o no? ¿Qué tenés, eh? ¿Qué es lo que tenés ahora? ¿Qué hiciste para ponerte así?

Norma se está asustando... no, no, aterrorizando ella misma, cada vez más ahora por mi reacción. Dios mío, ¿qué hago?

Yo quiero explicar lo que ocurrió y no puedo explicar esos detalles inexplicables.

- No, no. Dios no me llevó al infierno, sino que Dios permitió que lo viera, que viera el infierno, y luego que pudiera salir de él. Dios me "subió" del infierno.

- ¡Dios! ¡Ah, sí!, no me digás. ¡El demonio dirás! ¡El demonio!, porque eso es cosa del demonio, no de Dios. Ahora sí que estás loco, estás loco... ¡Juan Carlos! ¡¿Qué pasó?! ¡Ay, Dios mío, estás loco, loco de remate!

- Si hubiera sido el demonio, allí me habría dejado, ¿no te das cuenta? - le respondo con firmeza a pesar de mi estado.

- ¿Te has visto en el espejo la cara... la cara que tenés? Estás desencajado. ¿Eso es lo que hace Dios?

- No, no me entendés. Algo ocurrió que yo tengo que entender.

- ¿Y por qué te muestra el infierno, algo que es del demonio? ¿Para que entendás qué?

- Algo acerca del universo... algo que estaba buscando acerca del universo.

- ¿Acerca del universo? ¿Qué tiene que ver el universo con Dios ahora, eh? ¿Qué cosa acerca del universo? ¿Otra vez me venís con todo eso?

¿QUÉ LE SUCEDIÓ A JUAN?

- Eternidad e infinidad... nuestra vida y nuestro destino en la eternidad, y el destino del universo...
- Pero, ¿qué te puede importar el destino del universo? ¿Qué pasa con el universo? ¿Qué tiene que ver Dios con eso?
- El artículo que leí decía que el universo se expande sin cesar hasta que desaparece en la nada... Ya te dije ayer, o esta tarde, no sé, no me acuerdo cuándo.
- ¿Y qué pasa? ¿Qué hay con eso?
- Que si eso fuera verdad, mi vida hoy no tiene sentido...
- ¿Qué puede importarte eso? Después de todo el universo no desaparecerá mañana, ¡ni en tu vida! ¿Cuándo es que dicen que el universo va a desap..? ¡Oh, Dios!, no puedo creer que todo esto sea verdad. No puede estar pasando esto, no, ¡nooooo! ¿Qué es esto? ¿Qué es todo esto, Dios mío? - Norma se desespera y no puedo calmarla si yo tampoco atino cómo hacerlo.
- En miles de billones de años...
- ¿¡Qué!? Ahora sí, ¿estás loco de verdad? ¿Cómo vos podés hablar de estar preocupado por lo que pase en el universo dentro de... de...? no sé cuántos... ¡una locura de años!
- En la eternidad no hay tiempo. Lo que hice fue definirme solo, frente a la eternidad; reconocerme íntimamente en lo que creo acerca de la eternidad... pero hay algo que tengo que entender...

Le digo que necesito ir abajo, a mi escritorio, a hacer algo acerca de la nota del universo, "esa que escribí en la tarde para los chicos. Sí, sí, tengo que romper eso", le digo. Ahora por momentos creo realmente que yo voy a morir, pero eso no me atemoriza tanto como lo que sentí en ese... en ese... infierno. Tengo que ir a romper lo que escribí esta tarde ya que hay algo mal en ello, por eso me pasó esto del infierno. Sí, eso es. No debo dejar que se sepa algo que es incorrecto.

- Bajemos. Vamos, necesito hacer algo... por favor.

Bajamos, Norma siguiéndome muy asustada y confundida.

Saqué el papel detrás del cuadro de mi diploma y lo despedacé en trocitos pequeños y los arrojé a la cesta de papeles. "Mañana voy a quemarlos, tengo que asegurarme que desaparezcan", me digo en silencio para mí.

Norma ve lo que hago pero no me pregunta nada.

Reanudamos una conversación desordenada, muy agitada, muy asustada por parte de Norma y confusa por parte mía.

- ¿Infierno? ¿Dios? ¿Lo que te pasó es algo que tiene que ver con Dios? ¿Qué es esto? ¡Dios mío, Dios mío!, ¿qué cosas dice este loco? - Norma está espantada por lo que trato de decir acerca de lo que voy dándome cuenta muy poco a poco.

No puedo quitarme el impacto de la experiencia, lo que sea que me haya sucedido. No voy a poder dormir en el resto de la noche. Ya es muy tarde, no sé qué tan tarde, ¿cómo puedo tener idea del tiempo en este momento?

- A ver, a ver... son las diez y cuarenta... es tarde - finjo interés en la hora para distraerme y distraer a Norma, pero no me quito de encima el efecto de la experiencia.

- ¿No necesitás algún descanso... tal vez? - pregunta Norma visiblemente preocupada e inquieta por mi comportamiento extraño, desencajado, y obviamente atemorizante que estoy teniendo luego de esa experiencia tan desvastadora.

- ¿Por qué habría de ser falta de descanso? No, no, no tiene nada que ver con eso - le digo.

- Bueno, que... tiene que ser por todo el trabajo que tenemos - titubea nerviosa, confusa, y molesta.

Pero no, no tiene nada que ver. Mi cansancio por el trabajo nunca me quitó mi paz y mi seguridad en lo que hacía, nunca.

- No, no es eso. Norma, debés creerme, por favor. Fue Dios. Fue Dioooos - le digo.

- ¿Cómo lo sabés?

- No puede dejarse de reconocer la Presencia de Dios.

- ¿Cómo sabés que podés reconocer... a Dios?

- Lo sé. No sé cómo, pero de alguna manera lo sé. Su presencia es el conocimiento... de alguna manera yo lo sé. Su presencia,

¿QUÉ LE SUCEDIÓ A JUAN?

Su manifestación es la Verdad, no se puede ignorar... no se puede, no. Si fui al infierno y alguien me sacó de allí, sólo pudo haberme sacado Dios, ¿no?
Al cabo de un rato regresamos a nuestra habitación.
Nos sentamos en la cama de Norma.
Seguimos tratando de comunicarnos y de darnos luz frente a esta desvastadora experiencia por la que acabo de pasar.
Pasa... ¿qué?, ¿una hora?, tal vez, no estoy seguro, ahora no quiero mirar el reloj, pero es obviamente muy entrada ya la noche.
Continuamos hablando. Los dos necesitamos calmarnos, aunque sea por diferentes razones, yo por esta experiencia, y Norma por lo que ve en mí y no puede entender lo que me ocurre, que me ha hecho perder la razón según ella. La entiendo, pero mis pensamientos están dirigidos hacia mí para calmarme... y tal vez ella se calme también.
- Estás imaginando - insiste Norma ante mi seguridad de que estuve en el infierno y de que es Dios que quiere decirme algo, que entienda algo.
- No, no, no. Pero si lo imaginara, nada puedo imaginar que me acerca a Dios a menos que provenga de Él.
- Ahora estás colocando las cosas a tu conveniencia...
- Si fuera así, al menos hablo de bien, y renuncio a lo que me aparta de él, renuncio al mal, quiero corregir lo que haya hecho mal frente a Dios. En algo me he equivocado y Dios quiere mostrarme algo. Esto es algo entre Dios y yo.
- No, no. Todo esto es cosa de un gran cansancio... tenés un gran agotamiento... sí, sí... Es eso, ¿no?
- Dios puede haber empleado una situación física en nuestro ambiente para conllevar un mensaje o Su presencia. Pero nada puede hacerme reconocer la presencia de Dios sino Dios mismo.
- Muchos claman tener la presencia de Dios, y después andan cometiendo actos... haciendo cada barbaridades...
Me duele terriblemente lo que escucho. Yo sé lo que sé, lo que

"vi". Pero también sé que debo aprender a comunicar lo que recibí en la manifestación de Dios, en ese tan terrible "infierno" al que Dios dejó que me asomara, pero no permitió que me quedara.

- Voy a ir... al... "desierto" - otra vez balbuceo más que hablar.
- ¿Al desierto...? ¿Pero qué te pasa? ¿Otra locura tuya acaso?
- No, no. Voy a buscar la respuesta en Dios. Voy a reflexionar. Voy a buscar entender, no... no importa lo que me cueste. Ir al desierto es ir a reflexionar con Dios.
- ¿A dónde vas a ir? Te tomarán por loco por decir... no, nada.
- Ya lo han hecho antes. Si yo estoy loco por reconocer a Dios, entonces todos los testimonios de la Presencia de Dios son solo frutos de locuras, ¿o no? Tengo que ir a buscar la Verdad. Tengo que entender... necesito entender lo que ocurrió.
- ¿La verdad? ¿De qué verdad estás hablando?
- Acerca de lo sucedido. Dios me ha mostrado algo que debo entender; sí, yo voy a buscar la Verdad, el significado de esta manifestación de Dios, el que proviene de Dios, no mi interpretación basada en el terror frente a lo que vi, donde fui llev...
- ¡Y dále con que es cosa de Dios!
- Fue Dios - afirmo finalmente algo más calmo y seguro - fue Dios. Lo sé.
- Y si lo sabés, ¿por qué me decís, entonces, que tenés que ir a buscar la Verdad?
- Ya te dije. Esa manifestación fue una... revelación de Dios. Debo entender el propósito de Su manifestación. Su manifestación es la Verdad y contiene un mensaje en Sí misma. Tengo que entender ese mensaje. Lo siento dentro de mí, muy profundamente en mí. Su manifestación en mí es lo que yo siento acerca de que Él ha estado en esa experiencia del infierno, de alguna manera. Y la única forma de entender lo que proviene de Dios es yendo a Dios.
- Si fue Dios como decís, ¿por qué estás tan aterrado por lo que "viste"? ¿Acaso... eso hace Dios, ponerte en este estado de loco? Sí, no me mirés así... ¡de puro loco!, ¿eh?

¿QUÉ LE SUCEDIÓ A JUAN?

Norma sufre por lo que ocurre, no me cabe duda al respecto. Pero, ¡oh, Dios mío!, no puedo hacer nada más que buscar lo que significa esto que ocurrió. Ahora yo necesito saber lo que ocurrió en el baño, en esa experiencia... donde sea que ocurrió. ¿Cómo puedo comunicar lo que siento?

- Es parte de lo que tengo que entender, encontrar el significado a ese infierno. Algo me condujo a... a esa situación, y Dios toma esta oportunidad para revelarse y darme un mensaje que debo entender - agrego.

- ¿Por qué no buscás ayuda profesional? ¿Un médico o un cura en la iglesia? Ellos pueden ayudarte... ¿no?

- ¿Ayuda profesional? ¡Esto es algo entre Dios y yo, nadie más! Nadie puede interpretar lo que yo "vi" y yo sentí; nadie, nadie, a menos que lo haya vivido, experimentado. Yo, solamente yo, y otro que lo haya pasado, lo sabríamos. Todo lo que te digo es sólo una pequeña aproximación a lo que realmente experimenté allá... donde sea que fui llevado, como sea que fui llevado.

Norma me mira entre contrariada y desconcertada.

Luego de una pausa agrego,

- Debo ir al "desierto". Debo ir a ayunar y... abstenerme - no sé por qué ahora uso estas expresiones.

- ¿Ayunar y... abstenerte? ¿Quéee? ¡También "eso"!

- ¿Qué?... ¿de abstenerme? Quiero decir apartarme de lo que me impide encontrar la Verdad. Debo ir a reflexionar, a buscar la Verdad dentro de mí. Aquí, dentro de mí, está la Verdad.

Permanecemos unos minutos en silencio.

- Vamos a tratar de dormir algo ahora - propongo a Norma.

Me levanto de su cama y me dirijo a la mía.

Ella viene a acostarse junto a mí.

Amago dejar el crucifijo sobre mi cama, a mi lado; no puedo. No, no puedo dejar el crucifijo. Necesito Alguien en quién apoyarme. Sí, estoy asustado. Mucho más me aterroriza la experiencia del infierno en sí que morir. Necesito y pido a Dios que me dé la oportunidad de entender qué debo hacer, no quiero caer en ese infierno. No puedo, no puedo. No quiero que Norma se dé cuenta de mi desvastación interna. Por momentos creo que no puedo superarme. Tengo que poder superarme, Dios mío. ¡Ayúdame a salir de esto! ¿Qué tengo que hacer? Sólo dime lo que tengo que hacer y yo lo haré. Yo lo haré mi Dios.

Al rato, una vez más le pido a Norma que bajemos los dos.

Norma le echa una mirada al reloj pero me sigue, protestando, asombrada y disgustada. No puede entender nada.

La llevo al escritorio en la oficina.

Quiero decirle dónde está el seguro de vida. Voy a morir. Estoy convencido de que voy a morir. No sé cuándo. Creo que Dios me está dando tiempo para hacer unos arreglos.

Después de ir y venir por la oficina y el comedor, y hablar un rato, tratando de explicarle otra vez lo que me pasó, y absorber la convicción que tengo que voy a morir, y después de discutir un poco por las posibles razones, según ella, por las que yo solo me conduje a la experiencia del infierno y al estado de "loco" en que quedé, disgustada por todo esto ella y aún asustado y confundido yo por mi parte, decidimos una vez más ir a tratar de dormir.

Regresamos nuevamente a la habitación.

Me acuesto, otra vez con el crucifijo en mi mano derecha, debajo de la almohada, sin dejar de agarrarlo. No podré dormir de otra manera, si es que voy a poder dormir. Dejé prendida la luz principal del baño con la puerta semicerrada. Necesito tener mi rostro hacia la luz hasta que pueda dormirme. No puedo ponerme los tapaojos. Si llega a regresar lo que me pasó necesitaré la luz, pienso mientras aferro aún más fuertemente el crucifijo.

No puedo conciliar el sueño.

Algo malo está en mis escritos. Es lo que realmente pienso que es la causa de lo que me pasó. No fue un sueño. No fue una pesadilla. Lo sé, lo sé. La visión de ese infierno al que fui arrastrado tenía... aquella cadencia... aquella vibración similar a la que

¿QUÉ LE SUCEDIÓ A JUAN?

asigné a la partícula que, según un modelo sin sentido real, ahora puedo verlo claramente, debía tener para generar el universo. ¿Una cadencia que yo le asigné? Ahora advierto que, dentro de mi estado de terror en la visión, en aquellos momentos reconocí a aquella partícula en la que yo había pensado... hasta la forma de vibrar que yo mismo le asigné. El sonido era... ¿cómo decirlo?... ¿aterrador, infernal? No, no, no. Estoy diciéndome incoherencias. Es obvio que una relación hay, pero no puedo ver ahora ninguna similaridad a pesar de tener tan vívidamente presente la experiencia infernal.

Cambio mis reflexiones sobre lo ocurrido.

Yo estaba despierto cuando pasó la manifestación que otra vez repaso. Yo estaba bien despierto; sí. Definitivamente no fue un sueño. Lo que ocurrió comenzó en el momento de entrar al baño.

Sigo boca arriba, muy quieto, el crucifijo siempre tomado por mi mano derecha puesta debajo de la almohada al lado de mi cabeza.

¿Podré dormir? Tengo que dormir. Necesito dormir. ¿Qué voy a hacer mañana? ¿Qué voy a hacer mañ...? ¡Los escritos! Tengo que acordarme de quemarlos mañana en la mañana.

¡Eso es! Es lo que escribí, todo aquello, sí. Algo terrible hice escribiendo esas mentiras monstruosas. Bueno, al menos ya rompí los papeles, ahora tengo que quemarlos. No tengo que olvidarme. No, no; no me voy a olvidar.

No sé por cuanto tiempo permanezco despierto. ¿Y Norma? Volteo mi rostro hacia ella, despacio. Norma ya se ha dormido; sí. Regreso mi rostro hacia el baño, la luz. Mis dedos se cierran con gran fuerza sobre el crucifijo que ahora tengo sobre mi pecho.

Finalmente me duermo, boca arriba, cosa que nunca había podido antes. Me duermo, a pesar de que estoy convencido de que voy a morir. No tengo miedo de morir sino que no quiero tener la experiencia del infierno otra vez.

3 de Julio

Cuando despierto, a pesar de haber estado durmiendo por algunas horas, continúo en shock. Es que fue algo realmente terrorífico, más allá de cualquier imaginación, que no puedo describir correctamente. Fue un estado mental al que fui llevado y por momentos interminables pensé, sentí, experimenté que no saldría de ese estado mental. Sólo por mi invocación a Dios y a Jesús por su ayuda, pude ser sacado de ese estado, de esa experiencia... ¿espiritual? Sí, espiritual.

Voy al baño a lavarme.
Todo está en orden. Parece increíble pensando en lo de anoche. Pongo el crucifijo al lado del lavamanos. Me lavo los dientes. Me miro al espejo mientras me seco el rostro. Veo mis ojos ojerosos por la noche pasada y la falta de descanso. Me quedo observándome a mí mismo.
Fue el infierno; un infierno diferente, es verdad. Me inquieta pensar en la experiencia, y al mismo tiempo es algo que quiero entender, aunque el terror de la experiencia no me deja nada tranquilo. Tengo miedo de que se repita y me desespera el sólo pensar que no pueda salir de allí, de ese estado, aunque por otro lado siempre tengo a Dios. ¿Es que hay quién pueda imaginar lo que es haber sido asomado al infierno? No fue un infierno tradicional, de fuego. No. Fue algo infinitamente peor. ¿Puede alguien imaginarse serle "succionada", absorbida la mente mientras está consciente de ello? Es un enloquecimiento inimaginable, indescriptiblemente aterrador, y yo no quiero volver a acercarme a eso.

¿QUÉ LE SUCEDIÓ A JUAN?

¿Fue una experiencia en el infierno y digo que fue Dios? Sí, sí. Total, absolutamente. Aunque no entiendo por qué exactamente, o para qué, o qué debo hacer yo ahora, de esto sí estoy muy seguro, completamente: Dios hizo eso conmigo. Dios lo hizo, para algo. Esa manifestación del infierno provino de Dios. Tal vez en realidad fue que Dios permitió que ocurriera y por algo que voy a averiguar junto a Dios, porque de algo estoy seguro más allá de toda duda: Dios me sacó de ese infierno al que experimenté anoche.
"Dios me llamó la atención, sí, ¡eso fue!", me digo en voz alta. "Es algo de Dios, es algo de Dios. Fue Dios" - me repito para mí mismo, una y otra vez, a media voz.
- ¿Dios? - Norma me escuchó desde la puerta del baño, y no lo cree - ¿Qué? ¿Dios te va a llevar al infierno? Será el demonio, ¡el demonio!, y vos dále y dále con que es cosa de Dios - insiste ella saliendo ya de la habitación mientras repite - ¡Oh, sí, sí, sí... cosa de Dios! ¿Dónde se ha visto a Dios llevando a alguien al infierno?
- No querés entender, ¿eh? Sólo Dios puede llevarme al infierno y sacarme de allí. Por algo es que lo hizo Dios, o dejó que pasara.
No me atrevo a decirle todavía que siento que algo malo he hecho en mis escritos, en parte para no inquietarla, y en parte para no demostrar mi propio temor. Quizás ella tenía razón cuando se molestaba conmigo acerca de lo que yo escribía.
Antes de bajar vuelvo a colocar mi pequeño crucifijo en la pared, no sin antes besar la imagen de Jesús. Señor mío y Dios mío, en Vos confío, ¡guíame!
Todavía en un estado de confusión y temor, bajo a desayunar; y a tratar luego de hacer mi rutina diaria.

Norma está preparando el té.

Voy a dar una mirada a la oficina.
Tengo que quemar la carta, los pedacitos de ella que dejé anoche en el cesto de papeles, sin demoras, pero no quiero que Nor-

ma se dé cuenta, no quiero asustarla más. Esperaré a que ella saque a Casey a hacer sus necesidades. No dejo de urgirme en quemar todo lo que estoy seguro que fue la razón de la... ¿advertencia de Dios? Sí, me he equivocado seriamente... ¡eso es!

Dios mío, me he equivocado, lo sé, perdóname, Señor. ¿Cómo voy a arreglar ahora lo que hice, mi Dios?

Recojo los trozos de papeles del cesto y los pongo en mi bolsillo.

No haré nada con los borradores diarios todavía. Lo realmente ofensivo está en lo que escribí en la carta para los chicos.

Veo de lado la foto a la que anoche le borré uno de los sujetos. No quiero reconocer al sujeto. Tengo miedo que si lo hago, algo... Me sobresalto, la volteo con la imagen hacia abajo para no ver nada y la oculto dentro de la gaveta de mi escritorio. No quiero mirar si reapareció el sujeto que desapareció de la foto anoche. Sin embargo, ahora estoy completamente seguro. De alguna manera yo pude borrar la imagen que faltaba anoche. Algo estaba pasando ya con mi cerebro, con mi mente. Ahora se hace claro. Por eso también dejó de funcionar el computador. Estoy seguro que de alguna forma interferí con él. Yo vi las pantallas al ser trazadas por el haz de electrones que corría de un lado al otro. ¡Yo vi el haz! Sí, lo recuerdo claramente, no fue mi imaginación.

Norma y yo desayunamos en silencio.

Después de nuestro intercambio de palabras arriba, a las puertas del baño, transcurre sumamente penoso el tiempo que compartimos Norma y yo desde que nos levantamos, casi sin hablarnos.

Saco a Chester al patio y le doy las galletas con té. Tiene un rato gimiendo por ellas junto a la puerta de la cocina, desde que nos oyó al levantarnos. Me siento aniquilado como para darle esta atención al perro, pero él no tiene nada que ver con esto.

Aprovecho cuando Norma saca a Casey por el frente de la casa para prenderle fuego a los pedacitos de la carta que rompí

¿QUÉ LE SUCEDIÓ A JUAN?

anoche y que acabo de poner en un matero vacío en el porche de atrás de la casa. Mientras se queman, llevo a Chester al garage.

Ya estamos listos para salir a trabajar.

Recojo los programas de trabajo del día, los que tuve que hacer a mano, el teléfono y las demás cosas, y salimos. Al pasar junto al cesto de papeles, donde arrojé todos los trocillos en que quedó reducida la carta de anoche, le doy otra mirada al cesto para asegurarme que no haya quedado ningún trozo que no haya quemado.

En la camioneta Norma se acomoda el volante de una vez; yo no me resisto, estoy muy cansado, y lo peor, alterado por la confusión y la necesidad de entender.

No termino de reacomodarme a mí mismo después del terror que experimenté anoche y la desvastación que aún me causa la experiencia de ser llevado al infierno; ¿cómo puedo asimilar que tal vez ése es mi destino? No, no, ¿qué digo? ¿Por qué niego lo que he reconocido, que Dios tiene un mensaje para mí?

Norma no puede creer lo que le digo que pasó, ni lo que ella observó de mí anoche. Ahora, entre su propio temor ante lo que está ocurriendo conmigo y lo que le molesta desde hace varios días de mí, por mi comportamiento con nuestros hijos, mis largas conversaciones con ellos sobre mis teorías extrañas, "raras", encuentra soporte para validar lo que ella piensa que es la causa real de lo que me pasó anoche.

- ¿Infierno? ¿Que Dios te llevó al infierno? Vos sí que estás loco ... ¡el demonio será! ¿Cómo Dios te va a llevar al infierno? El trabajo, y lo demás... toda esa tomadera de cerveza es lo que te ha vuelto loco. Vos ya venís con problemas y te has puesto a tomar de más. Ya te lo dije, que estás comportándote como loco, un loco... que no sé qué es lo que tenés, no sé qué locuras cargás ahora. Mira lo que parecés hoy... ¡un loco!... sí, ¡ido! Es como... ¡como para salir corriendo despavorida! ¿No vengo diciéndote hace días que estás distinto?

No atino a responder nada. No puedo. ¡Oh, Dios mío! ¿Qué puedo hacer para que ella me crea? Norma también necesita respuestas que la calmen, aunque no me entienda, aunque no me crea. Norma también está muy asustada por lo que ella atribuye a un demonio estimulado por mi comportamiento.

De repente Norma cambia su voz.

- ¿Por qué no me decís la verdad? ¿Eh? Decíme, ¿qué es lo que te pasa? ¡Eh! ¡A vos te hablo! ¡Juan Carlos! - me urge frente a mi dificultad para hablar ahora.

- Norma, por favor, creéme. Estoy diciéndote la verdad, lo que en verdad pasó. Ya viste que no fue un sueño, una pesadilla; no. Fue... ¡real! No sé todavía explicarlo, por qué pasó. Pero fue Dios, sí... Dios tiene que ver con esto.

- ¿Cómo Dios va a hacer algo tan horrible? ¿Cómo se te ocurre? ¿No te das cuenta que ni vos sabés lo que estás diciendo?

- No - le concedo - algo quizás pasó en mi cerebro... no, no, en mi mente; es cierto. Pero Dios usó lo que haya pasado para hacerme saber algo, para advertirme... No sé explicarlo aún, pero tengo que encontrar la respuesta.

- ¿Advertirte de qué?... ¿Qué fue lo que hiciste?

La llegada al taller pone fin a este intercambio que ya no deseo continuar.

Me bajo, no sin temor. Me tiemblan las piernas.

Debo revolver varias veces mis bolsillos hasta que doy con la llave. Estaban allí donde las toqué inicialmente. No estoy bien, no puedo negarlo.

Norma se aleja a buscar a los empleados.

Es más temprano que de costumbre, no sé por qué su apuro. Bueno, no importa, yo voy a aprovechar a pensar un poco mientras hago lo mío.

Abro el portón y dirigiendo una mirada al limpio cielo que ya aclara, me pregunto otra vez, "¿qué fue lo que me condujo a esa experiencia?". No sé cómo definirla correctamente pero tiene que

¿QUÉ LE SUCEDIÓ A JUAN?

ver con Dios. Punto. ¿Manifestación espiritual? ¿Puedo llamarla así? ¿Fue solamente por haber escrito cosas que no eran correctas? ¿Qué exactamente? ¿Por qué esa experiencia desvastadora por solo eso, por escribir equivocaciones? Siento que hay un mensaje de Dios, pero, ¿cuál realmente? Desde el primer momento, anoche, luego de salido de ese terror, supe que provino de Dios; eso sí, pero, ¿por qué? El saber porqué me preocupa ahora más que cualquier otra cosa. Sí, sé que provino de Dios. ¿Cómo no voy a estar así, como me siento ahora? ¡Me desespera que he hecho algo mal frente a Dios! ¿Qué otra cosa podría desesperarme más que saber, ¡por Dios mismo!, que yo haya hecho algo mal a los ojos de Dios, de alguna manera?

Muevo y preparo las camionetas como todas las mañanas.

Le doy vueltas alrededor de los traileres para revisar que tenemos todo; el aceite para la gasolina de las máquinas, bolsas para la basura, cuerda para el cortador de maleza, el bidón de agua para los muchachos...

Hago todo muy lentamente. No me siento reaccionando mecánicamente de buena forma, pero puedo pensar. Puedo, ¿cómo lo diría?, expresar mi voluntad pensando, a pesar de cómo me ha dejado la experiencia de anoche. Siento todo el cuerpo diferente. Siento como si todo el cuerpo estuviera asimilando la experiencia de anoche. Es extraño, pero ahora es la primera vez que siento como si todo el cuerpo fuera parte de mi mente, o quizás estoy volviendo a lo de anoche que al ir perdiéndose mi mente era como si yo me disociara... o, bueno, no sé qué, pero es como si la mente estuviera en todo el cuerpo y no sólo en el cerebro.

Voy a esperar a Norma y los muchachos en el banco del frente del taller.

Un gran flujo de pensamientos cruza muy rápidamente por mi mente. Tengo bien presente mi habitación, veo la cama, el trecho hasta el baño, ahora el ventilador de techo y hasta casi escucho el traqueteo de sus palas en la mente ahora, siendo que normalmente yo no lo oigo; ahora voy al aparato de ultrasonido en el ático; veo la planta baja, la lata de cerveza en la mesa del comedor; me miro la mano, como que estuviera buscando el frasco de pastillas para el dolor de cabeza.

Me pongo a repasar entonces algunas razones físicas que pudieron haber provocado la visión o experiencia espiritual de anoche, y que Dios usó para advertirme de algo. Eso es para mí lo que ocurrió anoche, una experiencia espiritual, no sé por qué tuvo que ser algo con tanto terror, pero es algo que provino de Dios.

Tengo que entender, y sólo podré lograrlo hablando con Dios, con nadie más.

Mi Dios, ¡deseo entender!

Me levanto, doy una vuelta, vuelvo a sentarme.

Concedo que si algo físico o biológico, no espiritual, causó lo de anoche, eso, de alguna manera, fue un evento empleado por Dios para transmitir Su presencia por medio de una Advertencia. Algo físico, biológico, puede causar una perturbación, pero la característica particular de la experiencia tiene que ver con Dios. Yo perdía mi razón... ¡conscientemente! Estaba sabiendo que la perdía...

¡Fue Dios, fue Dios!

Algo quiere decirme Dios con esta experiencia aterradora.

Insisto. Como fuera lo que sucedió anoche, la experiencia particular que tuve de lo que ocurrió anoche, eso... provino de Dios. "De Ti, mi Dios; yo lo sé", me digo en el corazón.

Dios estuvo presente en la manifestación de anoche. No me importa lo que me diga Norma, ni nadie más, sea profesional o no. No, no me importa lo que diga nadie más. Si lo ocurrido anoche tuvo realmente un origen físico o biológico, Dios lo usó para transmitir Su mensaje. En este punto yo no tengo la menor duda.

Estoy desvastado, pero eso no me impide reconocer la Presencia de Dios.

"¿Por qué estoy tan atemorizado entonces?", me pregunto sintiendo una ligera tranquilidad. "La experiencia está más allá de to-

¿QUÉ LE SUCEDIÓ A JUAN?

da descripción racional. Me aterra no entender lo que hice mal y que tuviese que pasar por esa experiencia otra vez", me respondo agregando, "lo que deseo ahora es saber qué, exactamente, hice mal frente a Dios, y cómo repararlo".

Algo malo hice. Lo sé, lo admito.

Lo repito otra vez, buscando, en la repetición del reconocimiento que hago de mí mismo frente a Dios, el perdón y las respuestas que calmen mi gran desasosiego espiritual.

Estoy desvastado.

Estaba recibiendo un gran flujo de conocimientos, estaba entendiendo cosas fantásticas, y de repente... algo pasó.

¡Oh, Dios mío!, ¿qué tanto me equivoqué? ¿Qué he de hacer ahora? ¿Moriré en breve? ¿Cómo puedo sobreponerme a tamaña confusión y temor? Hay una sola respuesta: con tu ayuda mi Dios, con tu ayuda.

La llegada de Carlos me interrumpe.

Cuando llegué al taller, un rato atrás, obviamente esperé por Carlos con un gran deseo por verle pronto para contarle lo que me ocurrió anoche.

Ahora, mientras lo observo entrar su van, tengo miedo que no crea lo que le diga. Yo sé que he venido luciendo incoherente con él porque algo me pausa al hablar, y hasta me detiene, no por mi voluntad, si estoy por tocar un detalle revelador del tema sobre el que comienzo a hablar.

Carlos se acerca y luego de un rápido intercambio de saludos me lanzo atropelladamente a contarle lo que me pasó anoche.

Mientras le cuento, lo observo.

Su expresión facial es una mezcla de confusión e incredulidad. Tal vez no me dice lo que en verdad piensa para sí mismo. Lo entiendo. Casi leo sus preguntas en su mente: *¿Qué? Que mi papá fue llevado... ¿al infierno? Pero... ¿qué está diciendo?* Sí, creo que adivino sus pensamientos.

Le digo que por ahora no puedo entender mucho sobre lo que

significa y se espera de mí por esta manifestación espiritual, que muy probablemente vaya a morir, y que debo prepararme. No sé, luego podemos hablar más, y, quizás yo mismo pueda entender y decir algo más al respecto.

Carlos se aleja cabizbajo para preparar su camión de fertilizantes. Pronto llegará su chofer.

Yo regreso al banco en el frente. Cierro mis ojos. Trato de no pensar en nada, pero no es posible. Quisiera dormir un rato.

Hooonk... ¡honk, honk!

Acaba de llegar Norma con los muchachos.

Debo interrumpir mis confusos pensamientos.

Norma no deja de preguntarme si estoy bien para salir a trabajar. Se apresura a bajar la voz para cerciorarse de que nada vaya a comentar sobre esto con los empleados, y me los señala con una mueca de su boca y un leve volteo de su cabeza.

- ¿Por qué habría de hacerlo, si yo mismo tengo que entender todavía? - le digo.

Terminando de preparar todo, salimos.

Vamos a cargar gasolina mientras los muchachos desayunan en la estación de servicio habitual, en Austin Parkway y la carretera 6 (Hwy. Sugarland-Alvin). Al rato nos ponemos en marcha hacia Greatwood, al suroeste, por la carretera rápida US 59. Norma se va a otra área que no está nada cerca, Pecan Grove, para lo que debe tomar otra carretera, la US 90.

Voy sumido en profunda reflexión a todo lo largo de la ruta. La brisa fresca me da en el rostro que veo desencajado en el espejo de la puerta, de mi lado. Aparto la mirada. Los muchachos no dejan de conversar, de cotorrear todo el tiempo. No sigo sus cháchara, no estoy atento a ellas. Estoy muy cerrado sobre mí mismo. No sé si los muchachos lo advierten. Hoy yo no voy a trabajar, necesito reflexionar. Voy a dedicarme a controlar el trabajo

¿QUÉ LE SUCEDIÓ A JUAN?

mientras camino, observo, y medito. Además, estoy cansado por la falta de buen sueño. Es imborrable la experiencia de anoche.

LLegamos a Greatwood.

Estamos en un cul-de-sac, en una rotonda al final de una callejuela sin salida.

Les dije a los muchachos que hoy no me siento muy bien, que he tenido una mala noche y necesito descansar.

Los muchachos tienen para un buen rato de trabajo en esta parte de Greatwood. Tenemos tres casas grandes con trabajo completo, lo que les va a tomar un rato para hacer todo: cortar la grama, podar los arbustos, y limpiar los canteros que hoy incluye sacar la tupida hierba que crece con mayor fuerza en esta zona alejada de la ciudad, particularmente en la parte trasera de las casas de amplios patios que lindan con un terreno despejado por el que corren líneas eléctricas de muy alta tensión.

Trato de dormitar. No puedo. Me pongo a reflexionar.

Veo que los muchachos pasan a la casa vecina.

Mientras estoy reflexionando dentro de la camioneta y viendo los movimientos de mi gente, de pronto y sacándome de mis pensamientos, un joven trabajador golpea mi ventanilla para llamar mi atención. Bajo la ventanilla. Me pide un cerillo para encender su cigarrillo. - No, no tengo fósforos, no fumo, lo siento amigo - le digo quedamente. Subo inmediatamente el vidrio tan pronto como el joven trabajador de la construcción vecina comienza a alejarse, cuando de pronto un terrible temor me invade. ¡Debo quemar mis escritos! Todos los borradores, todos. Ésta ha sido una señal. Debo hacerlo. Jamás antes, en los años que ya llevo trabajando en esto, se acercó nadie a pedirme fósforos.

Es, me repito sin lugar a dudas, una señal de Dios.

Quedo más intranquilo aún. Sí, voy a quemar todos los borradores, pero vuelve a asaltarme el temor de que no pueda encontrar cómo reparar lo malo que haya hecho con mis escritos. Entonces, todo eso que pensé acerca del inicio del universo es lo que está mal. Sí, eso es. Lo que "vi", lo que experimenté anoche fue el infierno, un infierno escalofriante, aterrador, que me muestra que hice algo mal en relación al inicio del universo. Tengo que arreglar lo que hice pues jamás podré salir de allí si soy llevado, arrastrado otra vez allí, al infierno de anoche. Necesito a Dios, ¿cómo me salvaré sino de eso?

Esta tarde o mañana voy a quemar todo lo que he escrito.
¿Me oyes Dios mío, verdad?

No puedo estarme quieto en la camioneta.

Salgo a caminar frente a las casas en las que están trabajando los muchahos. Voy hasta el inicio de la callejuela y regreso a la rotonda, y otra vez el mismo recorrido.

Veo una alcantarilla. Me pongo sobre la gruesa tapa de hierro y quiero ver adentro de ella. A través de mi mente veo como si desde aquí me asomara a una infinidad que se extiende más allá del fondo de la alcantarilla al que no puedo ver. Podría arrojar aquí los borradores que tengo en la camioneta en vez de esperar a quemarlos con los otros que están en casa, ¿o mejor los quemo? Voy a esperar. Creo que la señal fue para quemarlos.

Me siento extraño.

Por una parte siento una pesadez mental por mi falta de descanso. Por otra parte se me cruzan pensamientos muy rápidamente, y sin embargo retengo la información que traen, algo parecido a lo que me ocurrió hace un rato en el taller durante un instante. Es como si me manejara en dos niveles diferentes dependiendo de lo que piense, o de lo que se aparezca en la mente.

Algo más tarde, esta misma mañana, frente a otra casa, siento el irrefrenable impulso de mirar hacia el sol para quemar mis ojos. Acabo de recordar una historia de alguna clase de religión de mi niñez en la cual se trataba de alguien que, para no pecar más por sus ojos, decidió quedarse ciego. Luego me viene a la mente la imagen de Abraham. No fue él quién quemó sus ojos, pero es él

¿QUÉ LE SUCEDIÓ A JUAN?

quién aparece en mi mente ahora, no sé porqué.

Miro hacia el sol.

El sol hiere mis ojos, pero no los cierro.

"Está muy fuerte, no me va a costar quemarme los ojos", me digo a mí mismo.

"*¿Por qué haces eso?*", aparece en mi mente.

Entonces advierto que no debo hacer esto.

Aparto mis ojos del sol. Quedo fuertemente encandilado, y con dolor, por unos largos segundos, como si tuviera agujillas clavadas dentro de mis ojos.

Uno de mis trabajadores se acerca, y me obliga a distraerme. Le indico lo que hay que hacer en la parte trasera de esta casa y se aleja. Me refriego suavemente los ojos. ¿Habré dañado algo en ellos? No, no era eso lo que debía hacer; pero sí debo quemar los escritos. Otra vez me desasosiego al pensar que debo hacer eso, y pronto.

Subo a la camioneta.

Ahora recuerdo otra historia de las clases de religión durante mi niñez, y ésta me explica por qué tengo que hacer lo que debo hacer.

Debo quemar los escritos, todos, no solo la carta que quemé esta mañana. Miro los pocos borradores que tengo al lado mío, los que vengo conservando siempre a mano acerca del universo; debo quemarlos, no es suficiente romperlos en pedacillos y arrojarlos por el drenaje de tormenta de la calle como pensé hace un rato luego de mirar a través de la alcantarilla. Si los rompo, algún trozo puede ser tomado. Algo malo hay allí en esos escritos, y por eso los escritos deben ser destruídos totalmente, quemados. La historia que ahora viene a mi mente hablaba de alguien que había sembrado calumnias. En castigo se le pidió que tomara unos papeles, luego los rompiera en muchos pedacillos y, en un día de fuerte viento, que los arrojara a la calle. Luego, días más tarde, se le pidió que los recogiera, a todos, sin dejar olvidado ni uno. "No será posible ya", respondió el ofensor, "no será posible recuperar todos los trozos después de todo este tiempo, y menos tras el fuerte viento de días pasados". "Pues eso es para que tú veas lo que pasa cuando tú siembras mentiras, calumnias", se le explicó. Una vez que son regadas esas calumnias ya no hay cómo recogerlas, deshacerlas. Ante este recuerdo siento un gran estremecimiento. ¿Podré esperar hasta esta noche, o hasta mañana a la mañana? Me desasosiego aún más, intensamente.

Bajo a seguir caminando.

Veo salir a uno de los muchachos de la casa en la que están trabajando. Interrumpo mi caminata. Ahora tengo que continuar manejando, el trabajo espera, los muchachos están listos ya.

El día de hoy transcurre muy lentamente, se hace interminable para mí. A la hora del almuerzo no tengo ganas de comer nada. Me quedo en la camioneta a esperar por los muchachos, pero no dejo de bajar, caminar, subir nuevamente a ella. No he podido trabajar en la mañana y ahora tampoco puedo estarme quieto.

Por fin terminamos y llegamos al taller.

Norma ya está con su grupo esperando por nosotros.

Mi gente salta a su camioneta y se los lleva a todos a sus habitaciones. Todos viven en el mismo complejo de apartamentos en la Murphy Road hacia el norte, hacia la US 90, y no muy lejos del taller que está en la calle Cinco de Stafford.

Yo me quedo a dar vuelta y acomodar las dos camionetas con los traileres.

Cambio un par de cortadoras en mi trailer.

Hay una rueda de mi trailer que convendría cambiar pero no puedo hacerlo ahora. Voy a esperar el fin de semana, no me parece muy crítico ya que el trailer tiene dos ruedas de cada lado.

No sé cómo pude pasar todo este día. No lo sé. Se me hizo interminable y sumamente penoso el no poder encontrar algún consuelo en orientaciones más concretas que aún no tengo, para regresar a la calma. ¡Dios mío, ayúdame!

¿Habrán advertido algo los muchachos? Yo no les he comen-

¿QUÉ LE SUCEDIÓ A JUAN?

tado nada; por lo general, no hablo mucho con ellos, de manera que por mi silencio no les indico nada nuevo para ellos. Concentrado en mis pensamientos primero, y ahora en mis reflexiones, no tengo mucho tiempo ni interés en conversaciones vanas.

Norma ya está de regreso.
Cierro el taller y salimos rumbo a casa.

Ya de regreso en casa, Norma y yo no hablamos mucho, excepto de mi "locura".

Ella está muy disgustada conmigo. Yo he sido el culpable de todo esto que ahora estoy pasando por no haberle hecho caso a sus reclamos y razones, me dice. Eso y la forma en que he venido comportándome, bebiendo de más, fuera de costumbre, durante las noches de semana, en la cena. "Vos tenés la culpa, nadie, nadie más, y ahora me salís con esas cosas raras del infierno; te has vuelto loco vos solito, y para peor, ahora estás volviéndome loca a mí... a mí también", me repite una y otra vez.

Me duele oírla. En parte por sus razones de su disgusto, que no son razones para lo de anoche, y porque no puedo convencerla de lo contrario, de la verdad. Me desasosiego más dentro de mí. Algo me sofoca, me oprime el pecho.

Yo voy al garage a sacar a Chester al patio. Decido quedarme afuera un rato con él.

Norma se va a preparar la cena para después salir a regar sus plantitas.

Entro a casa secándome luego de juguetear en el patio con la manguera de agua y Chester. Es hora de ir a la oficina.

Tengo que preparar los programas para mañana miércoles otra vez a mano sacando copias de los de la semana pasada. No puedo evitar volver mi mente al computador, a la forma en que interferí con él primero, luego con la foto, y después... ¡ser asomado al infierno!

Tacho unas cuantas casas que normalmente hacemos los

miércoles porque mañana no vamos a trabajar todo el día; vamos a terminar temprano. Mañana es 4 de Julio. Estoy cansado, agotado. No puedo más; quisiera no tener que trabajar mañana y meditar un poco más solo, aislado.

Mañana en la mañana antes de salir voy a quemar todos mis papeles borradores. Ya no debo posponer esto, y en verdad ojalá pudiese hacerlo ahora, pero no quiero alterar más a Norma. Tengo que poner en una caja todos los papeles y flyers sueltos y el cuadernito en el que he venido escribiendo todos mis pensamientos y reflexiones.

Cenamos.
No se me ocurre tomar cerveza. Eso se acabó.

Más tarde, ya entrada la noche, paseo los dos perros.
Aprovecho para hablarle a Dios, para alcanzarle, llegar a Él de alguna manera.

Dios mío, quiero entender, ayúdame a entender. Dios mío, perdóname por lo que haya hecho, y ayúdame a re-encontrarme contigo. Dios, Dios... ¡Dioooos!

No voy a ver televisión. No estoy para el noticiero ni el pronóstico de tiempo.

Una vez en mi cama, no ceso de dar vueltas y vueltas, por lo que exaspero a Norma a pesar de que ella duerme en la otra más pequeña al lado de la matrimonial; Norma tiene un oído fino que yo no tengo.

No puedo dormir. Estoy desvastado por no entender todavía la verdadera relación entre mi equivocación y las consecuencias. Otra vez tomo el crucifijo pequeño de madera que está en la pared arriba de la cabecera de la cama matrimonial. No podré dormir sin él. Bajo la almohada, lo aprieto fuertemente con mi mano.

Otras vueltas más, y me levanto.
Norma también.

¿QUÉ LE SUCEDIÓ A JUAN?

Vamos abajo.

Hablamos otra vez de lo que pasé anoche.
Casey nos sigue por el comedor, cocina, sala de estar, oficina, y otra vez la misma vuelta. No está acostumbrada a vernos agitados, y menos a esta hora. Chester está gimiendo en el garage.
Subimos nuevamente después de un rato.

Permanecemos sentados en las camas, uno frente al otro, sin hablarnos, cada uno pensando en lo suyo.
Finalmente nos metemos en las camas. Es muy tarde.
Vuelvo a tomar el crucifijo que había dejado en la almohada.
Estoy exhausto desde esta madrugada, pero no puedo conciliar el sueño a pesar del cansancio. Dios mío, necesito dormir ¡por favor, hazme dormir!
El recuerdo de la pulsación escalofriante en mi mente anoche, aquel taca-taca-taca del infierno que me trae a la mente el ventilador de techo ahora, es lo que no me deja conciliar el sueño. Cierro los ojos, y los abro para mirar otra vez el ventilador. Yo no lo escucho pero sigo el movimiento monótono de las aspas cada vez que lo miro, y por alguna razón lo relaciono con la cadencia monótona de anoche.
Me doy vuelta en la cama.
Al rato de estar en la cama siento que algo me perturba crecientemente. No puedo soportarlo más a pesar de que intento quedarme en la cama. Es como si hubiese algo en la habitación.
Me siento en la cama. No se me quita la perturbación.
No podré dormir en mi habitación. No, no voy a poder dormir en ella. Salgo otra vez de la cama lo que provoca nuevas protestas de Norma. La calmo diciéndole que mejor voy a dormir a otra habitación para no molestarla. No le digo que en realidad es porque algo me perturba en ésta.
Voy a dormir a la habitación de Omar. Me llevo el crucifijo.

Ahora me siento un poco más tranquilo. Aquí logro alejar la

monótona cadencia que me perturbaba, como las aspas de un helicóptero a muy baja velocidad, muy, muy adentro de mi cerebro, muy profundamente en la mente donde no puedo controlarla, donde no puedo controlarme a mí mismo; es como algo que toma mi mente, que se posesiona de ella.

Señor, Señor, Señor. Sé que algo hice mal. Lo sé, lo sé. Sé que es contigo que debo superar este estado en que me encuentro por lo de anoche. ¡Ayúdame Dios mío!... ¡Ayúdame! No quiero volver a pensar en lo de anoche, no, no. Sólo quiero saber cómo voy a reparar lo que hice mal, mi Dios. Eso es todo.

No dejo de dar algunas vueltas en la cama, aunque no tanto como hace un rato en la mía. Lo hago bien despacio. No quiero que Norma escuche desde la habitación nuestra y se dé cuenta de lo que me pasa, de mi desasosiego. Paso el crucifijo de una mano a la otra, luego contra mi pecho.

Respiro hondo.

Siento algo. ¿Es la perturbación?, ¿sí?... no, no. No, parece que no. Aquí en este cuarto me siento mejor.

Me levanto y voy al otro baño a entreabrir algo más su puerta. Necesito más luz. Tengo miedo. Tiene que haber luz, sí, eso, ¡luz!

¿Por qué tuve la ocurrencia de querer re-crear el universo de la manera en que lo hice, Señor? Tú ya me habías dado la respuesta que buscaba, en la luz. ¿Por qué tuve que hacerlo? No quise ir contra ti Señor, ¡perdóname! Ahora díme, por favor, ¿cómo me quito esto de dentro mío?, ¿qué debo hacer?

¿Qué hice, Dios mío?

Señor, sé que no voy a enloquecer; bueno... no sé; es lo que no quiero. No quiero otra vez esa enloquecedora visión de anoche. No me dejes, Señor. Si regresa, ¡ayúdame! Señor... ¡sálvame! ¡Protégeme! Me siento perder de sólo recordarla... ¡Señor, Dios míoooo... !

Apreto el crucifijo. Rezo; no, no rezo, no sé hacerlo, pero hablo con Dios.

Siento que me calmo algo. "Tranquilo, tranquilo, que no pasa

¿QUÉ LE SUCEDIÓ A JUAN?

nada", me digo a mí mismo.

Sí, siento que me tranquilizo un poco.

Unos minutos después regreso a mis pensamientos.

¿Por qué esta misma perturbación hace un rato en mi habitación que me obligó a venir a la de Omar? ¿Hay algo allí en nuestra habitación? ¿Por qué aquí adentro y no afuera? Hoy, durante el día, cuando estuve trabajando... bueno, no exactamente trabajando sino... meditando, no sentí esta perturbación. ¿Tiene que ver con algo que hay dentro de la habitación? Señor, díme cómo encuentro la salida. ¡Oh, Dios!, no... no fue una pesadilla lo de anoche... ¡ocurrió... de verdad!

Los pensamientos, los recuerdos, me... me "arrastran".

No quiero ir allí, Señor; no, noooo... ¡por favor!

No voy a pensar en nada... en nada... en nada...

Me acurruco en posición fetal, con el crucifijo apretado contra mi pecho, y así me quedo esperando, deseando tranquilizarme y dormirme.

Cada vez que aparece el recuerdo de algo del infierno, "volteo" mis pensamientos; evoco algo que vi afuera hoy, el cielo, la frescura de la brisa de la mañana bajo los árboles, aquellos pajaritos de color que me llamaron la atención por un momento y luego dejé de observarlos para estar en mis pensamientos...

4 de Julio

Tal vez he dormido algo, no lo sé; pero la madrugada llegó luego de una interminable noche mayormente desvelada.

No importa, hoy es 4 de Julio y vamos a trabajar hasta mediodía, nada más. Es el día de la Independencia de Estados Unidos, un día de fiesta para todos, ya sea por la fecha o por tener el día libre. No es precisamente un día de júbilo para mí, sino de meditación profunda, de búsqueda de Dios, de mi alivio a través de Él. Vamos a dejar de trabajar más temprano que lo normal, tal vez alrededor de las tres o cuatro de la tarde en vez de las seis o seis y media como es usual. Ayer había pensado en terminar a mediodía hoy, pero no quiero dejar tanto trabajo para el jueves porque es un día muy cargado para los dos, Norma y yo. Hay muchas casas para hacer los jueves y viernes, y nadie quiere que se les deje el servicio para el sábado, excepto aquellos que ya lo tienen programado así en base regular. Los muchachos quieren tener la tarde libre y prepararse para ir a ver los fuegos artificiales en la noche. Han estado recordándomelo durante todo el día de ayer, como para que no se me olvide de programar de terminar temprano hoy. Incluso me pidieron que lo anote en la hoja de los trabajos del día. "Pues no, no deben preocuparse muchachos, yo también quiero terminar temprano mañana", les dije.

Voy a tomar una ducha.

Anoche no quise hacerlo pues, no sé, por la experiencia de antenoche no me animé a entrar en la ducha desde donde me vi arrastrado, succionado hacia el infierno; ahora es de día y pienso que a la luz del sol nada va a pasar. En cambio, ayer fui al patio, finjí jugar un rato con Chester, lo mojé, y aproveché para echarme un poco de agua encima yo mismo para sacarme el polvo y algo del sudor del día aunque yo no había trabajado con ninguna máquina.

Dejo correr el chorro de agua fría por el rostro y mi cuerpo para despejarme de la modorra, del sueño que tengo. Me siento agotado; no sé si podré durar todo el día afuera y bajo el sol.

Nada bien por dentro de mí, bajo a tomar el té.

Junto a Chester, mientras le doy sus galletas, siento una gran tristeza de pronto, como si fuera a dejarlo para siempre. Me asusto. ¿Por qué pienso esto?

Miro el parrillero. Ya decidí que hoy voy a quemar los papeles, los escritos. Hoy tengo que hacerlo. Voy a quemar todos los borradores ahí.

Antes de salir de casa hacia el taller, apenas Norma sale a pasear a Casey, voy por todos los borradores que he escrito sobre esos tan "*fabulosos* descubrimientos que yo he venido haciendo durante los últimos días", me digo a mí mismo enfatizando *fabulosos* con cierto sarcasmo. Ya vi antenoche que no eran tan fabulosos después de todo. Es obvio que algo malo he escrito, y estoy completamente seguro que es acerca de la partícula iniciadora del universo. Tengo que destruir esa gran mentira quemándola, reduciéndola a cenizas irreconstruíbles. Todo quemaré, todo, para que no se me vaya a pasar nada por alto. Todo. Quiero estar seguro que nada malo quede.

Entro a la casa, busco apresuradamente los escritos. Tiemblo mientras lo hago. Estoy muy nervioso. Hay bastantes papeles en la caja en la que los he venido guardando.

En un estado de conmoción e inquietud, temor irracional, coloco los papeles dentro del parrillero, los desparramo bien, rocío con un poco de kerosén, y les prendo fuego. Una gran llamarada los envuelve. Antes de irme me aseguraré de que se reduzcan a cenizas. Me quemo los dedos removiendo los trocitos remanentes aún ardiendo.

¿QUÉ LE SUCEDIÓ A JUAN?

Norma llega cuando yo aún no termino, y me ve apurado, soplándome y chupándome las yemas doloridas de mis dedos quemados. Me pregunta qué estoy haciendo y le digo que sólo estoy mirando y removiendo las cenizas porque estaba pensando en limpiar el parrillero el fin de semana. Me pregunta por qué hay humo y algunas llamitas. Le digo que prendí fuego a unos papeles para matar unos bichos que había en el parrillero.
Ya estamos listos para salir.
Chester va para el garage, Casey adentro, revisamos la cocina, busco las dos listas de trabajos, teléfono, cerramos la casa, y salimos.

Subimos a la camioneta y nos encaminamos hacia el taller.
Me desespero porque necesito la ayuda de Norma. Pero ella no me entiende, no puede, y yo lo sé; no puede comprenderme, por eso ella reacciona rechazando lo que no puede entender; pero de todas maneras me desconforta lo indecible a pesar de entender que ella no me entiende.
- Norma, necesito tu ayuda - le digo a poco de ponernos en camino hacia al taller.
- Vos te buscastes todo esto.... ¿no ves lo que hacés ahora conmigo? El trabajo, tu hermano, la tomadera a la que te largaste este último tiempo; todo eso te afectó, ¿y?... no lo reconocés. Mirá cómo estás... y todavía lo negás. ¿Qué te pasa, eh?
- ¿Cómo podés pensar así? ¿Por qué no creés lo que te digo? Por favor... - insisto. Me desespero por su ayuda. Estoy muy angustiado. Agrego - Es verdad que a menudo me paso de la raya tomando cerveza pero nunca nada que me haya llevado a hacer nada malo o faltar a mis responsabilidades; nunca manejo si tomo algo. Nunca, nunca he hecho nada malo por tomar algo de más. No, no es nada como eso. Sí, se me fue la mano de vez en cuando, no lo niego; lo que niego es que tenga que ver con lo de antenoche y con lo que me llevó a buscar entender ese artículo del Time... Dios no va a...

- Vos tenés tu versión de las cosas, yo tengo la mía. Lo único que sé ahora es que hay una cantidad de trabajo, de locos, y vos …¡estás en la luna!, con tu universo y no sé qué más, y ahora con esa loquera del infierno. ¿Qué te creés vos que soy yo? ¿Hecha de palo? No, no mijito… no soy de palo.

Llegamos al taller. Me bajo.

Norma sigue para buscar los muchachos.

En el taller y entre la rutina diaria, regreso a mis pensamientos.

Estoy muy nervioso, y me esfuerzo en mantenerme calmo exteriormente. Tengo una indefinida, muy extraña, inquietante, sensación. ¿Es que voy a morir pronto? "¿Es eso?", me pregunto una y otra vez por unos minutos. ¿Es eso, Dios mío?

Mejor voy a sacar mi mente de la experiencia del infierno.

Regreso a pensar en mi relación con Norma frente a todo esto que pasa ahora.

Creo que últimamente mi relación con Norma, la superficial, ha venido siendo condicionada y afectada por mi falta de tiempo, por la absorción típica de este trabajo demandante y por las características que nosotros mismos le hemos impreso. Yo no creo que haya algo realmente serio, solo una normal intolerancia e impaciencia, que si bien ocasiona más de una discusión o rabieta, no es nada más que algo superficial, pasajero.

Así pues, esta mañana, después de aquella noche que pasé y le hice pasar desvelada a Norma, ella tiene motivos para creer que yo estoy seriamente afectado por las circunstancias del trabajo y aspectos emocionales por las deserciones de los familiares, su cuñado primero, mi hermano después, que me hacen beber de más porque me han puesto en un estado de gran perturbación que ahora afecta mi "cabeza", como dice ella.

No, no es así, pero desde su punto de vista es fácil creer que es así. ¿Qué voy a hacer?

Comunicarnos en relación a lo que yo estoy experimentando, parece imposible, y eso hace crecer mi frustración al no poder explicarle, menos convencerle, acerca de lo que me pasa; y por ende, mi impaciencia hacia ella creo que aumenta más de lo que puedo manejar. Estamos razonando en dos mundos diferentes, eso es todo.

"Parece simple, ¿no?", me pregunto a mí mismo. Pues no, no lo es.

De repente me asalta un gran temor, luego resignación; estoy pensando otra vez que voy a morir, e inmediatamente siento esperanza que eso no sucederá todavía. No es el temor a la muerte lo que me inquieta, sino que quiero entender lo de antenoche, cómo se relaciona con Dios esa experiencia. Pero a veces es temor a la muerte en sí misma, otras veces es como si estuviera experimentando algo a dos niveles mentales diferentes.

Por otra parte, ¿por qué siento de repente otra vez esta convicción de que he adquirido gran conocimiento a pesar de que quemé los borradores donde los tenía apuntados? ¿Es porque, por otra parte, sé que lo que había de malo en esas notas era sobre el inicio del universo? ¿Es porque he tocado algo yo con mis pensamientos que tiene gran importancia? Si es así, ¿qué es exactamente?, y ¿a dónde he llegado con mis pensamientos?

Espero que Carlos llegue pronto. Quiero hablar con él. Pero al mismo tiempo, persiste esa imposibilidad de darles detalles cuando hablo con él, lo mismo que ocurre cuando hablo con sus hermanos, Omar y Mariano.

¿Qué pasa? ¿Qué haré?

No puedo comunicarme con Norma.

No puedo tampoco entrar en detalles con Carlos.

Hay cosas en las que creo firmemente; pero no puedo participar los detalles. Creo en muchas de las cosas que escribí y hoy quemé, aunque algunas de ellas sí estaban muy equivocadas. Creo en la mayor parte de esos superconocimientos recibidos, pero también creo que yo no tenía que haber escrito nada sobre esas cosas acerca del inicio del universo. Este aspecto en particular me persigue en mi mente.

Tengo una gran confusión, entre algunas y también grandes fuertes convicciones. No me inquieta lo que he pensado acerca de la negación del fin del universo, y la manera en que he resuelto, o conceptualizado la solución; eso es la verdad. En cambio, sí me inquieta... no, no, es más que eso, me perturba lo que pensé acerca de la manera en que se origina el universo, o para ser más preciso, el hecho de que *partí de solo una partícula, ¡de una sola partícula o entorno! para hacerlo*. En esto último es donde fui en contra de Dios sin habérmelo propuesto jamás, pero de alguna forma lo hice. Esta idea me perturba mucho. ¿Qué voy a hacer entonces? Yo no tuve mala intención; de alguna forma, en mi interior, ruego por la comprensión y perdón de Dios.

Una vez que quemé los papeles comencé a sentirme diferente, pero no tan calmado como esperaba. ¿Por qué?

Me vienen algunas ideas, pensamientos acerca de personas bíblicas, milenarias. Yo no he estado pensando nunca en ellos. No recuerdo haberlo hecho antes. No recuerdo que haya leído alguna vez la Biblia, o al menos, no el Antiguo Testamento. Creo que si algo pudiese recordar, sería lo que me enseñaron en el colegio primario jesuita San José, en Córdoba, Argentina. Entonces, ¿por qué vienen a mí esos pensamientos sobre personajes de la Biblia, particularmente del Antiguo Testamento, más que del Nuevo como cabría esperarse dada la cultura bajo la que fui educado cuando niño, cristiana, católica? En cambio, el Antiguo Testamento corresponde a la historia religiosa previa a la cristiana.

Sigo preparando las cosas en el taller para salir. Todo está ya casi listo. Ya he dado vuelta las camionetas con los traileres. Hoy me ha dado algo de trabajo entrar marcha atrás con mi largo trailer. La angosta carretera en el frente del taller no me deja mucho espacio para maniobrar, pero es que no tengo la rapidez normal, no he dormido bien y sigo confuso buscando ordenar todo lo que ocurrió y mi necesidad de hablar de esto. Se me cruza el pensa-

¿QUÉ LE SUCEDIÓ A JUAN?

miento *"si a alguien de mi familia le hubiera pasado lo mismo que a mí, yo tal vez estaría reaccionando como ellos lo hacen conmigo ahora"*... ¡y eso me pone peor! ¿Quién va a entenderme?

Me siento... ¿mal? No, no... creo que la expresión correcta es más compleja, es... ¿angustiado?, y atemorizado además de muy confundido, y hay algo que no puedo definir. Creo que también algo de incredulidad frente a lo que me ha pasado... es realmente extraordinario, a pesar del temor. La visión fue... tan real. ¡Oh, Dios mío, qué real fue! Sí. ¿Voy a morir? Algo va a pasar. Ahora, ¿me parece?, ¿es mi imaginación?, pero yo siento algo como un lejano tremor. ¿Es en mi cuerpo o en mi mente? Siento que algo tiembla. Toco el suelo. No percibo nada ahí; es en mí la cosa que siento. Miro el trailer, las palas, a ver si algo se mueve. No, nada. Es en mí, definitivamente.

Siento algo que no puedo definir.

Doy una vuelta alrededor de la entrada al taller.

Sí, siento algo que no puedo definir. Es muy raro. Tengo miedo de no estar razonando coherentemente; pero no, es una cuestión de... un sentimiento, una percepción de algo...

Voy a mojarme la cara en el grifo frente al taller.

Falta poco para salir a trabajar con los muchachos, y todavía me siento raro; es como si la tierra temblara. Es algo leve, sí, pero lo siento en mi cuerpo ¿o es en la mente? ¿Estará algo mal en mi cerebro? Mal dormido; nada descansado, es verdad; temeroso, aterrorizado por momentos, convencido que algo podría pasarme, pero no me queda más que salir...

Me acuerdo de los dinosaurios. ¿Será esto que siento ahora el anuncio de un temblor de tierra, de un terremoto?, ¿de alguna catástrofe natural?

Llega Carlos y mete rápidamente su van en el fondo.

Apenas intercambiamos unas pocas palabras. Está apurado para preparar su camión pues su chofer también quiere terminar temprano hoy. No le digo nada sobre esto del temblor que siento en mí. Ni él ni nadie me creerá nada de esto; ni siquiera yo mismo puedo definir realmente esto que siento dentro de mí.

Ahora llega Norma.
Deja la camioneta de nuestro uso personal adentro del galpón, y se sube a la de trabajo seguida de su grupo. Todo el mundo está más ágil esta mañana. Sin dudas, es por saber que terminaremos más temprano.
Ayudo a Norma a revisar que todo esté bien, tiene la lista de trabajo en el tablero, frente a ella y junto al parabrisas.
Finalmente sale.

Nos subimos mi grupo y yo a nuestra camioneta, y salimos también.
Carlos queda junto a su camión. Todavía no ha decidido qué va a hacer si no viene su chofer, algo que no debe sorprenderle siendo hoy 4 de Julio.
En un estado interno indefinible es que dejo el taller con mi camioneta. Conduciendo, un día más, a mi gente, a los muchachos, a trabajar. Pero éste no es un día más. Es 4 de Julio, día festivo nacional, diferente a los demás; hay banderas en los jardines, a lo largo de la carretera, y en los vehículos, y está en muchos la expectativa de los fuegos artificiales en la noche.
"Algo va a pasar", me digo una y otra vez. Lo siento muy dentro de mí, me lo dice eso extraño que siento, pero... ¿qué va a ocurrir? Abrigo la esperanza que no voy a morir, no todavía. He quemado ya mis escritos. Espero haber cumplido con algo que tenía que hacer a la luz de la visión, la experiencia de antenoche.
Llegamos a la gasolinera.
Cargo combustible en la camioneta y los bidones. Vierto el aceite en los bidones para hacer la mezcla para las maquinillas. Los muchachos van a desayunar y a comprar los infaltables boletos de lotería; es un rito, siempre uno de ellos compra un juego de boletos para todos.
Doy vueltas revisando todo después de haber puesto en el trai-

¿QUÉ LE SUCEDIÓ A JUAN?

ler los tres bidones con la mezcla de gasolina y aceite. Me quedo al lado de la camioneta mirando hacia la ruta, hacia donde pierdo mi mirada.

¿Habré quemado bien los papeles? Me preocupa la manera en que tenía que hacerlo. Me pregunto de dónde vino la necesidad de hacerlo como siguiendo un ritual... ¡recién ahora es que me doy cuenta de ello!, y de asegurarme que no quedaran sino cenizas. "¿Los habré quemado bien?", me pregunto. ¿Por qué este miedo tan repentino de que se abra nuevamente el parrillero, el "cofre" dentro del cual prendí fuego a esos papeles, si ya los quemé? Yo me aseguré que quedaron cenizas, sí. Repaso mentalmente. Incluso revolviendo las cenizas con los dedos, quemándome, e insistiendo hasta que vi que el fuego penetraba entre las innumerables hojas, quemándolas completamente a todas. Sin dudas. Solo cenizas quedaron. Pero ahora tengo miedo de las cenizas. ¿Por qué? Es que... si vuelvo a abrir el "cofre" algo pasará, explotará, atraerá algo. Tengo miedo.

Comienzo a pensar otra vez en personajes bíblicos, en Abraham... particularmente. ¿Por qué otra vez en lo de ayer... en el intento de quemar mis ojos? ¡Ah, sí, pero ahí estuve en lo cierto! ya que no era quemar mis ojos lo que debía hacer sino los papeles, los escritos, y ya lo hice, ¡ya lo hice! ¿Por qué viene a mi mente Abrahan otra vez?, y Apocalipsis... ¿Por qué?, si yo nunca he leído la Biblia en mi vida y no creo que siquiera sepa de verdad en este momento lo que realmente significa eso, la palabra *apocalipsis*. ¿Acaso yo sé algo de todo esto? No, nada, excepto por las referencias de otros, y cuando he leído libros... sí, en la escuela, cuando hablaba el padre en aquellas clases de religión... pero no creo que eso cuente mucho...

Necesito alguien que me escuche y me crea.

No, no puedo explicar bien lo que me ocurre, sólo necesito que me crean, que necesito tiempo para entender... Necesito tiempo para calmarme y entender... ahora tengo miedo y no sé qué es. No, no es miedo, es algo que siento y me confunde... no... no es miedo en realidad, es algo que nunca he sentido antes. Es algo que no me deja estar tranquilo... necesito buscar algo... como desde dónde comenzar para entender... Algo va a pasar, algo va a pasar... ¿qué es esto?

Necesito que Norma me crea. Necesito que crea lo que le digo. Necesito en quién apoyarme sobre lo que me pasa, no para que busque por mí lo que solamente yo debo buscar, sino para que crea en mí y espere a que yo resuelva esto. Sé que es muy confuso, pero tengo que entender. ¿De qué otra manera voy a... ? Bueno, sí, tengo a Dios, sí, pero necesito que mi compañera me crea, y que esté junto a mí también. No... no puedo negar mi condición humana, "es frágil... y falible también", agrego bajando el tono de "voz" en mis pensamientos.

No puedo comunicarme con Norma en esto que pasa ahora. Ella está entre asustada y no menos disgustada por mis "cosas", y nada tranquila. Sin su propia calma, y también mal dormida, poco es lo que puede escucharme. Yo necesito entender de esas "cosas" que ella no puede percibir y por las que se disgusta; ella piensa que yo estoy perdiendo la razón, o algo parecido, sufriendo una fuerte conmoción por el trabajo, o por aspectos relacionados con el trabajo. Ahora recuerdo cuando esta mañana en la camioneta, en camino al taller, con gran preocupación en su voz me preguntó si yo había pensado en suicidarme. ¿Suicidarme? Por alguna razón me disgustó y me dolió profundamente.

- ¡Nooo, no! No veo cómo se me podría ocurrir hacer una cosa de tal naturaleza - le dije alzando mi voz - ¿Cómo se te ocurre a vos semejante estupidez? ¿Por qué haría yo algo así?

Lo cierto es que esa pregunta, aunque quizás justificada para Norma, me disturbó, me ocasionó una reacción muy negativa hacia ella por esa idea absurda.

- Estamos listos don Juan - escucho a Ramiro detrás de mí.

Yo estoy ahora apoyado con mis brazos sobre el borde de la caja trasera de la camioneta, mirando hacia dentro de ella.

¿QUÉ LE SUCEDIÓ A JUAN?

- Vamos don Juan que los muchachos quieren terminar temprano - agrega Ramiro.

Como siempre, Ramiro se refiere a "los muchachos" cuando en realidad está diciendo algo por él mismo. "Los muchachos quieren ir en la noche a ver los fuegos artificiales", me recuerda.

Yo no pienso en los fuegos artificiales, sólo en regresar temprano a casa, a descansar un poco, que me vendrá muy bien.

- No hay problema muchachos - respondo dirigiéndome a todos que ya están trepando dentro de la caja trasera de la camioneta, tratando de que mi voz suene normal (¿lo habré logrado?), y agrego - hoy es 4 de Julio, ¿no?

Comenzamos el trabajo "normalmente" para los demás. No creo que ninguno de mis muchachos se haya percatado de nada, ¿o sí? Nadie me ha hecho notar nada. Mejor así. ¿Qué les diría? Creo que nada. Nada podría decirles.

Comenzamos el trabajo por las casas de la urbanización de Brightwater, la más próxima al taller y a la estación de servicio en la que acostumbramos a parar todas las mañanas.

En la casa de Mrs. Pratts recuerdo de pronto que un par de meses atrás recibí de ella un pago de más. No había mencionado nada desde entonces, obviamente para dejar ese dinero extra. Toco el timbre. Mrs. Pratts sale a atenderme y una vez que la saludo e intercambio un par de frases de cortesía, le confieso lo que había hecho. Le digo que el pago por el mes de Junio no será necesario, que le voy a acreditar el sobrepago que ella hizo con anterioridad. Se sorprende y agradece. Me siento muy bien. "Tiempo para rectificar", me digo a mí mismo. Este pequeño acto tiene un gran significado emocional en este momento. No sé qué me causa más regocijo: si el haber reparado una falta, o darle a Mrs. Pratts una grata sorpresa, o mostrarme a mí mismo que soy capaz y que estoy dispuesto a proceder de otra manera. Sigo pensando en todas esas razones, un poco en cada una por un rato mientras recorro la casa y superviso el trabajo. Hoy tampoco voy a hacer mucho. Sí, me agradó la sorpresa de la señora Pratts.

Una vez terminados aquí arrancamos para la próxima casa distante unos pocos bloques más adelante.

Es una mañana silenciosa.

No hay mucho movimiento en las calles ni avenidas. Están casi desiertas. Sólo pasa uno que otro vehículo y algunos infaltables equipos de la competencia. No se escuchan los usuales y feos chirridos de los frenos de vehículos pesados ni los rezongos de los motores de los camiones recolectores de basura.

Esta quietud de hoy me hace sentir extraño en este ambiente; es un sentimiento que no he tenido nunca antes. Al mismo tiempo me sienta bien, pues necesito estar solo, o mejor dicho, necesito mi espacio mental para ponerme a entender.

Una familia de patos cruza la calle hacia el lago Brightwater y me obliga a detenerme para darles paso. Mi mirada les sigue en su marcha lenta hacia el parque. Me distraigo, hasta que siento que Tito, desde el asiento trasero, me toca el hombro. Por el espejo interno le veo, y veo una camioneta detrás nuestro esperando por mí para continuar su marcha. Arranco.

Llegamos a la casa de Mrs. Chao, uno de nuestros clientes de origen chino, cuya casa ocupa un gran lote esquina.

Es alrededor de las ocho y media de la mañana de este hermoso día soleado, y bastante seco; la suave brisa ha cesado casi por completo y el sol ya comienza a picar sobre los brazos y el cuello.

Los muchachos bajan rápidamente; comienzan su rutina consabida en esta casa, y en otra vecina muy cercana. Obviamente quieren terminar temprano. Vienen comentando e insinuando insistentemente sobre eso, ya que yo no participo de su bulliciosa cháchara, y quieren asegurarse de que me llegue su mensaje a pesar de haberles confirmado hace un rato, en la gasolinera, que hoy vamos a terminar temprano.

El ritmo es el normal para un día como éste, miércoles, y des-

¿QUÉ LE SUCEDIÓ A JUAN?

de cuando hace algunos días comencé a pensar, a reflexionar más fuerte, no sólo sobre nuestro universo sino en los pensamientos y orientaciones que he venido recibiendo y apuntando en notas que hoy quemé en el parrillero, en el "cofre". Otra vez eso de "cofre". No estoy trabajando junto a los muchachos como es mi costumbre, sino ayudándoles en las tareas más críticas de terminación, como es soplar, que además me permite continuar pensando mientras realizo esta actividad, y cuando hay que recortar arbustos; y muy ocasionalmente ya, cortando grama con máquina grande, si veo que nos atrasamos algo en el programa del día. Mantuve mi ritmo normal junto a ellos al principio de las orientaciones. Luego, conforme recibía más, necesitaba de un segundo más dentro de mi camioneta para apuntar todo. Bueno, ya no voy a escribir nada, no después de ir al infierno, no obstante, ahora necesito el tiempo para reflexionar.

- Vea... ¡don Juan!...
- ¿Eh? ¿qué? - me sobresalto.
- ¿Voy pá' la otra? - me pregunta Ramiro mientras ya se aleja caminando hacia la otra casa, llevando la máquina cortadora en marcha que, dada la silenciosa mañana, suena desproporcionadamente fuerte y molesto.
- Sí - reaccioné de inmediato al tiempo que confirmo con mi cabeza. Ojalá no incomode a nadie hoy este batifondo de máquinas, todavía temprano para un día feriado.

Tito está terminando de recortar los bordes, y ante su expresión cuando me mira, también le confirmo que siga a Ramiro. Otros dos muchachos están en el patio, uno de ellos deshierbando, y uno más está punteando la tierra de los canteros del frente de la casa.

Miro hacia el cielo y pierdo mi mirada en él. Viene a mi mente el concepto de conocimiento eterno, infinito, intemporal universal.

Doy una vuelta por el patio de la casa para revisar el trabajo mientras continúo absorto en mí mismo.

Algo se me ocurre acerca del conocimiento; regreso a la ca-

mioneta para apuntarlo. Esto sí parece que es apropiado para a-
puntarlo. "Sí, esto sí", me digo a mí mismo ante el recuerdo del
quemado de los otros escritos esta mañana antes de salir de casa. "Sí; estoy seguro que esto sí puedo escribirlo", me tranquilizo
a mí mismo. Es diferente de lo que tuve que quemar.
 "*El Conocimiento proviene de Dios*".
Entre las cosas que ya estoy adelantando en los nuevos escritos incluyo algo que viene a mi mente en el instante en que observo a un niño detrás de una ventana del segundo piso de la casa
vecina. Apareció el niño detrás de la ventana, y cuando dirigí mi
mirada hacia él, se ocultó. Continué escribiendo. Al volver a mirar
a la ventana unos segundos después, ya no le vi.
 « **La verdad no puede ser ocultada** » me vino de repente a la
mente. No, no... *se imprimió en mi mente*; la *veo dentro de mi
mente*. Me causa sorpresa. Esto también es importante, me digo.
Debo escribirlo, sí. Así lo hago, rápido y bastante nervioso. Es
que siento que debo escribirlo. Yo no lo pensé. ¿Cómo vino a mi
mente? También escribo este comentario.
 Mientras escribo me encuentro recordando una película de...
¿Anthony Perkins? sobre un niño. ¿Por qué un niño? Era acerca
de un niño...
 « ***Anticristo*** » se imprime en mi mente. Me sobresalta esta
palabra.
 La escribo atemorizado.
 Y de pronto, otra frase,
 « ***El fuego no destruirá la verdad*** », casi siento la fuerza con
la que se imprime en mi mente.
 "¿Por qué todo esto?", me pregunto a mí mismo mientras ano-
to en la misma hoja suelta.
 ¿Por qué se me aparecieron, *imprimieron* estos pensamientos
en mi mente? comienzo a repreguntarme con creciente inquietud.
Algo significa. Quedo meditando, mirando hacia la hoja, sin sacar
mi vista en ella.
 Me confundo. Estoy muy confundido ahora.

¿QUÉ LE SUCEDIÓ A JUAN?

Estoy sintiendo algo extraño... muy extraño. Es más fuerte que lo que sentí temprano en el taller; es como un temblor en mí, o alrededor mío. ¿Qué será?

Reviso lo que escribí acerca del conocimiento cuando se me presentaron, *imprimieron* estos pensamientos. Se imprimieron, ¿por qué tan fuerte dentro de mi mente?

Tengo que pensar con calma.

Veamos.

Otra vez más en mis pensamientos sobre el conocimiento, vuelvo a recordar ahora lo que ya había pensado antes acerca de que nadie es propietario del conocimiento, que el conocimiento es de Dios. Dios lo dá, concluí entonces, y fue cuando de pronto tuve la idea de que yo estaba escribiendo mentiras, falsedades, al escribir que eran mis conocimientos cuando yo debí escribir que venían de Dios. "Por eso tuve que quemar todos los escritos", me digo a mí mismo ahora, "en vez de hacerlos pedazos y luego arrojarlos a la basura donde podrían ser hallados". Ahora recuerdo nuevamente aquella lección de religión que recibí cuando era un muchacho pequeño, acerca de levantar falso testimonio, calumnias. Viene este recuerdo a mi mente... ¡otra vez ahora!, y me pregunto por qué. Me perturbó ayer, hizo sentirme mal, desasosegado inmediatamente. Sí, me causó un gran desasosiego interno inmediato que no pude dejar de acusar y me obligó a mantenerme caminando. Ahora siento el mismo gran desasosiego, y algo, no sé, un raro temblor dentro de mí.

Calumnias, mentiras, y el escribir sobre algo que no está bien, se me presentó como la misma cosa.

Concluyo que lo que acabo de escribir otra vez, hace unos minutos, acerca de que nadie es propietario del conocimiento y esos otros nuevos pensamientos que se imprimieron en mi mente, también tengo que quemarlo. ¿Sólo tengo que pensar en ellos, no escribirlos? ¿Es eso?

« *El fuego no destruirá la verdad* ». Estoy leyendo nuevamente lo que acabo de escribir, y ahora más temeroso.

Es decir que, ¿el fuego no es suficiente para quemarlos, para destruirlos? Siento que mi temor crece y me paraliza. ¿Es tan grave mi equivocación que el fuego no destruirá la grave equivocación que cometí?

El pánico me arrolla. Siento como una perturbación. Siento un vacío que me sofoca... No, no... Me calmo. Debo quemar este papel también, eso es todo.

Los muchachos golpean la camioneta. Están listos. No les vi terminar ni tampoco venir hacia el trailer y la camioneta. "¿Guardaron las máquinas?", les pregunto. "Sí", me contestan al unísono todos, sorprendidos que no me haya percatado de ello. ¿Cómo es posible que no haya sentido el gran alboroto que causan las máquinas al subirlas al trailer?

Espero que terminen de subir a la caja de la camioneta unos, a la cabina otros dos.

Llamo a Carlos.

No me responde. Me inquieto aún más ante su falta de respuesta, no sé por qué. Quiero pedirle que vaya a quemar este papel. Debo quemarlo. ¿Por qué lo llamo a él? ¿Porque no tengo cerillos, fósforos? ¿Porque no quiero que me vean los muchachos? No, no. Por eso no es. Hay que quemarlos en el parrillero, en el "cofre", y no en otra parte; pero mucho cuidado, Carlos no debe entrar en la casa, hay una fuerza, ahora lo sé. Sí, hay una fuerza dentro de la casa que puede hacerle mal a Carlos. Desde aquí estoy viendo nublado alrededor de nuestra casa.

Mientras insisto por la radio llamando a Carlos, arranco la camioneta y nos ponemos en marcha.

Continuando con la ruta de los miércoles llegamos enseguida muy cerca de la casa de la Señora Wakerly, de origen latino y residente en esta área; pero antes de trabajar en ella nos detenemos en otra muy cerca desde la que enseguida iremos a la casa de la Sra. Wakerly. Distraído, hoy entré por el otro lado de la calle.

¿QUÉ LE SUCEDIÓ A JUAN?

Dejo los muchachos trabajando mientras llevo la camioneta y trailer un poco más adelante, y me bajo a esperarlos que terminen para venirse a ésta.

Caminando en frente de la casa de la Sra. Wakerly, algo alejado, veo una alcantarilla. Voy hacia ella. ¿Podría arrojar el papel allí? "¡No, no!", me digo enfáticamente. Recuerdo que tiene que ser quemado, no esparcido.

Veo venir a dos de los muchachos que ya terminaron la otra casa.

Regreso al frente de la casa de la Sra. Wakerly.

Se presentan otra vez pensamientos acerca de Abraham, ahora en relación al pedido de sacrificio de su hijo Isaac que le hiciera Dios.

« El fuego no destruirá la verdad » aparece otra vez *impreso* en mi mente, pero lo veo con ¡otro tipo de letra!, borroso, y eso me perturba aún más.

Ya no puedo esperar.

Llamo otra vez a Carlos.

Finalmente, girando sobre la curva muy próxima, veo acercarse su camioneta, la van blanca.

Una vez junto a mí le pido que vaya a casa, la mía, a quemar un par de hojas. Se las doy cerradas, es decir dobladas. Le pido que no las abra; "no debés hacerlo", le repito. Me siento como si yo estuviera poniéndolo a prueba. Me hace mal, pero también siento que debo hacerlo de este modo. Dios le ayudará. Le digo que no debe entrar a la casa, que queme el papel en el parrillero. Me asalta un gran temor que entre a casa; "algo hay en la casa, Carlos, por favor, creéme", le digo. Algo malo está sucediendo y puede estar en la casa, cobijado adentro. Carlos mismo me dice de su propia intranquilidad al entrar a casa solo, unos días antes. Ahora sí que yo debo controlar mi temor. Por un momento pienso que algo sucederá al abrir él el parrillero, pero otra vez me digo que "debo confiar en Carlos, en que me obedecerá, y más que nada, que debo confiar en Dios, que Él le protegerá". "Dios salvó a Isaac, el hijo de Abraham", me recuerdo.

Carlos se sube a su van y se pone en marcha. Con la mirada sigo la camioneta a medida que se aleja.

Siento un gran vacío dentro de mí.

Pasa un interminable rato. Nos demoramos algo más en esta casa de la Sra. Wakerly para deshierbar y para cortar del otro lado de la cerca en el patio, hacia el arroyuelo.

Estoy impaciente. No puedo quedarme quieto. Camino de un lado a otro, pretendiendo revisar todo.

Llamo a Carlos. Quiero saber si ya quemó los papeles, las dos hojas que le dí, las que escribí frente a la casa de Mrs. Chao. No contesta. Me preocupa que no me contesta. ¿Le habrá pasado algo? Nuestra casa está cerca, apenas a cinco minutos de aquí.

Continuamos nuestro trabajo; mejor dicho, los muchachos continúan trabajando.

Llamo a Carlos otra vez. Nada.

Me introduzco en la camioneta.

Salgo enseguida. No puedo estar quieto.

Sigo dando vueltas en la acera, enfrente de la casa en la que están trabajando los muchachos.

Llamo por enésima vez a Carlos. Necesito saber si ya ha quemado los papeles como le pedí. Mi inquietud crece, creo que me desbordará. Me siento incapaz de controlar este desasosiego que me sofoca. Pienso que puede haber subido al cuarto de arriba de casa; allí hay algo malo que me perturba a mí mismo cuando subo. Sí, hay algo malo allá arriba. Tal vez tuvo problemas en el parrillero. Puede haber ocurrido algo al abrirlo.

Carlos sigue sin contestar la radio.

Pienso en Abraham y su hijo Isaac. Dios lo salvó. Me calmo recordando a Isaac, a quién la intervención de Dios salvó en el último instante antes de ser sacrificado por su propio padre. Igual con Carlos, Dios no va a dejar que nada le pase, pero sigo teniendo miedo que haya abierto las dos hojas y leído lo que escribí

¿QUÉ LE SUCEDIÓ A JUAN?

hace un rato. "No debe leerlo, no debe leerlo", me repito a mí mismo. No quiero inducirle mentiras, falsedades; acabo de saber que el conocimiento es de Dios, no mío.

« El fuego no destruirá la verdad ». "La verdad no puede ser quemada", interpreto ahora. Entonces, aunque queme los papeles ¿permanece la mentira? Ante esto siento más temor pues... quemar los papeles no elimina lo malo, tal como entendí hace un rato. Entonces, ¿es esto una confirmación a lo que entendí hace un rato, que quemar los papeles no elimina mi error cometido?

Veo a los muchachos ir hacia la próxima casa.

Aparece Carlos, sin haberme contestado previamente la radio. Por fin. Siento un gran alivio. Presa de una gran tensión interna le pregunto si entró a la casa. Me dice que no.

"¿Abriste los papeles?", me pregunto a mí mismo en silencio; no se lo pregunto a él, debo confiar en él. Debo confiar en Carlos, es mi hijo, ¿no? Otra vez siento como si yo estuviera poniéndolo a prueba y yo no quiero probarlo. ¿Por qué habría de hacerlo? ¿Por qué se me ocurre pensar esto? ¡Oh, no sé cuántas cosas pasan por mi mente! Por momentos, no tengo noción del tiempo; es como si estuviese perdido en alguna parte fuera de aquí.

- ¿Por qué no contestaste la radio? - necesito saber, ahogando mi angustia por un lado, y mi silencioso enojo porque no me respondió.

- ¿Me llamaste? No oí la radio - me responde y me deja más confundido.

"¿Por qué no oiría la radio? ¿Acaso no funcionaría? ¿Algo lo impide?", me pregunto a mí mismo, pero no lo digo.

Carlos tiene que irse a controlar su propio trabajo de fertilización, y algo acerca de un estimado. No... no sé, no le presto atención. Estoy confundido con los acontecimientos en mi mente.

Otra vez lo sigo con mi mirada mientras se aleja, hasta que se pierde de mi vista. Siento un fuerte nudo en mi garganta. No sé por qué ahora. Viendo alejarse a mi hijo siento algo extraño, un sentimiento indefinible. También me siento como si yo hubiese hecho con él algo que no debía al pedirle que fuera a mi casa.

Cierro el trailer, arranco, y voy a buscar los muchachos. Ellos terminaron aquí y fueron a la casa de la hija de la Sra. Wakerly que está a la vuelta de la de sus padres, a un par de bloques.

Nuevamente siento leves temblores, pero no escucho nada, ni tampoco veo que nadie se percate de ninguna cosa extraña. Parece que la tierra tiembla muy suave, ¿o es mi cuerpo, mis piernas? ¿Es cosa de mi imaginación, de mi mente?

Terminamos en Brightwater.

Ahora, hacia el oeste de la Highway 6, yendo sobre la Austin Parkway, pasamos frente al parque donde esta noche tendrá lugar el festival de los fuegos artificiales.

Llegamos a la casa de Mrs. Dacy; trabajamos en ella, y seguimos. Vamos a la urbanización Woodstream.

Entramos por el boulevard Woodstream hacia nuestra derecha, apenas pasamos el arroyuelo Steep Bank Creek, muy cerca del cruce del boulevard Sweetwater y Austin Parkway. Las dos iglesias en la esquina despliegan gran cantidad de banderitas de barras y estrellas a lo largo de sus aceras.

En una callejuela, una cortada, Stillmeadow Ct., los muchachos comienzan a trabajar. Les ayudo a distribuírse. Tenemos tres casas aquí, Ms. Sachs al lado de ésta en la que van a comenzar, Mrs. Grant, y en frente a Mr. Walker. Raúl, Ramiro, Tito, Claudio y el padre de Claudio, Toño, comienzan a bajar las máquinas. Sale la señora de una de las tres casas de este grupo de casas que tenemos en esta cortada. Es Mrs. Grant. No desea servicio hoy. Un grupo se dirige entonces hacia la casa de al lado, la de Ms. Sachs, y el otro grupo, hacia la de Mr. Walker, al frente. Una vez que les doy las indicaciones de siempre, rutinarias, muy repetitivas, me puse a observarlos, y una vez más, a continuar con mis pensamientos mientras camino entre ambas casas.

Veo salir al vecino de Mr. Walker, a la derecha, y se me acerca muy molesto, es obvio, y en un tono que me suena muy duro me

¿QUÉ LE SUCEDIÓ A JUAN?

dice que no cortemos por dentro de su jardín, más allá de la línea divisoria entre ambas casas. Miro. Sí, tiene razón pero no me gusta su tono. Su porte y sus modales son innecesariamente muy agresivos.

- Tiene usted razón, les diré a mi gente - le respondo quedamente, y voy a decirles a los muchachos que obviamente se pasaron de la línea imaginaria entre ambas casas. No quiero tener problemas luego con este señor. No vale la pena arruinar nuestro trabajo en esta calle. Tenemos tres clientes juntos. Si alguno cualquiera de ellos recibe una queja de su vecino nos afectará las relaciones, y quizás el trabajo, con los otros. Me dirijo hacia el cortador. Me detengo. Algo siento. Regresando sobre mis pasos, otra vez tengo la sensación de que la tierra tiembla, ¿o truena? Me detengo un momento a esperar. No, no siento nada ahora. Parece que soy yo, pues no veo que nadie advierta nada. De repente veo que quién cortó por allí, por donde el vecino me reclamó, volvió a cometer el error de pasarse por una o dos líneas hacia la casa del vecino enojado. Por el temblor me olvidé de decirle a quién estaba cortando allí. "Uh, me olvidé, me olvidé", me repito a mí mismo, "a pesar de que le dije a este molesto hombre que se lo diría al cortador acerca de no pasarse de la línea", me reclamo a mí mismo. "Es que algo pasa, algo pasa", me disculpo a mí mismo.

Dirigiéndome hacia la puerta de entrada de la casa de Mr. Walker veo en la grama una pelota blanca, de tamaño algo mayor que una de béisbol. Siguiendo un impulso la tomo con la mano; no sé porqué lo hago, solamente sentí el impulso de tomarla. Pero... ¡qué extraño!... parece como si estuviera magnetizada, me opone cierta resistencia a que la alce y le dé vueltas. Sorprendido, la dejo en el dintel de la puerta de entrada. La pelota se queda fija allí como... ¿pegada? El dintel de la puerta, de bronce, tiene pendiente hacia adelante, suficiente como para que la pelota no pueda quedarse en esa posición, fija, pero... ¡allí se quedó!

« *En esta casa sí reciben a Dios* » vino a mi mente, se *impri-*

mió en mi mente como hace un rato en Brightwater los otros pensamientos. No es un pensamiento sino algo impreso... algo que veo en mi mente, como antes.

Me alejo hacia la calle caminando despacio y pensando en esto que acabo de recibir. Otra vez siento temblores. ¿Es la tierra?

Me doy vuelta.

La pelota blanca ya no está en el dintel de bronce de la puerta de entrada del frente de la casa de Mr. Walker. Me sorprende. Doy unos pasos atrás. La busco. Miro alrededor. ¡Allí! Veo que está en el jardín de su vecino, el que me llamó la atención hace un rato. Pero... ¡está ennegrecida ahora! Está sucia, gris.

« *En esa casa no reciben a Dios* » se imprime ahora en mi mente.

La tierra tiembla más fuerte ahora. ¿Qué me pasa?

« *Es la señal* ».

Claramente en mi mente, ésta es la señal. Tengo que irme ya. Es la hora.

Tengo que dejar todo. No lo dudo.

- Voy a buscar un sitio para orinar - le digo a Raúl que se encontraba cerca de mí, sólo como excusa para alejarme de allí.

- Vaya don Juan - me responde sin dejar de trabajar.

Me alejo caminando lentamente hacia el boulevard Woodstream. Hacia allá debo ir.

Bajo mi cabeza. Me encasco bien mi sombrero. Tengo que caminar mirando el suelo. Lo siento así, no sé porqué. No debo mirar alrededor. Lo hago de esa forma. Obedezco lo que siento que debo hacer. Algo me dice lo que debo hacer.

Estoy perfectamente consciente, pero algo me dirije. Ya no pienso en nada ni en nadie. Sólo sigo instrucciones, pensamientos que me son inducidos, *impresos en mi mente*, involuntariamente, sin que me importe nada más sino seguirles. Sé que dejo la gente, no me importa; sé que dejo el trabajo, no me importa. Sé que dejo la camioneta, todo el equipo, no me importa. Yo tengo que seguir esto que siento que me dice lo que debo hacer.

Caminando por la acera izquierda, mirando hacia el suelo, hacia la acera, no puedo ver a nadie.

Pasando frente a un árbol, me detengo. Algo hace detenerme. Obedezco. No pienso en nada sino detenerme allí donde se me pide que lo haga.

« *De los árboles toma los frutos más altos* » se imprime en la mente ahora.

Extiendo mis brazos hacia arriba como tomando los frutos que me fueron indicados, los más altos sobre ese árbol frente al que estoy. Cierro mi mano guardando los frutos que acabo de tomar. Ya los tengo, ya puedo abrir mi mano.

Continúo caminando. Lentamente. Con mi cabeza baja siempre.

Frente al próximo árbol por el que voy pasando,

« *No comas de los frutos bajos, del nivel del suelo (de la tierra), saben amargos* ».

Me detengo, me agacho, tomo algo de tierra del pie del árbol, me la llevo a la boca. Disuelvo la tierra con saliva. Es verdad (ahora sí pienso); "sabe amargo", me digo a mí mismo, "muy amargo".

Vuelvo a dejar de pensar. Sencillamente... ¡no pienso!

Reasumo mi paso lento. Por mi visión periférica veo un regador girando en el frente de una casa, a mi izquierda. Girando con monótono chic-chic-chic va regando alcanzando más allá del césped de la casa, mojando hasta la acera. Siempre por la visión periférica con mi cabeza baja, veo un señor, chino me parece, en el frente de la casa donde está el regador. Parece petrificado. No veo que se mueva, parece no advertir mi aproximación.

Al aproximarme al área cubierta por el regador, éste se detiene y yo paso enfrente de él... ¡sin mojarme! ¿Es cierto que se detuvo por mí, para dejarme pasar? - me pregunto. Me detengo y camino hacia atrás para comprobar si es cierto lo que pienso. El regador me alcanza con su chorro y me moja. Apuro el paso hacia adelante.

« No lo pruebes. Si lo pruebas, te mojas ».

"No, ya no dudaré", me digo a mí mismo. No debo dudar.

Continúo mi marcha por la acera, caminando siempre despacito, con la cabeza baja, mirando el suelo. No veo a nadie. No pienso en nadie ni en nada que no sea lo que se me va induciendo, imprimiendo en mi mente.

De repente vuelvo a pensar.

"Si tengo que seguir caminando mirando al suelo", me pregunto a mí mismo, "¿cómo voy saber yo cuándo cruzar con seguridad las esquinas?".

« Detente, siéntate, observa, cruza. Luego vuelve a bajar la cabeza ».

En la esquina hago lo que se me indicó. Me detengo, me siento en el cordón de la acera, levanto mi cabeza, miro hacia ambos lados de la intersección. No veo venir a nadie por la calle. Entonces me pongo de pie. Bajando la cabeza, cruzo al otro lado de la calle y tomo el boulevard Woodstream. Es ancho aquí por lo que entiendo que debo poner más atención.

Llego a la próxima intersección. Me detengo. Debo hacer como se me dijo antes. Me siento en el cordón de la acera. Ahora levanto mi cabeza y miro hacia ambos lados de la calle. No, no veo a nadie y entonces me pongo de pie. Cruzo. Siempre caminando con mi vista hacia el suelo.

Desde la acera cruzo hacia la isla central del boulevard.

Camino sobre el césped, por el centro de la isla del boulevard.

« En el verde está la vida. El verde es vida. Aquí tienes todo lo que necesitas. Incluso agua. Si no quieres que te duela la cabeza, toma agua ».

Me detengo. De rodillas sobre el césped acerco mi rostro al césped y compruebo que hay gotas de agua entre las finas hojas.

Paso mi lengua por una gota. La bebo.

« Es suficiente. Una gota basta ».

¿QUÉ LE SUCEDIÓ A JUAN?

Me levanto y continúo mi camino otra vez.
« Siempre caminarás por el verde ».
« Si no puedes evitar pisar el verde pásale por encima ».
"¿Cómo? ¿Por el aire?", me pregunto al mismo tiempo que se me induce saltar hacia el borde de la isla del boulevard.

Desde donde estoy, en el centro de la isla, salto al borde de ella.

Comienzo a caminar por el cordón de la isla. Pongo un pie delante del otro, paso a paso y lentamente para no caerme del cordón de concreto. Se me ocurre fugazmente que el cordón es un límite entre el césped y la calle.

« Siempre vas a caminar por el borde, entre el verde, y el concreto ».

Otra vez pienso por mí mismo.

Entiendo. Siempre voy a estar entre la vida y la muerte. Siempre he de caminar por el borde. Con cuidado. Siempre debo mantenerme pegado al verde. Seguro, voy a seguir la línea del cordón.

No me he cruzado con nadie. No he visto vehículo alguno aún. Pareciera que estoy en una ciudad desierta. ¿Dónde? Estoy aquí, pero... ¿en qué tiempo? ¿Es esto una visión del futuro?

Levemente levanto mi vista del suelo.

Veo que me acerco a la esquina del boulevard Woodstream y el boulevard Sweetwater.

Me pregunto, no puedo evitarlo, "¿qué haré allí?".

Una pequeña mancha, como una lucecita, un punto blanco, aparece en mi cerebro, dentro mi mente; es como si estuviera en la frente, pero dentro de mí, en mi cerebro y yo lo veo con mis ojos.

« Te serán dadas indicaciones (señales) ».
Entiendo.

Debo seguir este punto blanco. Debe estar situado en el centro de mi frente. Giro mi cabeza hacia la izquierda, el punto blanco se va a mi derecha dentro de mi cerebro; y luego giro hacia el otro lado, con lo que el punto se va a la izquierda. Vuelvo la cabeza hacia el frente, el punto blanco se sitúa en el centro de mi mente. Sí, eso es. Este punto es mi guía. Tengo que seguirlo.

Camino hacia esa dirección, ahora más despacio.

Estoy siguiendo el punto blanco, hacia el frente, pero mantengo la cabeza gacha, mirando el suelo. Yo no veo nada al frente, solo el suelo a mis pies.

Sé que he llegado a la intersección de los dos boulevares. Por un instante veo rayas blancas frente a mí; estoy en un cruce de peatones. El cordón de concreto de la isla del boulevard se curva al final de la isla, hacia el lado opuesto de la isla en el que estoy. Sí, estoy al final de la isla. "¿Cómo hago ahora si se me dijo que caminara por el borde, entre el verde y el concreto?", me pregunto y vuelvo a dejar de pensar.

« *Busca las grietas* ».

Entiendo. En las grietas siempre hay polvo, hay vida. Por sobre ellas puedo caminar, cruzar.

« *Si no las hay, usa las líneas blancas* ».

Comienzo a pasar por las líneas blancas. Creo que oigo una bocina. ¿Es un vehículo?

« *Tendrás falsas señales* ».

Entiendo. Debo ignorarlas.

El punto blanco dentro de mi cerebro se desplaza a la izquierda. Respondo cambiando la dirección de mi caminata hacia la izquierda hasta que el punto se sitúa otra vez en el centro de mi cerebro. Yo debo mantener mi cabeza al frente natural de mi cuerpo cuando tengo que corregir la orientación de mis pasos, aunque siempre la cabeza gacha hacia el suelo, el rostro hacia el suelo.

Ahora sólo veo ese punto blanco, nada más. Todo se ha cegado a mis ojos.

Sé que me dirijo hacia Austin Parkway, hacia la izquierda por el boulevard Sweetwater, hacia el este.

De repente se abre otra vez mi visión periférica justo enfrente

¿QUÉ LE SUCEDIÓ A JUAN?

de la isla en el boulevard Sweetwater y subo al césped de la isla; estuve casi a punto de golpear un poste de la luz. ¿Cómo habría de verlo? Entiendo que sí puedo detectarlo midiendo la temperatura frente a él, con el olfato. Lo huelo. Pienso también que podría detectar el grano, o sea, el tamaño de materia, con el gusto. Hago el gesto de pasarle la lengua al poste. Luego me dirijo al borde, hacia el cordón de la isla. Creo que oí otra bocina. "Es una señal falsa", me digo. Por la visión periférica veo pasar una camioneta, parece una SUV. No veo a nadie adentro manejando... ¿En qué tiempo o universo estaré? No voy a preocuparme. Sigo mis instrucciones. De la isla voy a la acera izquierda siguiendo el punto.

Llego al riachuelo Steep Bank Creek que cruza el boulevard Sweetwater, entre el boulevard Woodstream y Austin Parkway. Al llegar al puente que cruza el riachuelo me desconcierto; siento un breve impulso de arrojarme al aire para pasar al otro lado pues no hay rayas blancas ni grietas a seguir como se me dijo antes, y he estado siguiendo el punto blanco dentro de mi cerebro.

Voy a arrojarme hacia adelante, saltar.

« *No debes tentarte* ».

Entiendo. No debo saltar.

« *Siempre tomarás el camino más difícil* ».

Entiendo entonces que debo pasar caminando por el pasamanos sobre la baranda de protección lateral. Me trepo a la baranda cilíndrica, sumamente riesgosa. Es peligroso, pienso, está muy alto del lecho del arroyuelo casi seco, pero de todas maneras inicio mi paso. Es lo que se me dijo que hiciera y debo hacerlo. Camino unos pasos sobre ella, algo temeroso ahora de caer porque no quiero fallar en seguir las instrucciones.

« *Es suficiente* ».

Entiendo que puedo bajarme.

Me bajo y continúo caminando por la acera del puente.

Termino de cruzar el puente.

Otra vez tengo mi vista cegada a todo el exterior. Sigo el punto blanco.

El punto blanco en mi frente me obliga a tornar hacia la derecha. Tengo que cruzar a la acera al otro lado del boulevard. Muevo mi cabeza hacia abajo, y de un lado a otro; busco grietas o líneas blancas. No veo absolutamente nada pues estoy cegado, por lo que entonces cruzo siguiendo el punto blanco dentro de mi cerebro, en mi mente. Nada me importa excepto seguir este punto. Inmediatamente tengo una fugaz visión mental de dónde estoy, a pesar de que no veo nada sino el punto blanco dentro de mi cerebro. Fue un fugaz pantallazo dentro de mi mente que me muestra donde estoy, y se apaga.

Continúo. No me importa cruzar a ciegas. *Me serán dadas señales*, es lo que se me dijo hace poco.

Me parece escuchar otros lejanos bocinazos al cruzar.

Acabo de cruzar y tropiezo con los arbustos que sé que corren junto a la acera frente a la Iglesia y Centro de Estudios Religiosos Jesucristo de First Colony (Jesus Christ Church of First Colony). El punto blanco me lleva hacia la izquierda, aquí siento que no hay arbustos, y el punto cambia entonces a la derecha, y luego de unos pasos, a mi izquierda. Siento que camino sobre concreto. Sigo un buen trecho por concreto.

Siento el sol sobre mi rostro.

Debo seguir el punto blanco en mi cerebro y el calor del sol en mi rostro.

No percibo ningún movimiento de personas cercanas a mí. No escucho a nadie en los alrededores. No puedo saberlo. No estoy pendiente de ello con mis sentidos. Ahora tengo la cabeza erguida mirando hacia el frente, pero mi "mirada" está en el punto blanco dentro de ella. Tengo que sentir el sol en mi rostro.

Sé que estoy caminando por un espacio abierto; es el parque de estacionamiento de la iglesia, y de repente tropiezo con otros arbustos. Los toco. Son ligustros. Sí, estoy en el extremo este del parque de estacionamiento de la Iglesia Jesucristo de First Colony que está al frente de la iglesia católica St. Laurence, en la esquina de Austin Parkway y el boulevard Seetwater.

¿QUÉ LE SUCEDIÓ A JUAN?

Palpo los ligustros y arremeto contra ellos como si fuera a pasar entre las plantas sin más. Se apartarán a mi paso, no me detendrán. No... no se apartan. Arremeto nuevamente contra ellos para pasar, cuando llevándomelos por delante otra vez, me doy cuenta de que no se apartarán tan fácilmente.

Hago otro intento.

Abro un gran espacio pero no puedo cruzar ahora por la cerca de metal que hay detrás de los arbustos.

Siempre siguiendo el punto blanco en mi cerebro que me dirije hacia el sol, hacia el que mantengo mi rostro sintiendo sus rayos, trato de treparme sobre algunos arbustos para a su vez treparme a la cerca de hierro que tiene unos seis pies de altura. Los arbustos son simples ligustros, y aunque robustos al tomarlos con mis manos son obviamente muy débiles para soportar mi peso. Se rompen. No puedo trepar. Los aparto. Aferro las barras de la cerca, y una vez más trato de treparme a ella. Necesito alcanzar el sol. Es lo que debo hacer. Necesito alcanzar el sol. Mi vista está ahora activa, siguiendo el sol, que está muy fuerte. Tengo ahora los ojos abiertos siguiendo el sol. Tengo que llegar al sol. Es lo que entiendo. Insisto una, y otra, y otra vez, con gran esfuerzo para subir a la cerca. Sus finas barras verticales me dificultan el intento. No tengo donde apoyar mis pies. Sólo tengo que llegar a la barra superior horizontal, pararme allí sobre ella; luego, extendiendo los brazos, alcanzar el sol. "Sí, tengo que ir al sol", me digo sin dejar de dirigir mi rostro hacia el sol con los ojos entornados para evitar quemarme.

« *No puedes subir así. No has de llevar nada* ».

Entiendo.

Me retiro de los arbustos, del amplio cantero que corre junto a toda la cerca.

Comienzo a desnudarme, completamente.

Me quito los zapatos, las medias, los lentes, el sombrero, la camiseta. Voy dejando las prendas en el suelo, cerca del cordón del cantero de los arbustos, de los ligustros. Me quito el audífono y lo dejo en el cordón de concreto, al lado de la ropa. Saco todo de mis bolsillos. Finalmente me quito los pantalones... y los calzoncillos.

Por un instante me sorprendo a mí mismo. Estoy desnudo completamente. Estoy en la calle... ¡desnudo, en una zona pública! Pero esto es lo que me fue indicado que haga, y de inmediato dejo de pensar en mi desnudez.

Desnudo regreso a la cerca de metal detrás de los arbustos.

Tengo que subir a la cerca de hierro. Otra vez trato de hacer pie sobre los ligustros más grandes, pero no puedo trepar. No puedo, estoy rompiendo las ramas. Intento una vez más. Pisoteo los arbustos. No puedo. Me lastimo el cuerpo y los brazos. Me duelen mis pies desnudos. Nuevamente me aferro a la cerca de metal. Trato de trepar con mis pies sobre sus barras verticales y como puedo me estiro hacia arriba, buscando acercarme al sol. Me esfuerzo en estirarme tanto cuanto puedo, en levantarme. Tengo que subir. ¡Tengo que subir! Tengo que alcanzar el sol, lo más que pueda, lo más que pueda. Me desespera que no pueda ir más alto. Más alto. Más alto. Más, más... más. Me estiro tanto como puedo yo mismo hacia arriba. Sigo tratando con mis pies de ayudarme a elevarme. Busco el sol con mis ojos. Me esfuerzo en mantenerlos abiertos. Me hiere la luz. Está muy intenso el sol. Coloco mi pequeño crucifijo de plata entre el sol y mis ojos. Me estiro. Más, y más. El sol no está muy alto pero sí muy intenso; me cuesta subir mi cabeza, algo hacia atrás. Más, y más. El crucifijo entre el sol y mis ojos.

De pronto, algo extraordinario sucede.

La intensa luz del sol, ahora en un fino rayo de luz, pasa por el centro del crucifijo, a través del metal, de la plata, y llega a mi cerebro, profundamente, a través de mis ojos.

Siento el sol golpearme dentro de mi cerebro, y de repente, no veo nada.

Sólo siento que algo me toma, como si estuviera dentro de una gran corriente de aire, de una gran fuerza; siento la velocidad a la

¿QUÉ LE SUCEDIÓ A JUAN?

que soy arrastrado, arrancado de la cerca, mientras me curvo cada vez más sobre mi espalda, volteada mi cabeza hacia atrás.

Siento el ruido del aire y el roce con el aire. Me desplazo a una gran velocidad. Lo siento en todo el cuerpo, en la manera en que se distribuye la fuerza de la aceleración en todo el cuerpo, desde la cabeza a mis pies. Estoy totalmente consciente pero no veo nada; no, no veo absolutamente nada.

De pronto, un fuerte golpe me sacude todo, comenzando por mi cabeza. "He aterrizado de cabeza", es lo que se me ocurre. Ha sido un golpe increíble. No sé qué ha sucedido en realidad.

Un latigazo de dolor muy intenso en mi cuello, en mi espalda, se esparce por todo mi cuerpo.

Me sorprende que esté vivo después de este golpe tan intenso. Es lo que pasa por mi mente en este momento.

¿Qué fue lo que me pasó?

No siento temor por nada. No sé qué es lo que me pasó, pero no tengo miedo.

No siento nada todavía, excepto el intenso dolor de cuello y espalda. Sólo estoy sorprendido, muy sorprendido.

De repente recobro la vista en medio de mi dolor de cuello.

Estoy en el concreto, a un buen trecho de donde estaba en la cerca buscando el sol.

Estoy estirado boca abajo con mis manos sobre el concreto. Estoy haciendo el acto sexual... ¡con el concreto del estacionamiento! Jadeo típicamente. Me siento cansar en este jadeo.

« *Aquí comienza el aliento de vida. Con este jadeo* ».

Me levanto, siempre desnudo, y comienzo a caminar sobreponiéndome al gran dolor en el cuello, hombros y espalda. No tengo dolor de cabeza, aunque desde allí se esparció la onda que provocó el golpe, ¿el choque?, lo que haya sido.

Me dirijo hacia el borde del cantero desde donde fui tomado, arrastrado, y golpeado. Ahora siento más fuerte el dolor en la nuca y los hombros. Es un dolor "sordo", fuerte, extendido por toda la parte por debajo de la cabeza, en la nuca, cuello y los hombros, que baja a la espalda.

« Estás listo. Puedes irte ».

Me dirijo entonces hacia la acera del frente, hacia el boulevard. Cambio la dirección de mis pasos hacia mi izquierda.

Me sorprendo porque estoy desnudo, siento mi desnudez. No obstante, entiendo que debo irme. Es lo que se me dijo.

« Antes reflexiona ».

Entonces me acuclillo frente a los arbustos, casi sobre el cordón del cantero.

Pienso en la estatua del *Pensador*, de Augusto Rodin, mientras adopto una posición muy similar para reflexionar. Con la rodilla derecha en el concreto, sobre la otra rodilla apoyo el codo de mi brazo izquierdo, y con la mano soporto mi barbilla. Todo por un momento, e inmediatamente me pongo de pie.

« Cúbrete. El hombre siempre debe cuidar su pudor ».

Me dirijo ahora hacia mi ropa.

Me coloco los pantalones. Cuando estoy abrochándomelo,

« Debajo del sol debes siempre mostrar respeto ».

Me coloco mi sombrero.

Voy a tomar los lentes y el audífono.

« No necesitas instrumentos ».

Los dejo sobre el cordón de concreto, donde estaban.

Voy a recoger mis pertenencias menudas, de bolsillo: billetera, monedas, el llavero de casa y taller.

« No necesitas nada material ».

Dejo mi billetera, las monedas y el llavero, en el suelo.

Por un instante pienso en mis documentos, en la licencia de conducir, en las tarjetas de crédito. Dudo por un momento... ¿Tal vez puedo llevarme la licencia de conducir? No, no. También tengo que dejarla, es lo que se me dijo, que no necesito nada material.

También quedan la camiseta, los calzoncillos, las medias, los zapatos.

Voy a tomar el pequeño crucifijo de plata que interpuse entre

¿QUÉ LE SUCEDIÓ A JUAN?

mis ojos y el sol. Es un pequeño crucifijo que me regaló mi tía Pita, hermana de mi mamá, años atrás, y tiene inscripto mi nombre y la fecha en que ella me lo envió a Venezuela. Es el que siempre llevo con su cadenita en mi cuello.

Titubeo. No, no necesito nada de plata, nada material. *No necesito nada material para llevar a Dios conmigo. Tengo a Dios en mí.* Arrojo el crucifijo entre los arbustos. Pero... tengo que llevarme algo, pienso en este instante. ¿Qué puedo llevarme?

Veo los arbustos. Voy a llevarme una ramita de ligustro. Identifica la paz, el amor. Eso es. Corto una ramita de ligustro. La tomo en mi mano derecha. Ahora sí.

Comienzo a retirarme.

Me voy ya.

Miro mi ramita verde. Me trae a la mente a la paloma de la paz. Es el símbolo de la paz (armonía).

Me detengo un instante.

¿Cómo fui a parar de la cerca hasta allí, donde "aterricé" en el estacionamiento?

Veo que hay un gran trecho.

Recuerdo el viento, su zumbido por la velocidad, luego el golpe; y todavía tengo mi dolor de cuello.

« *Vete en paz* ».

Finalmente me pongo en marcha. Estoy en camino.

Me voy a casa.

Voy a la *Casa de Dios*.

Con el torso desnudo, descalzo, vistiendo sólo pantalones y sombrero, con una rama de ligustro en mi mano derecha, echo a caminar hacia la acera. Ahora tengo que llegar a casa, y a la *Casa de Dios*. Tengo a Dios en mí y sólo quiero llegar a casa, y a la *Casa de Dios*.

Algo extraordinario acaba de sucederme. Dios me tocó. Sí, *Dios me tocó.*

Camino por la acera derecha del boulevard Sweewater hacia

Austin Parkway mientras me ubico por dónde voy a ir a casa, y a la *Casa de Dios*. Por Austin Parkway iré hacia el boulevard Commonwealth y seguiré por Austin Parkway hasta Hwy 6, la cruzaré, tomaré la avenida Dulles hasta Cartwright, y de allí, cruzando la ruta Murphy, hacia casa. Tengo un sobresalto. Tengo que cruzar la ruta Murphy con los ojos cerrados. Es lo que entiendo.

Ya no tengo el punto en mi frente que me guíe. Bueno, ahora tengo a Dios, pero tengo que cruzar la ruta Murphy con los ojos cerrados. ¿Cómo? Hay mucho tráfico. ¿Cómo lo haré?

« *Sabrás* ».

Cierro los ojos. Y... ¡veo! Veo la intersección, desde aquí. Veo los vehículos, los postes de luz, las luces de cruce, los edificios, todo. Veo el intenso movimiento por esa ruta, y la gente. ¡Veo la gente! Veo el movimiento en la estación de servicio.

Carlos. De repente pienso en mi hijo.

Mi hijo me llevará a casa, y a la *Casa de Dios*.

En cualquier momento vendrá Carlos, mi hijo.

Carlos me llevará a casa. De la mano de mi hijo llegaré a casa, y a la *Casa de Dios*.

Caminando muy lentamente sobre Austin Parkway, y siempre mirando hacia abajo, siento el calor de la acera en mis pies. Algunos vehículos pasan por mi lado. Los veo como unas sombras difusas pasando por mi lado. No veo a sus conductores. Tampoco veo a nadie caminando por los alrededores, nadie. No oigo ruido de ninguna clase, excepto alguna ocasional, lejana bocina. Son las falsas señales; "sí, las falsas señales", me repito. No he de prestarles atención, no. Continúo caminando. Llego a las intersecciones. Busco las grietas, o las rayas blancas, para cruzar sobre ellas; a veces tengo que hacer un rodeo amplio; las grietas siguen líneas caprichosas; otras veces tengo que volverme algunos pasos si la grieta se interrumpe, para buscar una intersección de la grieta con alguna línea blanca. Estoy caminando en una ciudad fantasma; aquí no hay vida, los vehículos son manejados... ¿por quiénes?, si no veo sus conductores. ¿Es esto... el futuro?

¿QUÉ LE SUCEDIÓ A JUAN?

Oigo una bocina apagada; parece que es de un vehículo. Es fuerte esta vez. "No debo prestar atención a falsas señales", me repito. Están tratando de desviarme, de tentarme, con más fuerza que antes. Pero no voy a parar, no, no. Debo continuar mi marcha. No debo prestar atención a falsas señales, no importa qué empeño pongan en distraerme.

"Tengo que cruzar la ruta Murphy con los ojos cerrados", me recuerdo. Una prueba. Sí, es una prueba, pero mi hijo llegará para llevarme a casa. Tomado de su mano llegaré a casa. Tengo a Dios en mí, en mi mente; está en mi casa.

Ahora estoy caminando por la isla del boulevard Austin Parkway, por el cordón de concreto. Voy a cruzar hacia mi derecha y tomaré la acera y caminaré sobre el cordón, en el borde, siempre, como se me dijo anteriormente. Un bocinazo, ahora suena duro. Creo que algo paró muy cerca de mí, pero no me detendré. Continúo caminando. Estoy cerca de la intersección con el boulevard Commonwealth.

Siento una voz. ¿Alguien me llama? Seguro que otra falsa señal, tratando de tentarme, ¡cuidado!

- ¡Hey you, guy! - resuena una voz detrás mío.

Sigo caminando. Por mi vista periférica veo a alguien que tiene uniforme... ¿policía? ¡Oh!, ahora tratan de engañarme más aún.

- ¡Hey, guy! ¡Stop! ¿Okey? ¡Stop! - la orden es en un tono muy fuerte. Siento un rostro pegado a mi oído.

Alguien me toma fuertemente del brazo. Me obliga a detenerme. Quedo quieto, siempre mirando el suelo.

De repente, algo desaparece de mí, con un gran desencanto que no alcanzo a definir; es como si acabara de romperse un sueño. Algo desaparece de mí.

Me siento disgustado. No esperaría nada como esto luego de que Dios me tocó.

De pronto me siento en otra realidad.

Ahora me siento en una situación extraña. No dejo de mirar el suelo. Definitivamente, sí, es un policía. Ahora veo los pantalones de un policía.

- You, ¿Habla español tú? - pregunta quién tomó mi brazo.

No respondo.

No puedo ni quiero hablarle. Tengo que esperar por mi hijo. Él me llevará a casa.

No puedo hablarle, decirle qué me está pasando. Me río solo, para mis adentros. No puede saberlo. Jamás se lo imaginaría. Me pregunto que me hará. No tengo temor. Sólo quiero irme a casa.

El policía me habla otra vez. No puedo oírle bien. Recuerdo que no tengo mi audífono. *No necesitas instrumentos*. No quiero hablarle tampoco.

- ¿Qué es tu nombre? - me pregunta el oficial. Acabo de ver también a mi lado, aunque borrosamente, el carro policía en la calle. Hay otro policía... ¿es una mujer?

No contesto. No puedo, no quiero.

- Tu nombre, ¿no entende tú? - me pregunta otra vez con su fuerte acento americano.

- ¿Habla español? You, ¿qué es tu nombre? - trata ahora otro oficial.

Sigo sin contestar. A mi hijo espero.

- ¿Dónde tú... vivir? ¿Uh?... ¿dónde tú vive?

- In God's House (En la Casa de Dios) - respondo ahora en inglés mirando siempre hacia el suelo, con voz muy queda, muy apagada. No puedo hablar casi, aun si quisiera hacerlo. Algo me lo impide.

- ¿God's house? - me pregunta acercándose a mí. No lo veo, pero siento su sorpresa.

Muevo la cabeza afirmando.

- ¡Ah, yeah! He says he lives in God's house! (¡Sí, claro! Dice que vive en la casa de Dios)... - repite en ronca voz a otro oficial más atrás, con sarcasmo, e incredulidad, "tal vez con resignación ante lo que no entiende", me digo a mí mismo. No, no puede entender. No puede. ¿Cómo podría entender?

Un oficial quiere quitarme la ramita de ligustro de mi mano. Me

¿QUÉ LE SUCEDIÓ A JUAN?

opongo.

- No, no - atino a decir muy quedamente mientras la protejo con la otra mano.

El policía no insiste.

- ¿Qué tú pasó? - pregunta uno de ellos. Es una mujer, una oficial de policía.

No respondo.

Me quita el sombrero. Me toca en la cabeza. Siento un escozor. Vuelve a colocarme el sombrero. No me maltrata. Más bien pone cuidado en sus movimientos.

Recién ahora advierto que estoy herido en la cabeza.

Acabo de ver mi sombrero manchado de sangre cuando la oficial de policía lo tenía en su mano. Ahora entiendo el dolor de mi nuca, hombros. Entonces llegué a herirme, allí en mi "aterrizaje", pero, ¿cómo?

Me toman del brazo. Me dirijen hacia la esquina mientras hablan entre ellos. No puedo entender nada de lo que discuten entre ellos. Oigo lo que parecen llamadas por radio. No escucho bien, no tengo el audífono. Hay un alboroto, eso sí, puedo verlo. No saben qué hacer conmigo.

- ¿Qué...? ¿Qué tú pasó? - insiste la oficial.

Sigo sin contestar.

Creo que le preocupa la herida que tengo en la cabeza. Ni yo mismo sé lo que causó esta herida. Sólo recuerdo el golpe que tuve cuando fui llevado hacia atrás desde los arbustos hasta el concreto del estacionamiento, allí donde me tocó Dios. Me quito yo mismo el sombrero y le doy una mirada. Sí, está manchado de sangre. Me lo pongo otra vez mientras apenas levanto mi cabeza.

Ahora sí veo muchos carros parados en las proximidades de la intersección. Vehículos pasando muy lentamente, mirando, tratando de ver, saber o adivinar qué está pasando. Veo un carro, otra camioneta o camión rojo al otro lado de la intersección. Hay mucha gente. Creo que están todos muy alborotados. No entienden nada. No puedo hablarles, decirles nada. Sólo espero que mi hijo llegue pronto. Quiero irme a casa. Es todo lo que quiero. Estoy muy cansado. Vuelvo a bajar mi cabeza.

Me toman del brazo otra vez. Creo que es la misma oficial que me quitó el sombrero.

No opongo resistencia.

Me fuerza con un ademán para que me siente en la acera.

Me siento en el borde de la acera, sobre el boulevard Commonwealth, muy próximo a la esquina. El concreto de la calle quema las plantas de mis pies pero no me importa. A mi espalda está el poste de luz de esa esquina. No quito mi mirada del suelo. Veo una ambulancia que ya está estacionada casi frente a mí. ¿Cuándo apareció? Tomo unas piedrecillas del pavimento y las guardo en el hueco de mi mano izquierda cerrada sobre ellas. No suelto la ramita de ligustro en mi mano derecha.

"Pensarán que estoy ido", me digo a mí mismo.

Siguen tratando de hacerme hablar. Me preguntan si entiendo que tienen que llevarme en la ambulancia al hospital.

No. No quiero. Meneo la cabeza.

Vuelven a preguntarme por mi nombre, dónde vivo, que si recuerdo lo que me pasó.

Continúo sin responder.

De repente escucho una voz agitada, atropellada... Yo conozco esa voz que suena lejana.

Levanto la vista.

Es Norma que cruzando desde el otro lado del boulevard sobre el que estoy, corre hacia mí desde una camioneta roja que acaba de estacionar algunos metros adelante. Un policía la detiene. Más allá, sobre Austin Parkway, al otro lado de la calle, veo ahora... ¿qué?, ¿es un camión de bomberos? ¿Para qué? ¿Porque no quiero responder? ¿Qué les pasa...?

- ¡Mosquito! ¡Mosquito![*] ¡Ay, Dios mío! ¿Qué te pasó? ¿Qué te pasó? - Norma está muy angustiada, desesperada por todo el despliegue policial, ambulancia, bomberos, e incrédula ante mi presencia aquí, lo veo en sus ojos abiertos y llorosos.

¿QUÉ LE SUCEDIÓ A JUAN?

- ¿Qué... qué pasó que estás así? ¿Qué te hicieron? ¡Ay, Dios mío, mosquito!... ¿Qué te hicieron? ¿Qué te hicieron? - señala mis pies descalzos y luego pasa su otra mano por el tope de mi cabeza mientras se acuclilla a mi lado.

No puedo hablarle. Sólo con Carlos hablaré. No puedo con Norma tampoco.

- ¿No podés hablar? ¿Por qué? ¿Qué pasó? - Norma me mira aún más desconcertada ante mi silencio.

No puedo responder a su angustia. No puedo hablarle. Paso la ramita de ligustro a la mano izquierda en la que tengo las piedrecillas y le tomo una de sus manos que aprieto fuertemente con mi mano derecha, pero no puedo hablarle. No sé qué me pasa, pero tengo que hablar solamente con Carlos.

Norma se desespera porque no le hablo. Yo no puedo contestarle. La acerco y aprieto su mano todavía más fuerte esperando hablarle a través de ella.

Norma se desespera más. Continúa preguntándome, a gritos por su desesperación, qué fue lo que me pasó, qué me hicieron, quién fue, por qué me hirieron.

Acerco más a Norma hacia mí. La aprieto más contra mí. Veo su estado, pero a pesar de ello, de su angustia, de su gran desesperación, no puedo hablarle. Norma cree que tengo algo en la cabeza, en el cerebro, un trauma a causa del golpe.

- ¡Tiene algo en la cabeza! Tiene algo... - grita a los policías que están unos pasos detrás nuestro.

Norma se pone de pie. Uno de los policías se acerca a Norma. Veo sus pies. No alcanzo a entender lo que le dice a Norma.

- ¡No! ...salió, sí... - es algo de lo que apenas alcanzo a escuchar de Norma que habla casi a gritos con el policía detrás mío. Luego ella se acerca a mí y aleja otra vez.

Norma se desespera cada vez más. Muy angustiada, quiere sacarme alguna palabra. Va y viene. Sus nervios no le permiten quedarse quieta.

Levanto un poco mi cabeza. Hay una gran multitud detenida en los alrededores. Ahora me doy cuenta que es la camioneta roja de Norma la que vi estacionada enfrente, al otro lado de la intersección. Los oficiales en la calle frente a mí no cesan de hablar entre ellos. Veo moverse sus labios como si estuviera viendo una película muda. Van y vienen. Hacen circular a los curiosos. La radio de uno de ellos suena gangosa. Ahora veo una lenta circulación de vehículos, pero no les oigo, sin mi audífono estoy en un mundo de apagados sonidos, ininteligibles para mí.

Bajo mi cabeza otra vez. Espero que Carlos llegue enseguida.

Pasa un rato.

De pronto me levanto y le tomo una mano a Norma. Ella está a mi lado, hablando con alguien, creo que con uno de los policías. Del brazo la atraigo hacia mí. No puedo dejar de advertir la reacción angustiosa de Norma. No sé... pienso de repente en toda esta situación pero no puedo conmoverme, a pesar de que veo el estado en que está ella. No siento nada de esas emociones ahora. No siento nada frente a los demás por hallarme en esta situación. Yo sólo quiero irme a casa. Quiero que llegue Carlos para que me lleve a casa. Carlos es quién tiene que llevarme a casa. *"Mi hijo me llevará a Casa"*.

- Carlos ... - le digo con voz muy queda.

- Carlos... ¿qué? - Norma reacciona asustándose.

- Carlos. Quiero hablar con Carlos - le digo atrayéndola para poner su oído junto a mi boca.

- Carlos, Carlos. ¡Quiere a Carlos! - grita Norma en tono desesperado como esperando apoyo, y expresando cierto alivio al mismo tiempo, tal vez, al comprobar que sí puedo hablar.

Norma se aleja unos pasos. La sigo con mi mirada. Veo que le dice algo a alguien y se vuelve a mí.

- Carlos; sí, sí Carlos... ahora viene Carlos... - y algo agrega que no entiendo.

- Voy a hablar con Carlos - le digo quedamente. Y otra vez me siento en el cordón de la acera, jugueteando con las piedrecillas. Mantengo la ramita de ligustro siempre en una mano, ahora en la

¿QUÉ LE SUCEDIÓ A JUAN?

izquierda. Norma se aleja.

A esta altura de la situación, esa sensación que tenía de hallarme en otra parte, en otro mundo, en otro ambiente, ha desaparecido casi por completo. Ahora estoy sorprendido yo mismo de encontrarme en esta situación inexplicable para los demás. Vuelvo a sentir como una nostalgia por dejar atrás lo que acaba de ocurrirme con Dios.

Dios me tocó.

Otra vez regresa Norma tratando de hacerme hablar, preguntándome qué me pasó. Se agacha junto a mí.

- No te preocupes... No tengo nada. Voy... voy a hablar con Carlos ahora - le digo en voz baja, junto a su oído derecho.

- Ahora, ahora viene. Ya fueron a buscarlo - me responde, sin ocultar su nerviosismo. Y entonces me pregunta una vez más,

- ¿Qué pasó, mosquito? ¿Qué es lo que te pasó? ¿Qué te hicistes? - sus ojos tienen una expresión muy tierna dentro de su angustia, incredulidad, sorpresa. Pero continúo sin poder hablarle de nada de lo que pasó allí junto a la cerca, frente al sol.

Finalmente llega Carlos. Veo que se está dirigiendo a uno de los policías.

No sé cuánto tiempo ha transcurrido ya.

Siento calor, sobre todo en mi espalda desnuda, pero nada que no pueda soportar. Sigue el dolor sordo por la nuca, hombros y espaldas, pero tampoco es nada realmente molesto, no es nada que me incapacite físicamente.

Carlos se acerca a mí.

- Pá, ¿qué pasó pá?

- Carlos, quiero irme a casa - le tomo una mano y le acerco para hablarle bajo, y quedamente agrego - por favor... lleváme a casa.

Carlos se aleja un momento. Ahora habla con alguien. ¿Uno de los policías? Una vez más espero con mi cabeza baja.

Regresa junto a mí. Me dice que le dijeron que tienen que llevarme al hospital.

Le tomo la mano. Lo acerco nuevamente a mí.

- No quiero ir... No lo necesito. Sólo quiero ir a casa, por favor - suplico en voz queda - no dejés que me lleven al hospital... No debés dejarles.

Carlos se aleja. Escucho lo que parece un intercambio de palabras.

Nuevamente regresa Carlos junto a mí.

- Pá, tienen que llevarte. Dicen que tienen que hacerlo. También necesitan saber qué te pasó.

- No quiero... No dejes que me lleven... No hay necesidad. Estoy bien. Deciles... que me caí podando los arbustos - le digo muy quedamente.

Nuevamente se aleja Carlos y regresa de inmediato a explicarme, una vez más, que lo tienen que hacer, que la policía requiere que me lleven al hospital para curar la herida en mi cabeza y examinarme para ver si estoy bien. Me pregunta otra vez lo que pasó, que la policía necesita saberlo. No creen que me caí.

Le digo que me golpeé, al caer de una cerca. Se me ocurre decirle que había tomado la ramita de ligustro que tengo en la mano como prueba, para que supieran dónde ocurrió la caída, que pueden ir a ver los ligustros rotos. No veo ninguna necesidad de ser más específico por ahora con todo este bullicio. Sólo quiero llegar a casa. Allí tendré tiempo sobrado para explicarles lo que pasó, que *Dios me tocó*.

Le explico a Carlos dónde fue, dónde pasó esto, pero no me entendió bien la primera explicación. Se lo repito. Entiende. Él va a ir a buscar mis cosas y eso servirá, además, para corroborar mi historia a la policía acerca de, y dónde, lo sucedido.

Carlos se aleja otra vez.

De pronto veo que un policía se lleva a Carlos y lo ponen dentro de un carro de policía que está adelante de la ambulancia que espera por mí.

Norma viene y me dice algo.

No entiendo y me repite. Es acerca de que la policía se va a

¿QUÉ LE SUCEDIÓ A JUAN?

llevar a Carlos porque él no deja que me lleven al hospital.

Tengo un gran sobresalto. Comienzo a sentir emociones otra vez. Advierto de repente que hay una situación que está por irse de las manos. A Carlos, en su defensa por mí, lo estoy comprometiendo frente a la policía que toma su negativa a que me lleven como una interferencia en un procedimiento policial.

Decido dejarme llevar por la ambulancia, al hospital.

- Voy a ir, voy a... ir - le digo quedamente a Norma tironeando su brazo - voy a ir al hospital.

Norma se lo comunica a la policía.

- Sí va a ir... sí va a ir - escucho que les dice Norma; debe ser gritando ya que yo puedo escucharla.

Todavía sentado en el cordón, siempre jugueteando con las piedrecillas, y sin soltar la ramita, veo aproximarse a alguien a la ambulancia enfrente de mí y abrir su puerta.

Una voluntaria del servicio de emergencia me toma del brazo, me obliga a levantarme y me indica que me acueste sobre la camilla que acaban de bajar de la ambulancia. Quiere quitarme la ramita. Me opongo. No insiste. Mantengo las piedrecillas en la otra mano.

Me atan en la camilla. Boca arriba. Al sol.

¿Qué? ¿Van a ejecutarme?

Quedo por unos interminables ¿segundos?, ¿minutos?, no sé, expuesto al sol. No me suben. Están hablando entre ellos. ¿Esperando instrucciones?, no lo sé, no les oigo. Me dejaron solo.

Uhm... ahora sí voy a quemarme los ojos si sigo expuesto de esta forma al sol.

Perdónalos Señor, porque no saben lo que hacen. De pronto me vino a la mente esta frase de Jesús y me resigno. Ya no siento nada, no me rebelo contra nada. No siento ninguna reacción por ellos que me dejan aquí. No me interesa, de todas maneras voy a casa, a *Casa de Dios*.

Finalmente me introducen dentro de la ambulancia.

Me dejan solo otro rato.

Cierro los ojos. Quiero descansar ahora.

Un golpe. Abro los ojos. Están cerrando las puertas. Alcanzo a ver a Norma que luce angustiada, incrédula. Veo su rostro mortificado, desesperado. Me sigue con su mirada hasta que la puerta ya cerrada nos separa. No puedo ayudarla. No puedo tranquilizarla. No puedo expresar nada aunque no dejo de advertir, de reconocer la situación. Ahora siento pena por ella, nuevamente siento emociones desde hace... ¿cuánto tiempo? que dejé todo para ir al encuentro con Dios, pero no puedo hacer nada.

La ambulancia se pone en marcha.

Atado a la camilla, mirando hacia el techo, no es mucho lo que pasa por mi mente por estos precisos momentos, excepto que espero salir rápido del hospital e irme a casa a descansar. Siento el movimiento del vehículo, sus vaivenes. Me pregunto dónde es que me llevan, aunque sin mucho interés. Trato de seguir el movimiento del vehículo con mi cuerpo. Ojalá lleguemos pronto al hospital. Quiero irme a casa. Quiero que todo esto termine pronto, ya, para que pueda irme a casa.

Al llegar al hospital tratan otra vez de hacerme hablar. Ahora puedo hablar algo, desde que mi negativa antes de subir a la ambulancia puso en riesgo a Carlos.

Al rato de estar en la camilla esperando que me lleven no sé adónde, veo acercarse a mí a Carlos.

Alguien con guardapolvos verde claro habla con él.

Carlos se acerca a mí y me dice que antes de cerrar la herida en mi cabeza tienen que hacerme exámenes de magnetorresonancia cerebral, pues las grapas metálicas no las pueden poner antes del exámen.

- No quiero. No es necesario la magnetorresonancia - le digo muy asustado por posibles efectos de magnetorresonancia en mi cerebro.

Carlos insiste en que tienen que hacerlo y se aleja con esa persona.

Paso un rato en la camilla.

¿QUÉ LE SUCEDIÓ A JUAN?

Gente va y viene por la sala donde estoy.
Alguien se me acerca. Es un joven. Me pregunta algo en inglés. Repite. Quiere saber qué me pasó. Pero antes que yo responda nada, pregunta ahora,
- ¿English? ¿Tú habla español?
- Español - respondo. Sin audífonos es más fácil en mi lengua. El joven se va.
Después viene alguien que habla español. Es una señora. ¿Enfermera? ¿Médica? No lo sé.
Toma mi nombre y algunos datos personales y otros acerca de dónde vivo y trabajo.
- ¿Qué pasó? - me pregunta dejando la tablilla con la forma de datos.
- Me caí de una cerca cuando estaba podando los arbustos; por eso traigo esta ramita en mi mano, para que pudieran saber lo que pasó.
- ¿Allí arriba, en el tope de tu cabeza? ¿No te golpeó alguien?
- No.
La señora se aleja con una clara expresión en su rostro. Obviamente no me creyó lo increíble. ¿Cómo voy a caerme solo y golpearme en el tope de la cabeza? Pero esto es entre Dios y yo.
Después de un interminable rato vuelvo a ver a Carlos. Me dice que no van a dejarme ir hasta completar esos exámenes. Si no accedo, van a mantenerme internado todo el tiempo que el médico considere necesario. Me dice que como ellos no saben lo que me pasó, el médico es el único que puede autorizarles para dejarme ir; ellos no saben lo que puedo tener internamente en mi cerebro y que es su responsabilidad verificar mi condición antes de dejarme ir. No, no pueden dejarme ir así, sin más.
De repente cambio de idea. No quiero magnetorresonancia pero accedo antes de crear problemas a Carlos otra vez. Dios va a protegerme contra la magnetorresonancia en el cerebro.
Le digo a Carlos que voy a permitir que me hagan los exámenes que se necesiten, incluyendo el de magnetorresonancia.

Carlos se aleja.

Nuevamente se acerca la señora que habla español. Quiere saber dónde pasó lo de la "caída".

Le digo dónde pasó. También se lo digo otra vez a Carlos y le recuerdo que todas mis cosas están aún allí. Que las vaya a buscar. Eso ayudará a que crean lo que les digo.

Yo quiero terminar pronto con todo esto. Quiero irme a casa. Luego podré contarles a los míos lo que realmente pasó.

Me dejan solo por otro largo rato.

No sé cuanto tiempo transcurrió hasta que finalmente soy llevado a una sala. Siento el choque del cambio de temperatura en esta sala. Está muy fría.

Viene alguien. ¿Será el médico?

Tengo frío. Pido una manta. Estoy vestido sólo con un pantalón; el aire acondicionado está muy frío. Estoy quieto, sobre la camilla, atado; estoy totalmente imposibilitado de moverme.

No he soltado mi ramita de ligustro ni las piedrecillas. No soy sino un niño; no me siento de otra forma.

Me siento mal aquí.

De repente, arrojo las piedrecillas al suelo. *Este sitio es malo. Representa la muerte.*

Me colocan una sábana blanca. No es mucho pero me cubre algo del frío de esta sala.

Me colocan dentro de la máquina de magnetorresonancia.

Miro alrededor de la máquina, por dentro. No me gusta esto. Ya no me importa lo que me pueda pasar. No siento miedo en realidad. No obstante, no quiero recibir un campo magnético en mi cerebro. No quiero nada como hace dos días atrás. Pero ya no puedo hacer nada. Tengo que aceptarlo ya que no quiero quedarme aquí por más tiempo ni comprometer a Carlos. Casi espero que algo me suceda mientras se me introduce en la máquina. Estoy atento a ver qué es lo que sucede, qué siento en el cerebro.

Siento una vibración en la camilla. Una vez, y otra, y otra.

¡Oh! Están sacándome fuera de la máquina.

¿QUÉ LE SUCEDIÓ A JUAN?

Sí, terminaron los exámenes. No sucedió nada.

Me llevan a otra sala para otros exámenes más rutinarios. Me desatan de la camilla. Me piden muestras de sangre y de orina. Voy al baño, caminando descalzo sobre el frío piso de vinil.

Regreso y otra vez me hacen recostar en la camilla a esperar. Al menos ya no estoy atado a ella.

Tengo frío. Sólo tengo la sábana blanca.

Pasa un rato.

Llegan Norma y Carlos. Norma quiere hablar conmigo sobre lo que pasó, pero le digo que ya vamos a hablar en casa. Ante mi queja de frío, recuerda que fue con Carlos a buscar mis cosas y me alcanza la camiseta, calzoncillo, medias y zapatos que recuperaron del sitio en el que Dios me tocó. Trajeron todo, excepto el crucifijo. Le pregunto por él. Carlos me dice que no lo encontró.

Me pongo la ropa, y el audífono, con el que recupero mi capacidad para comunicarme mejor.

Insisto en que tengo frío.

Al rato, la misma señora de antes me trae una manta. Ahora sí me siento mucho mejor. Estaba demasiado frío; yo sin ropa, y esta gente no se da cuenta de nada.

Norma va y viene. Carlos se fue a su casa.

Paso solo otro rato más.

Regresa Norma.

Finalmente viene un médico para colocarme una grapa en la herida de mi cabeza. Me dice que no es muy grande, solo mucha sangre. Quiero saber cómo es, pero no quiero mirarme en ningún espejo. Le pregunto a Norma. Se acerca y mira. "No, no es grande", me confirma.

El médico me informa que debo regresar en una semana para quitarme la grapa. Siento una sensación de decepción pues yo esperaba que todo esto hubiera terminado hoy, aquí. No me gusta pensar que tengo que regresar, pero no me preocuparé de esto hasta que tenga que venir.

El médico se retira.

Quedo, una vez más, a la espera.

El tiempo transcurre muy lentamente. Quiero irme ya, por favor.

Llega nuevamente la señora que me había traído la manta para informarme que todo está bien conmigo, con mis exámenes. No han encontrado nada de qué preocuparse.

Le pregunto cuándo van a dejarme ir a mi casa.

- Pronto. Falta poco. Solo un trámite administrativo más y quedará libre para irse - me responde y agrega que antes debo pasar por la oficina del administrador, que aún falta algo más, no mucho, pero hay algo más.

Se va. Vuelvo a quedar solo. No veo a Norma, debe haber salido otra vez.

Todavía mantengo la ramita en mi mano.

Ahora viene un señor. Dice que es el administrador. Quiere revisar mis datos y también quiere saber quién va a pagar por todo esto. Debo firmar unas formas, un compromiso de pago; también, recibir información de que hay disponible cierta ayuda potencial para pagar si yo no puedo hacerlo.

Me pide el número de seguro social.

No puedo dejar de darle mi número de seguro social como lo habría hecho en otras circunstancias para obviar, eventualmente, una responsabilidad de pago por este servicio que yo no busqué y que dije que no hacía falta. Ni siquiera era necesario cerrar mi herida en la cabeza, yo lo habría hecho por mí mismo; y no era necesaria la magnetorresonancia, no. Pero no me queda otro recurso que acceder. Pienso en todo esto y me digo que aunque yo no me busqué esto tengo que aceptarlo. Después de todo yo sé exactamente lo que me ocurrió, y eso es lo que me importa, nada más: *Dios me ha tocado. Dios está conmigo.* Por otra parte, no puedo mentir, ya no. No puedo hacer eso; no. Aunque yo no debiera pagar por algo que no pedí, tengo recursos y estoy debidamente documentado. Además, ellos no saben lo que pasó y están actuando para bien frente a alguien que no les puede explicar

¿QUÉ LE SUCEDIÓ A JUAN?

convincentemente lo que le ocurrió, y a quién le encontraron en circunstancias extrañas (para ellos).

Le doy mi número de seguro social y me siento aliviado.

El administrador se va.

Transcurre otro rato interminable.

Regresa para decirme que ya puedo irme.

Finalmente, vestido con la misma ropa con que salí esta mañana de casa para trabajar, ya puedo dejar el hospital.

Salimos caminando juntos, Norma y yo, aunque sin hablar.

Ahora veo que me trajeron al hospital de Fort Bend en Missouri City. No había prestado atención mientras llenaba las formas del hospital.

Rumbo a la camioneta pasamos por debajo de frondosos árboles que me hacen sentir muy bien. Es bastante pasado el mediodía; son casi las tres.

Por el momento, por una parte siento como si no hubiera pasado nada; por otra parte, es como si se hubiera roto un encantamiento. A los ojos de los demás, como me dijo Norma, nada de lo que pasó tiene explicación. Yo sé lo que me pasó, pero siento que tengo que dejar pasar necesariamente un tiempo. Tengo que reflexionar. Ahora no voy a pensar en esto. Sé lo que me pasó, pero no estoy preparado para explicarlo adecuadamente a nadie.

Dios está conmigo, de alguna manera. Dios me tocó, allí donde de alguna forma Él me golpeó. La herida de mi cabeza me lo confirma. Estoy absolutamente convencido. No hay ninguna otra explicación. No hay lugar, en mi mente, a ninguna duda con respecto a este acontecimiento, a esta experiencia espiritual. El médico y otros en el hospital no creyeron que yo me haya golpeado en el tope del cráneo al caerme, como les dije, pero es que no puedo contarles que en realidad yo *fui arrastrado hacia atrás*. No, no siento que ahora es el momento para comenzar a explicar. Debo descansar. Tengo yo mismo tengo muchas preguntas que responderme y no sé aún por dónde comenzar, aunque yo sí sé, perfectamente, cuál es la naturaleza de esta extraordinaria experiencia. "Sí, yo lo sé, lo sé", me repito sin cesar. *Dios me tocó. Dios... ¡Dios me tocó!*

Llegamos a casa.

Estoy de regreso; finalmente en casa, después de tanto esperar este momento en el hospital.

Viene Casey al escucharnos abrir la puerta de entrada. La miro y me siento ahora como si estuviera llegando de un largo viaje.

Nos preparamos para tomar té.

Norma se muestra alternadamente preocupada y disgustada. Ella no puede tener idea de lo que pasó. Entiendo su reacción.

No ceso de repetirle a Norma que es algo extraordinario lo que me ocurrió. Trato de explicarle que, de alguna manera, Dios me tomó, me alzó cuando la luz del sol entró a mi cerebro a través del crucifijo pasando por mis ojos, y me llevó hacia atrás, golpeó mi cabeza en el concreto para rearreglar mi cerebro; sí, eso. O tal vez me tomó de mis pies, como cuando fui dado a luz, como hacen los médicos con los recién nacidos, para darme un golpe de vida, de nueva vida re-arreglando mi cerebro.

Norma no me cree. Lo siento en su mirada, pero no me dice nada ahora. ¿Qué haré para explicarme? Entiendo a Norma, pero me gustaría que me crea. Quiero compartir con ella lo que pasó. ¿Con quién podría querer más compartir mi encuentro con Dios? De acuerdo, ella no puede entender, pero, ¿por qué no me cree? Bueno, no es nada fácil creer esto, sí ya lo sé. ¿Cómo voy a hacer?

Voy a la oficina. Miro alrededor.

¿Cómo voy a hacer para explicar todo esto?

Dios me sacó del infierno hace dos días, y hoy... ¡hoy me tocó! ¿Qué significa esto?

Fue Dios, fue Dios otra vez. *Dios me tocó.*

Veo la cantidad de papeles desparramados desordenadamente sobre el escritorio de trabajo de BCHS.

Hoy no hay titileo rojo en el teléfono.

¿QUÉ LE SUCEDIÓ A JUAN?

Por un instante pienso en el programa que tengo que preparar para mañana. No me importa ahora.

Ahora pienso en los muchachos, ¡mis muchachos! ¿Qué pasó con ellos?

Llamo a Norma para preguntarle sobre mi gente y la camioneta. Me dice que Carlos fue a buscarlos después que uno de ellos lo llamó por teléfono, que estuvieron esperando y esperando por largo rato por mi regreso después que me alejé para ir a orinar, que no tenían explicación. "¿Qué pasó con don Juan que se fue hace largo rato y no regresa? Aquí estamos todos esperando para terminar el 'jale' (trabajo)".

Norma se vuelve a la cocina y yo me quedo pensando en la situación desconcertante para mi gente, pero no por mucho tiempo; regreso a lo ocurrido esta mañana conmigo desde que la tierra comenzó a temblar y yo supe que tenía que dejar todo.

El temblor fue la Señal.

No dudé en irme. No hubiera podido dejar de irme. Dios estaba llevándome a buscar el sol, la luz. Dios estaba llevándome a ese parque de estacionamiento de la iglesia, sí, a pesar de ser el punto más concurrido del área.

Dios ya lo tenía previsto todo en el momento preciso... ¡eso es!

Dios me tocó.

Ya no me duele el cuello.

Me llevo la mano derecha a la cabeza acercando suavemente el dedo medio adonde tengo la grapa. La toco. No me duele. Noto que tengo empastado el cabello alrededor de la herida. Miro mi dedo, no veo nada de sangre. Todo está bien.

Que tenga esta herida en este punto del cráneo constituye mi mejor confirmación para los demás, no para mí que no la necesito, que algo extraordinario pasó. Por otra parte, sí me gustaría saber cómo lo hizo Dios.

Regreso al comedor diario, y otra vez a la oficina, y otra vez al comedor diario abriendo la cortina que permite ver el patio.

Norma está parada frente al ventanal, mirando el patio, molesta por el desenlace de este día que tanto había estado esperando para descansar un rato, regar las plantas, ocuparse mejor de su lorito, ir a ver los fuegos artificiales en la noche, quizás, a pesar de que yo le dije esta mañana antes de salir que no estaba para eso luego de lo acontecido antenoche.

Acaba de venir Carlos.
Otra vez revisamos lo ocurrido.
Entrada la tarde, llega Mariano desde San Antonio.
Norma se sorprende y su sorpresa me sorprende a mí. "¿Acaso no le llamaría ella por teléfono?", me pregunto, pero ahora, de repente, me encuentro dándole vueltas y vueltas otra vez pensando cómo fue que Dios me golpeó la cabeza. Fue Dios, no lo dudo, pero, ¿cómo lo hizo realmente?

Le cuento rápidamente a Mariano lo que ha ocurrido, entre interrupciones de Norma.

Mariano no puede entender tampoco cómo me he abierto la herida ahí, en el tope de mi cabeza. Le digo que Dios hizo algo. Mariano cree que de alguna forma caí y me golpeé contra la cerca. No fue allí, le digo, fue en el concreto del estacionamiento. Insisto en la imposibilidad de que haya podido caerme de tal forma que me golpeara el tope de mi cabeza, en la coronilla craneal; no pude haber saltado tan alto como para elevarme lo suficiente para aterrizar de cabeza. Y si acaso lo hubiera hecho, me habría roto el cuello. No, yo no salté ni me caí. Eso es imposible, absolutamente. Es muy obvio lo que digo.

- Un palo por la cabeza es lo que te dieron - me dice Mariano riendo, más sorprendido por todo lo que oye que por otra cosa.

- Sí, eso es. Te dieron un golpe por andar así, así... desnudo, hecho un loco... ¡desnudo! ¡¡desnudo!! No puedo creer, no puedo creeeer... ¡Dios mío! - agrega Norma.

- Si alguien me hubiese visto habría llamado a la policía, ¿no?, además de darme un golpe - le digo, y agrego - ¿Acaso no creés que la hubieran llamado?

¿QUÉ LE SUCEDIÓ A JUAN?

- ¿Nadie? ¿Nadie... te vio? - se sorprende ella misma ahora.
- No. Es obvio... ¿no? De haberme visto alguien me hubieran llevado. No, nadie me vio. Dios lo dispuso así, hoy es 4 de Julio, feriado. Dios lo dispuso de forma que sucediera cuando era posible, de la manera que sucedió...
- Una pelota perdida de golf... - aventura ahora Carlos en relación a algo que yo mismo dije antes, que incluso si algo así hubiese realmente sucedido, se trataría de un evento que habría sido empleado por Dios para llevar a cabo Su acción.

La acción de Dios es innegable. No importa el medio que Dios haya empleado. Pero una pelota de golf es absolutamente imposible. La más cercana cancha de golf está demasiado lejos, a varios bloques del parque de estacionamiento de esa iglesia que está en una urbanización muy densa.

- Tampoco encontraron, ni vos ni tu madre, ninguna pelota en el estacionamiento - le digo a Carlos, aunque esta posibilidad no es real.
- Se la habrán llevado ... - insiste sin convicción, o bromeando, no sé.
- ¡Oh... sí, sí! Se llevaron la pelota de golf y no mis cosas, las que ustedes recogieron, entre ellas mi billetera con las tarjetas de crédito... - le digo bastante molesto porque no creen en lo que yo experimenté, sentí, cuando fui arrastrado. Yo lo sentí todo, aunque no vi nada... y luego el golpe, metros atrás de los arbustos. Yo sé lo que experimenté. Yo lo sé.

Sí Dios mío, yo lo sé. Fue algo extraordinario.

Les dejo ensayar explicaciones que no caben en mi mente.

Salgo al patio y voy hacia el riachuelo. Los tres me siguen, hablando entre ellos. Les escucho como ecos en mi mente.

Casey se nos une y pasa al frente de todos. Chester nos escucha desde el garage y se pone a ladrar lastimeramente. "Ya iré a sacarlo", me digo, luego de titubear acerca de hacerlo ahora.

Carlos recibe una llamada y decide irse a su casa.

Me siento inquieto ahora pensando otra vez en todo, en que

necesito entender todo aquello que se me dijo, que se me *imprimió en la mente*. Dios me habló, eso es. Por algo lo hizo. Tengo que entender por qué primero la experiencia del infierno y hoy esto, *un encuentro con Dios.*

Mariano me sigue hasta la orilla del riachuelo que corre algo más allá de nuestro patio, y se detiene mirando el agua; yo me siento en un trozo de una rama caída del gran árbol cercano a la orilla a cuyo pie está, y que dejé hace tiempo, después que un rayo cayó en este árbol y la derribó. La dejé precisamente para sentarme aquí, cuando vengo, aunque sea muy de vez en cuando en los fines de semana, para pensar por un rato en todo y en nada. Es un espacio abierto bajo el viejo árbol, a la vista del hilillo de agua que tiene un efecto siempre místico.

Mariano se sienta a mi lado, me toma de mi hombro y me estrecha contra él. Le digo que todo va a estar bien, que Dios me tocó aunque no lo entiendan.

Acostada en la hierba enfrente nuestro, Casey vuelve la cabeza y nos echa una mirada.

Se nos une Norma, aunque silenciosa, que se había quedado retrasada, cabizbaja, luego de despedirse de Carlos.

Nos levantamos y seguimos caminando muy despacito a orillas del riachuelo.

Luego de un rato, Mariano luce más tranquilo. Había llegado asustado y preocupado. A mí también me hace sentir bien el verle mejor a él. Cualquiera sea la forma en que su madre haya podido presentarle la situación por teléfono, no solo la misma confusión y actitud de ella sino la mención de que su padre había sido hallado por la policía mientras caminaba perdido (a los ojos de los demás), semidesnudo, herido en su cabeza, luego llevado al hospital, a la sala de emergencia, habría creado en mi hijo mayor un cuadro con un matiz definido sólo por el alcance de su imaginación echada a volar. Lo entiendo, y me duele, pero no puedo negar lo que ha ocurrido. Ahora tengo que encontrar yo mismo, para mí, la explicación a todo lo que vi mientras estaba en otra... ¿di-

¿QUÉ LE SUCEDIÓ A JUAN?

mensión?, ¿otro universo?, mientras caminaba por Austin Parkway hacia el boulevard Commonwealth. ¿Como vi desde allí el cruce en la ruta Murphy que se suponía que tenía que hacer con los ojos cerrados?

Ahora, después de caminar por un rato junto al riachuelo y de haberle contado, una vez más y lo mejor que pude, acerca de los aspectos más importantes de lo ocurrido hoy, si bien Mariano está bastante más tranquilo porque nada serio ha ocurrido físicamente, manifiesta otra vez su desconcierto frente a lo que he contado. No puede asimilar todo lo que participé. Su rostro, sus expresiones no dejan lugar a muchas palabras.

- Vos decís que fue Dios... pero no entiendo cómo pasó todo eso que vos... y Carlos... y mamá me dicen - dice Mariano con voz entrecortada por la incredulidad y preocupación de que yo pueda tener algo mentalmente, como hace un rato me dijo con gran cuidado en su tono.

- No - repito. - Fue Dios. Algo que creí me llevó a tocar sus puertas, y Dios respondió. Sí. Lo hizo, aunque advirtiéndome también. Yo estaba buscándolo, pero como yo estaba frente a Él, fallando de alguna manera, no podía hacerlo. Como estamos todos es que no podemos, aclaro ante su expresión de asombro; por algo Dios me dijo *"No puedes subir así"*. Dios quiere que Le busquemos, yo, todos, sí, pero de otra forma. Por eso me tocó. Es Dios Quién estuvo conmigo. ¿Acaso no podés creer que es así? Ahora tengo yo que ponerme por un tiempo a entender todo lo que en realidad Dios me dijo.

Mariano vuelve su mirada hacia el tope de mi cabeza.

- No sé cómo hizo lo que hizo - continúo ante su pregunta no formulada - pero Dios lo hizo. Creo que me tomó de alguna forma, de los pies, y dándome una fuerte sacudida contra el suelo de concreto del estacionamiento, golpeó mi cabeza, como hacen los médicos para provocar una respuesta en el recién nacido. Estoy seguro. Fue Dios, sí. Fue a través de la Luz. Dios me ha tocado.

Un rato más tarde Mariano emprende el regreso a San Antonio, después de que yo le asegurara que todo va a estar bien conmigo. Por un momento pensé irme con él. Luego cambié de idea. No hay razones. Ya me siento mejor. Sólo tengo que entender la relación entre todo lo ocurrido. Por otra parte, tenemos que trabajar mañana.

Quedo en el frente de casa por un rato, luego de verlo irse.

Dentro de la perplejidad por lo ocurrido, por una parte, porque *Dios mismo me tocó*, esto está muy claro para mí, y frente a una creciente inquietud al ver que me encuentro solo frente a esta experiencia, por otra parte, me siento realmente afortunado. No es para menos, *¿es que hay algo mejor que ser tocado por Dios?* No obstante, muy dentro de mí me siento muy solo al no poder compartir, intercambiar todo lo que ocurrió siendo algo de Dios. No, no pueden creerlo. Me doy cuenta que es difícil, primero "ir al infierno" y decir que Dios tiene algo que decirme, y luego aparecer "perdido", herido, y decir que Dios me tocó, y entonces esperar ser creído.

Cenamos tarde Norma y yo.

Obviamente, ya no se me ocurrirá tomar cerveza ni ninguna clase de bebida alcohólica. Jamás volveré a hacerlo. No importa qué tanto hayan tenido que ver, poco o mucho, si acaso, mis abusos previos para desencadenar biológicamente la manifestación de la noche del 2 de Julio, yo sé de la Presencia de Dios en esa experiencia. Es innegable. Frente a ella voy a cambiar irrenunciablemente. Es mi determinación final, absoluta.

Luego de haber preparado como pude, nuevamente a mano, los programas de trabajo para mañana para Norma y para mí, y preparándome mentalmente frente al atraso de casas que tendremos que enfrentar el resto de la semana dadas las circunstancias ocurridas hoy, aprovecho que hay que sacar los dos perros a caminar para pedirle a Norma que me acompañe.

Vamos caminando despacio, por la calle.

¿QUÉ LE SUCEDIÓ A JUAN?

Recuerdo cuando caminábamos en las noches en Sugar Land, unos pocos años atrás, Norma apenas llegada de regreso de Venezuela a donde había ido a vender nuestro apartamento en Caracas. Ella había tenido que viajar sola mientras yo buscaba trabajo aquí, a pocos meses de haber llegado a Texas. Allí, sola, el abuso de cierta gente en la que confiaba, el aprovechamiento, la hipocresía, interés desmedido, la habían simplemente destrozado y dejado en un estado emocional lastimoso. Su susceptibilidad y vulnerabilidad natural no le ayudó a protegerse. Norma se enfrentó solita, por sí misma, al mundo, a la jungla salvaje en que se han convertido nuestras sociedades por el materialismo desmedido y la deshumanización que acarrea. Regresó a Texas y a nuestro nuevo hogar en un estado crítico, emocionalmente destrozada.

Por aquellos días salíamos todas las tardes, un rato antes de caer la noche, a caminar. Yo le hablaba de fe, valor, confianza en nuestra capacidad de superación ante cualquier circunstancia por la que nos tocara pasar. Y le decía que dejara atrás esa experiencia horrible, resultado de la mezquindad de la gente cuando se deja llevar por sus afanes materiales; que no temiera, que nosotros tenemos a Dios, confiamos en Dios para que nos guíe. Poco a poco Norma fue recuperándose, y otra vez los sueños, planes y el entusiasmo regresaron a ella. Una tarde una culebra cascabel se cruzó frente a nuestros pies, desde el césped del cantero al lado de la calle hacia el terreno al otro lado de la acera. Le dije que no se preocupara, que nada va a ocurrirnos, mientras la culebra se alejaba lentamente frente a sus ojos de repente bien abiertos y apretándome muy fuertemente mi mano, haciéndome sentir algo muy profundo en ese apretón, más allá de su temor. Yo no lo dije por la culebra, sino pensando en nuestra situación, en la que quedábamos al sumarse su experiencia a otra muy reciente al haber enfrentado, poco antes, ambos, el engaño de quién nos "ayudó" a venir a Texas. Le hice ver que, a pesar del engaño, ese hombre nos había dado información de extraordinario valor que nos abría las puertas de este país, legalmente, con nuestra propia corporación, sin demoras; que después de todo, tener la experiencia de recomenzar nuestra vida en este país era el propósito familiar fundamental, y ese propósito sólo dependía de los dos, de ella y de mí.

Ahora yo la necesito, aunque en circunstancias diferentes.

Esta vez es Dios Quién me ha estimulado a mí a buscarle para entenderle, lo sé, y mi confusión es sólo consecuencia de mis actos y de mi propio estado interno frente a Él, y yo voy a buscar entender todo lo que significa mi encuentro con Dios.

Sí, yo necesito que Norma me crea. Siento como si esta experiencia mía con Dios nos separara de alguna manera, como si nos impidiera comunicarnos cuando debiera ser todo lo contrario; y al mismo tiempo entiendo el escepticismo de Norma, pero me duele, y tal vez por mi propia incapacidad para estimular que me crea.

"Fue Dios. Fue Dios. Dios me habló", me digo en silencio mientras caminamos.

Nuevamente se me pasan imágenes de mi "caminata por... ¿otro universo?".

Asombrado y algo temeroso o confundido mientras estoy recordando, me toco otra vez la cabeza. Palpo la herida. Está bien.

- ¿Por qué no vas a un médico especialista para que te revise y te haga los chequeos necesarios para ver si es que tenés algo que no sabés? - insiste Norma. Ya me lo pidió en la tarde.

- No Norma, no voy a ir. No lo necesito. No es necesario. Es a Dios a Quién...

- ¿Cómo sabés que no tenés nada? ¿Acaso no tuviste ese golpe? ¿No estuviste desnudo?... ¿Qué es lo que estabas pensando? ¿Qué te llevó a hacer esa locura? -. Ahora cambió el tono de voz.

- Ya te lo dije; Dios me tocó.

- ¿Cómo que Dios te tocó? ¿Así, andando desnudo?

- ¿No te expliqué que era un Mensaje, que yo no podía "subir así"? Quería decir... desnudo... en espíritu. Quería decir subir a Dios con mi espíritu.

¿QUÉ LE SUCEDIÓ A JUAN?

- ¡Pero te desnudaste de verdad!, con todo al aire. ¿Cómo es posible esa vergüenza?
- Yo sólo hice lo que entendí en ese momento. Yo estaba en otro... no sé como decirlo, algo me decía lo que tenía que hacer y yo lo hacía... Era Dios, obviamente.
- ¿Y si te hubieran visto así?
- Ya ves. Dios estaba conmigo. Dios estaba a cargo. Eso no sucedió a pesar de estar en la esquina frente al cruce de las dos avenidas más importantes y transitadas...
- ¡Hay iglesias ahí! ¡Mirá, pensá si te hubieran visto! - insiste.
- ¿No te das cuenta de que esto sucedió hoy, 4 de Julio, feriado, cuando había menos movimiento en la calle? Dios lo sabía e hizo los arreglos para que eso sucediera en el momento preciso. Es Él, Dios, Quién pudo vigilar todas las condiciones, el movimiento de todos. Tenés que creerlo...
- ¡Y dále con Dios! ¡El demonio fue! ¡El demonio te hizo hacer esa locura! ¡Dios no hace eso! - estalla ahora.
- Norma, no sabés lo que decís... por favor...
- ¿Por qué no vas al médico? - y cambiando su tono de voz agrega - hacélo por mí, ¿eh?
- No se trata de no hacerlo por vos. Es una cuestión de fe. Yo lo sé, lo sé. Si yo voy al médico, entonces es invalidar, rechazar, negar la acción de Dios, porque yo lo sé. Está en mí. No voy a negar a Dios que está conmigo. No me entendés, bueno, pero tenés que creerme. Y si no me creés, tenés que aceptarlo...
- ¿Aceptar? ¿Aceptar qué? Primero te llevan al infierno... no, ¡vos te llevaste al infierno! y después... después te viene esta loquera de andar desnudo por ahí. Te encuentra la policía perdido, descalzo, con no sé qué en la cabeza, y este señor... ¡ido!... ¡perdido!... sin poder hablar una palabra. Y después sale con que ¡Dios lo tocó!

Norma cree que no quiero complacerla por capricho. Por eso reacciona agresivamente. Pero no. No es eso. Es una cuestión de fe a la que no voy a renunciar. Dios me tocó. Sí. Fue Dios. "Y yo no voy a negarlo ahora", me repito. No voy a renunciar a Dios, no me importa lo que me cueste pasar.

- ¿Qué hubieras hecho si la policía te hubiera encontrado así, todo desnudo, cuando estabas haciendo... eso... eso en el concreto, ahí, como dijiste... aj... aj... eh? ¿Qué clase de sátiro, de... de depravado sexual hubieran pensado que habrían encontrado? ¡Ay, Dios mío, Dios mío, qué vergüenza... qué vergüenza! ¿Y tus hijos? ¿Qué pensarían ellos?

- Yo tendría que aceptar las consecuencias. No voy a negar a Dios porque me lleven a la cárcel. ¿Acaso no mataron a Jesús por decir que era hijo de Dios? ¿No lo hicieron instigados por quienes se decían a sí mismos "celosos custodios de la fe"?

- ¡Epa, epa! Momentito. Vos no sos Jesús que yo sepa, ¿eh?

- No. Ojalá yo lo fuera, que me acercara él. Pero Dios estuvo conmigo. Fue Él. No voy a negarlo. Con el tiempo sabré todo. Es una cuestión de fe. Tengo que esperar ahora, y ya voy a entender todo. Voy a buscar las respuestas en Dios, ¡en Dios!, ¿entendés?, y no en ningún médico. Dios no va a dejarme, lo sé.

- Pero... ¿y lo del infierno, el otro día?

- Fue Dios también. Para advertirme sobre algo que hice mal cuando estaba pensando, tratando de...

- ¡Todo el mundo hace cosas y no a todos se les presenta el infierno! Si todos los que hacen mal, que dañan, fueran llevados ahora al infierno, no se salva ninguno en esta Tierra de ir allí, ¡ninguno! - explota Norma.

Chester dio un respingo.

Le digo a Norma que baje su voz, y explico,

- Yo toqué a las puertas de Dios, y Dios me respondió. Pero también advirtió que como yo estoy, así no me quiere; no estoy comportándome como para tocar a Su puerta. Eso es lo que pasó, en simples palabras.

- ¿Qué fue lo que vos hiciste? ¿Hay algo que yo no sé?

- No. Hice algo con mis pensamientos, ya te lo dije. Escribí algo que estaba mal, que no era correcto. Además, es la condición

¿QUÉ LE SUCEDIÓ A JUAN?

en que Dios me quiere ver si estoy buscándole de verdad. Tengo que mejorar, tengo que cambiar. Si estoy buscando a Dios, Dios quiere que cambie. Yo hice un acto de fe muy profundo y Dios respondió. Yo le llamé. Sí, yo le llamé; y Dios me respondió, Dios me tocó, y de alguna forma me indica algo que tengo que entender, y para eso necesito tiempo.

- ¿Y por qué Le llamaste? ¿Qué hiciste?
- Siempre lo he hecho, en mi corazón. Ahora lo sé, definitivamente.
- ¿Por qué ahora? ¿Por qué ahora con tanto trabajo que tenemos por delante? ¿Por qué ahora se te ocurrió llamar a Dios? ¿No pudiste buscar otro momento para llamar a Dios, eh?
- Porque ahora tuve un estímulo que antes no se me había presentado, algo especial cuando leí ese artículo sobre el universo y la eternidad...
- No me vengas otra vez con eso, ¿eh?, que un artículo te va provocar todo esa...
- Es verdad lo que te digo. No me estás entendiendo. No me estás siguiendo...
- Es por lo de tu hermano, ¿verdad?
- Norma, ¿cómo creés que Dios va a manifestarse de la manera que lo hizo conmigo porque mi hermano se fue a trabajar solo, por su cuenta?...
- ¡Yo no sé si fue Dios!
- ¿Có... cómo creés que Dios va a manifestarse por una tontería como esa?...
- ¿Tontería, tontería?, dejarnos solos cuando empezaba tanto trabajo... ¿eh?
- No... no, no. No tiene nada que ver; nada, nada que ver. Si hay algo malo en nuestras acciones, en nuestras relaciones, mi hermano y juan de los palotes, o con quién sea, yo no lo sé, no es el punto ahora, no es algo por lo que Dios vaya a manifestarse como lo hizo conmigo. Esos son asuntos que debemos arreglar nosotros. Dios no tiene que ver en nuestros asuntos materiales.

No, no. Dios tiene que ver con mis pensamientos en la eternidad, por el sentido real de la vida, por la búsqueda de la Verdad...

- No te creo. No me decís la verdad por apañar a tu hermanito... del alma.

- Es la verdad lo que te digo. No puedo decirte sino la verdad. No vas a escuchar otra cosa de mí.

- ¡Desnudo! ¡Dios mío! - regresa otra vez a lo mismo - ¡Cualquiera pudo haberte dado un palazo en la cabeza!... Cosa de Dios, ¿eh? Dios no hace eso, no hace eso... ¡no!, no hace eso.

Decido no continuar. Dejo esto por ahora.

El enojo de Norma es porque de verdad cree que yo no quiero aceptar que la salida inesperada de mi hermano de nuestro negocio me perturbó, que me afectó a tal grado de conducirme a esta "fantasía con la que me salís ahora" que le estoy contando; ella cree que me ha afectado a tal punto como para buscar un escape de esa realidad que no quiero aceptar. No puedo convencerla de lo absurdo que es que crea eso frente a lo que sucedió, y a lo que le explico sobre todo lo que ha venido ocurriendo, y frente a mi manera de ser, siempre; de ser inmune, inafectado por las cosas normales de la vida que no tienen importancia para mí. Creo que cuando lo digo esto último se pone peor, como interpretando que a mí no me importa nada, y no es eso, no es que no me importe nada sino que, lo que sea, lo vamos a resolver. Bueno, es mejor que no insista por ahora.

Regresamos, llevo a Chester al garage, Casey queda en su alfombrita, abajo.

Salimos al frente de la casa.

Escuchamos numerosos ladridos de perros en el vecindario, algunos de ellos suenan realmente lastimeros. Obviamente ya han comenzado con los fuegos artificiales. Muchos animalitos se asustan con las explosiones.

Nos vamos a dormir.

¿QUÉ LE SUCEDIÓ A JUAN?

Subimos a nuestro cuarto.

Apenas pasado un rato en la cama, me levanto y salgo. Voy al cuarto de Omar otra vez. Algo hay en nuestra habitación que me perturba y no puedo permanecer en ella.

(*)
Mosquito es el sobrenombre que Norma me dio en nuestro tiempo de novios, a causa de mis manos no siempre en su lugar cuando me encontraba junto a ella, solos.

Después del 4 de Julio

5 de Julio.

Excepto por el impacto todavía fresco por la experiencia de ayer, esta mañana me levanto listo para irnos a trabajar. No siento nada que me indique algo en contra de trabajar, solo un ligero dolor en la nuca y hombros, aunque nada para preocuparme. He dormido, aunque de a ratos. Fueron experiencias muy fuertes las del lunes y ayer, y por ahora sólo estoy seguro de la intervención de Dios en ambas.

Sigo la rutina diaria usual.

A punto de salir para el taller, recojo mi teléfono y las listas de trabajo que preparé otra vez a mano anoche sacando copias de las de la semana pasada y agregando las casas que se quedaron sin hacer ayer. Son dos largas listas que obviamente no se van a completar hoy, y no sé si se podrá recuperar todo el programa hasta el sábado. Ya veremos.

Recuerdo que tengo pendiente resolver el problema de la computadora que se congeló y los archivos de BCHS que se borraron.

Salimos.

Nos ponemos rumbo al taller, siguiendo la consabida ruta de todos los días. Yo estoy manejando la camioneta. Salimos de la East Pebble Beach, nuestra calle, estamos cerca de la esquina, tomo la avenida Cartwright a la izquierda, hacia el oeste, para llegar al cruce con la ruta Murphy en cuya intersección tengo que doblar a la derecha, y de allí por la Murphy seguir hasta la calle Cinco, que está a unos tres cuartos de milla, más o menos, y finalmente por ésta, a la derecha de la Murphy, hasta el taller.

En el cruce de Cartwright y Murphy la luz del semáforo está en rojo para quienes venimos por la avenida Cartwright; está en rojo para continuar recto hacia el oeste, hacia la avenida Dulles. Pero yo puedo cruzar a mi derecha ya que no hay tráfico viniendo por la ruta Murphy desde el sur. Puedo doblar hacia mi derecha sin problemas.

Ya casi sobre el cruce reduzco la marcha, y doblo hacia mi derecha.

- ¿Qué hiciste? - da un grito Norma, y agrega - ¡Te pasaste la luz roja! ¿Viste lo que hiciste? ¿Te das cuenta de lo que hacés?

- No - le respondo, y agrego - no me la pasé. Estaba en rojo pero yo podía doblar hacia la derecha.

- Ni sabés lo que estás haciendo - me increpa muy molesta.

Me doy cuenta que dudo. "¿Estaré yendo, con mi mente, más rápido que la luz?", me pregunto para mis adentros. Tal vez. Puede haber pasado eso.

Llegamos al taller.

Me bajo a abrir el portón corredizo de barras verdes mientras Norma se mueve al volante y se va a buscar los muchachos.

Una vez en el taller, muevo las camionetas con sus traileres, como es usual.

No dejo de pensar en lo que me dijo Norma.

Podría haber estado yendo muy rápido con mi mente mientras conducía y, si esto es así, si esto es verdad, podría cruzarme con algo sin verlo por estar pasando en otro tiempo diferente al mío. Podría ocasionar un accidente. Creo que mejor no manejo la camioneta de trabajo hoy. Tomo la decisión. Es mejor. Vamos a reunir los dos grupos en uno. No, no. Es mejor aún que Carlos se lleve una de las camionetas, la mía, con mi grupo de muchachos, y yo me voy en la otra con Norma y su grupo.

Carlos llega y le digo lo que acabo de decidir. Está de acuerdo.

Cuando Norma regresa con los muchachos también le comunico mi decisión de no manejar hoy. Le digo lo que pasó por mi mente, que no quiero que ocurra un accidente. Está de acuerdo, y

¿QUÉ LE SUCEDIÓ A JUAN?

me repite lo que acabo de decirle, que ella va a manejar una camioneta, yo voy a ir con ella, y que Carlos manejará la otra camioneta, que así está bien. Parece que de verdad ella también cree que no estoy en condiciones de manejar la camioneta de trabajo hoy. Noto un alivio en ella ahora con la decisión mía de ir a trabajar juntos y creo que me repitió todo sin darse cuenta que lo hizo expresando su alivio.

Los muchachos han sido informados de esto. No sé qué pensarán. En realidad, no me preocupa en absoluto nada de lo que piensen o especulen los demás sobre lo que ha ocurrido ayer conmigo. No me avergüenza nada, no veo motivo para ello. Es el toque de Dios. Yo más bien quiero participarles todo lo que sucedió, y cómo sucedió. Luego lo haré; sí, ya habrá tiempo.

He sido tocado por Dios. ¿Qué mejor cosa podría un hombre esperar en esta vida?

Mientras reorganizamos todo de esta manera pienso que este cambio de hoy me va a dar la oportunidad de hablar con Norma.

Carlos ayuda a rearreglar todo.

Veo que Norma sigue mis pasos alrededor de la camioneta y dos o tres veces mira a los muchachos. Quisiera decirle que no hay nada de qué preocuparse, pero temo que sólo sirva para lo contrario y permanezco callado.

Finalmente salimos a trabajar con el nuevo plan.

Esta mañana vamos a comenzar por Nuevo Territorio (New Territory), para luego continuar por Greatwood.

Todo luce bien.

Vamos a cargar gasolina mientras los muchachos desayunan.

Nadie me ha preguntado nada sobre el hecho de que los dejé ayer a los míos. Saben lo que pasó conmigo porque el grupo de Norma estaba con ella en la camioneta cuando pasaban por la esquina de Austin Parkway y el boulevard Commonwealth para ir a almorzar. Fue Antonio, uno de sus muchachos, quién normalmente se sienta adelante, a su lado, que le dijo asombrado y elevando su natural baja voz - es don Juan... Señora Norma, ¡es don Juan! - cuando Norma se preguntó en voz alta qué es lo que estaría ocurriendo que había ese despliegue policial, ambulancia y bomberos. Norma me lo contó ayer cuando salíamos del hospital. Sus muchachos se preguntaban entre ellos qué es lo que habría pasado conmigo, y luego querían saber más por Norma después que me llevaron en la ambulancia.

Nos demoramos un rato más de lo usual en la gasolinera.

De pronto, la confianza que sentía esta mañana, temprano al levantarme, para trabajar, comienza a quebrarse. No sé qué es lo que me pasa realmente, pero es algo... es algo, no sé definir. No me siento seguro. Algo comienzo a sentir en mí... extrañas reacciones de mi cuerpo, además de algo mental, muy profundo.

¿Por qué tengo la seguridad de que mis pensamientos marchan en mi mente a la velocidad de la luz? "No quiero entrar otra vez a pensar en algo erróneo, pero tampoco me puedo permitir poner en peligro a nadie", me digo.

Siento los ruidos del tráfico de una forma extraña, muy lejanos, a un ritmo que desconozco.

Me pongo a repasar lo ocurrido la noche del lunes.

"Fue una visión", me repito sin cesar, una, y otra, y otra vez. A veces me concedo otras posibilidades físicas ya consideradas, pero sólo para decirme que fueron usadas por Dios, si acaso, una o una combinación de ellas, para conllevar Su mensaje espiritual.

Es como pienso ahora acerca de Moisés, y el cruce del Mar Rojo con los israelitas, su pueblo. Hay la posibilidad de que las aguas del mar se abrieron por una causa natural, por un fenómeno físico explicable científicamente; pero, ¿quién sino Dios podría saber cuándo ocurriría ese fenómeno, para estimular y guiar luego a Moisés a hacer el cruce en el momento preciso?

¿Por qué pienso otra vez en personajes de la Biblia, siempre del Antiguo Testamento?

No tengo dudas de la intervención de Dios en mi experiencia

¿QUÉ LE SUCEDIÓ A JUAN?

del infierno la noche del lunes.

No tengo dudas, en absoluto, que *Dios me tocó ayer*.

Igual que con Moisés es lo que ocurrió conmigo ayer.

Dios sabía que nadie pasaría por esa esquina del parque de estacionamiento en el momento en que junto a la cerca me tocó con la Luz. Yo sólo seguí a Dios cuando entendí *"es la señal"* y Dios hizo el resto. Dios me tomó de los pies y golpeó mi cabeza en el concreto. Tengo mi herida que me recuerda Su acción y que pueden ver quienes deseen. No pude habérmela hecho yo mismo.

A punto de salir de la gasolinera con rumbo a Nuevo Territorio, quiero regresar a casa. Otra vez tengo extrañas reacciones en todo mi cuerpo, además de ese algo mental. No sé qué me pasa, pero no me siento bien. No sé qué es. Necesito ir a casa.

Norma accede entre molesta y asustada.

En casa discutimos, Norma y yo.

Yo no puedo definir lo que me pasa. Estoy muy perturbado, inquieto por algo que no identifico. Siento un desasosiego extraño, es algo que realmente no puedo definir y me descontrola. Me siento completo físicamente pero al mismo tiempo como desarticulado por dentro. Quiero trabajar, y no quiero. No sé dónde estar, dónde ir. Busco algo. No sé lo que es. Me muevo buscando algo que no sé. Voy a la cocina, miro el patio, regreso a la oficina. No puedo quedarme quieto.

Mientras tanto, la camioneta permanece estacionada afuera; "los muchachos nos están esperando", me recuerda Norma.

En un momento dado, yendo y viniendo indeciso y alterando más a Norma, mirando a través de los vidrios de la ventana de la oficina... ¡no veo la camioneta! Salgo. Ahora sí la veo. Cierro la puerta, voy a la ventana y... ¡no la veo! Es... ¿Qué es?... "¿Estoy viajando en el tiempo?", me pregunto. Me inquieto aún más. No sé qué hacer.

Norma me apura otra vez. Yo estoy desesperado dentro de mí.

¿Qué es lo que debo hacer? ¿Qué es lo que debo hacer? Dios mío, ¿qué debo hacer para calmarme?

Me calmo algo, y no sin un gran temor, o confusión, decido que podemos salir.

Finalmente llegamos a Nuevo Territorio.

Es tarde. Ya tenemos un gran atraso de ayer. Estamos en pleno verano. Aunque todavía no llovió todo crece muy rápido, y los clientes esperan por el servicio, a tiempo y correctamente hecho.

Me siento muy, muy cansado. No me desperté sintiéndome de esta manera. Quiero trabajar. Comienzo a soplar para hacer algo, pero no puedo seguir; tengo que dejar la sopladora, descontinuar lo que estoy haciendo. Me canso muy rápido. ¿Por qué? Esto no es normal en mí.

Me quedo a mirar. Tengo puesto un amplio sombrero chino, bien encasquetado hasta las orejas, que traje para protegerme del sol. Recuerdo que "debes cubrirte bajo el sol", dijo Dios.

Norma está muy preocupada. A su propia confusión por su molestia, por una parte, y su angustia y preocupación, por otra parte, todo por mí, se le suma la preocupación por el trabajo, y también por lo que los muchachos puedan pensar acerca de mi estado, porque parezco "un loco con una mirada rara", como ella me dice.

Trato, en vano, varias veces, de convencerla que no se preocupe por lo que los demás piensen.

A la hora del almuerzo vamos a un restaurante de comida rápida Burger King.

La hamburguesa que ordeno para comer, me cae mal al rato. Me sabe horrible. Me queda realmente un mal gusto en la boca.

Recuerdo inmediatamente que,

« *En el verde está la vida. El verde es vida* ».

Ya no voy a comer más carne; nada animal en realidad.

Seguimos por la tarde tratando de cubrir la mayor cantidad de casas posible.

Cuando me quedo en la camioneta a dormitar porque lo nece-

¿QUÉ LE SUCEDIÓ A JUAN?

sito, cada vez que Norma y los muchachos bajan para hacer su trabajo en las casas, comienzo a sentir como si estuviera en una cápsula de tiempo. Es como si estuviera, la camioneta, marchando a un paso extraño, haciendo ruidos taac, taac, taac como si estuviera pasando por ciertos límites de tiempo o barreras de tiempo. Es como el traqueteo de un tren. Su secuencia, su ritmo se me hace inconfundible, no sé porqué; es la de una nave, de una máquina de tiempo. Estoy con los ojos cerrados. Los abro ahora y se interrumpe ese traqueteo y sensación de estar viajando. ¿Podría ser que coincidió cuando los muchachos subían y bajaban las máquinas del trailer? No, no, ocurre en este mismo momento, una vez que cierro los ojos, y todos están trabajando.

Más tarde, mientras Norma conduce a otra casa, mantengo los ojos cerrados como dormitando, y entonces siento que estoy viajando otra vez en la máquina de tiempo.

Estoy mirando a uno de los muchachos que está cortando el césped en el frente de una de las casas. Lo veo con una larga barba blanca, muy viejito, con cansados ojos, que se mueve muy lento. Está en el jardín de la casa, aquí, y al mismo tiempo está en otra parte. Lo estoy viendo en el tiempo... ¡en el futuro! Es él, uno de los muchachos del grupo de Norma, pero luce muy diferente, tiene una expresión muy bondadosa. Otra vez me recuesto en el asiento para dormitar. Sigo viajando en el tiempo. ¿Estaré por morir? ¿Cuándo?

En otro momento, semidormido, tengo el pensamiento de que soy una marioneta o una pieza que es manejada, valga la redundancia, como un simple títere bajo los caprichos de fuerzas representando el bien y el mal.

En algún momento de la tarde recibo una llamada de mi hermano por mi teléfono. Se acaba de enterar de que ayer yo tuve un "extraño accidente", según le dijo uno de sus empleados, y quiere verme. Por supuesto que accedo rápidamente, aunque estoy sorprendido por su inesperada llamada.

Con esta llamada cesa completamente lo que estaba experimentando hasta hace un minuto.

Cambian mis pensamientos hacia mi hermano. Se atropellan mis recuerdos. Sí, deseo verlo, abrazarlo, contarle lo que me sucedió. Desde que dejó de trabajar con nosotros, unos tres meses atrás, que no nos hablamos. De vez en cuando nos cruzamos con él en la ruta, pero finjo no verlo para no contrariar a Norma. Sé que ella está muy afectada, yo diría que excesivamente, por la salida imprevista de BCHS de mi hermano mayor Miguel; ni quiere nombrarle. Mientras, yo sólo vengo esperando que en el tiempo las cosas se resuelvan. Debo decir que, honestamente, me dolió duramente al principio cuando Miguel se fue, pero luego se fue atemperando; yo en ningún momento quise negarle su derecho a buscar su propia oportunidad. Además, muchas veces se lo dije a Norma, cuánta responsabilidad no tendría yo mismo porque la carga de trabajo en la compañía creciera y crecieran nuestras inversiones, sin haber previsto yo para resolver la necesidad de ayuda ante el crecimiento. Yo no había dedicado mucha atención acerca de esto, la carga diaria no me lo había permitido aún. Pero tampoco tenía gran importancia la situación, al menos no para mí. Sí, me confié, pero fue mi error en todo caso.

"No tiene caso seguir con estos pensamientos", me digo. Yo estoy claro en este caso y no es de lo que quiero ocuparme; ahora sólo quiero re-encontrarme con mi hermano.

Sí, quiero ver a mi hermano Miguel.

Nos encontraremos a la tarde en el taller, cuando Norma esté llevando los muchachos a la Bellfort (así es como se conoce a la zona en la que residen, por la calle sobre la que está el complejo de apartamentos donde ellos viven, a unas dos millas de nuestro taller).

Termina el día de trabajo, y mi extraño viaje en el tiempo que tuve en la camioneta.

Llegamos al taller.

Norma cambia de camioneta y se va a la Bellfort con los mu-

¿QUÉ LE SUCEDIÓ A JUAN?

chachos.
Me quedo solo esperando por mi hermano.
Recibo una llamada por el celular. No atiendo, deje que se grabe el mensaje.
A rato reviso el mensaje. Es un mensaje de un tal Ricchie. No conozco a nadie con ese nombre. La voz suena lejana, extrañamente lejana y perdiéndose poco a poco como un lejano eco que se esfuma. No puedo entender el mensaje, ¡ni siquiera puedo entender si habla en español o inglés!; se termina sin haber entendido nada. Sólo pude entender el principio... *Riiiicchiiiieee...* y luego todo ininteligible. Me llama mucho la atención. ¿Qué será? ¿Quién fue? Recuerdo de repente a mi primo Ricardo (Richi) que vive en Córdoba, Argentina. ¿Habrá sido un mensaje de él? ¿Alguien va a morir? ¿Es una premonición? ¿Será acerca de mi madre? La hermana de mi madre, mi tía Pita, es madre de mi primo Ricardo. ¿Le habrá pasado algo a mi madre? Creo que puede ser eso.
Camino por el taller absorto en lo que acabo de escuchar en el teléfono.
Recogo una lata de refresco, Pepsi Cola. No sé si está llena. Sí, parece que sí; pero también parece como que la lata estuviera magnetizada... ¡opone resistencia a que la manipule, que le dé vueltas!
Siempre esperando por mi hermano, me siento en el banco en el frente del taller, muy cercano a la puerta corrediza de barras verdes de la entrada, mirando hacia la calle. Me estiro hacia atrás buscando una buena posición para descansar un rato. Extiendo los pies y los calzo en la columna que tengo al frente. Veo unos huecos atravesando mis pies, ¡zapatos y todo! Son unos huecos en forma de una estrella de cuatro puntas y de color amarillo fuego. Sí, son como los dos huecos que vi anoche en las dos hojas de papel que le había pedido a Carlos que quemara ayer en la mañana, en el parrillero de nuestra casa; los huecos que quedaron en las esquinas de las dos hojas de papel semiquemadas, allí

por dónde Carlos las encendió pero luego se apagaron. Yo los vi al revisar el parrillero anoche al llevar a Chester al garage. Ahora con mi vista fija en los huecos de color amarillo fuego de mis zapatos me viene a mi mente la palabra *Apocalipsis*. ¿Por qué? ¿Qué significa? ¿Tiene esto algo que ver con el fin del mundo?

Norma me llama por teléfono. No tomo la llamada. Estoy aún pensando en lo que acabo de ver en mis pies, más allá de ellos, ¡a través de ellos!

Llega mi hermano.

Nos abrazamos. Le pido perdón por haber permitido yo que nos alejáramos en este último tiempo, y por todo lo que yo hubiera podido haber hecho mal en nuestra relación. Yo siento, como siempre, que todas las partes envueltas tenemos responsabilidad en lo que nos sucede, ya sea por acción o por omisión; sea con intención o por ignorancia.

Hablando muy quedamente, muy apagadamente, comienzo a contarle a Miguel todo, todo lo sucedido ayer, incluyendo la visión del infierno del lunes.

Llega Norma de regreso de la Bellfort. Sin bajarse de la camioneta que detiene al frente del taller, del lado de afuera del portón entreabierto, ve a mi hermano a mi lado, no le devuelve el saludo, y desde la camioneta me dice que se va a casa por un rato así mi hermano y yo hablamos "tranquilos", y que la llame por teléfono cuando haya terminado para venir por mí.

Continúo contándole a mi hermano.

Me mira muy perplejo. Mi hermano esperaba algo sobre un accidente. Me dice que así es como se refieren los muchachos de la Bellfort entre quienes se había corrido la voz inmediatamente, llevada por nuestros propios muchachos, particularmente los de mi camioneta que son los que esperaron en vano por largo rato donde yo les había dejado sin regresar por ellos. Esperando, sin saber nada de lo que había pasado conmigo, uno de ellos finalmente pidió el teléfono a un vecino y logró comunicarse con Car-

¿QUÉ LE SUCEDIÓ A JUAN?

los que no estaba cerca de su radio cuando lo llamaron por la radio de mi camioneta. Carlos fue a buscarlos cuando uno de ellos ya había decidido que manejaría mi camioneta si Carlos no se aparecía, ya que querían ir a comer. Todo esto le dijeron.

Mi hermano no sale de su asombro ante lo que escuchó de mí.

- Fue Dios, hermano, fue Dios. Dios me tocó - le repito en voz baja. Le abrazo otra vez, y le pido nuevamente que me perdone por todo. Yo también soy culpable.

Después de un rato, Miguel se va.

Luego que mi hermano se va, quedo otra vez solo sumido en mis pensamientos.

Decido no llamar a Norma todavía.

Camino por el taller una vez más. Mi mirada se pasea por la estructura de soporte del frente del taller, todavía a medio terminar. Salto, siempre con la mirada, a la parte ya terminada, atrás. Regreso a la estructura del frente; entre las altas vigas de metal ya han comenzado a acomodarse una gran cantidad de pajaritos para pasar la noche y ahora llenan el ambiente con su piar.

Está bajando el sol. Se siente algo de brisa fresca.

Parado, con mis manos cruzadas en mi espalda, me detengo a mirar hacia el frente, al otro lado de la calle.

Recuerdo que esta mañana llevé a Carlos a la puerta corrediza del estacionamiento del frente, y parándome frente a ella intenté atravesarla. No sé por qué creí que iba a poder hacerlo. No sé que me llevó a intentarlo. ¿Tal vez el recuerdo de querer atravesar los arbustos ayer? No lo sé. Carlos me siguió asombrado todo el corto camino de regreso al taller de reparaciones de las máquinas después que me vio llevarme por delante la puerta. Dos o tres veces me preguntó qué estaba tratando de hacer con la puerta y yo no supe responderle nada.

Pasa un rato, no sé que tanto tiempo.

Sentado nuevamente en el banco del frente, de repente veo llegar a Norma. Presencio un accidente. Sí, sí, ¡un accidente!

Norma se baja apurada de su camioneta roja y corre agitada, gritándome para que la escuche, gritando mi nombre, alzando sus brazos. Yo no escucho nada, sólo veo sus gestos y las muecas de su boca, por lo que sé que me llama. Dejó la puerta abierta y se lanzó a cruzar, sin mirar atrás, por la congestionada calle. De repente es atropellada. Las imágenes corren por mi mente mientras mi mirada sigue fija, lejos, detrás del parque de estacionamiento comercial en construcción frente al taller, al otro lado de la calle. Ahora un camión de bomberos llega a la escena del accidente. Veo las luces destellantes del techo. También llega una ambulancia. Hay un gran movimiento de gente, bomberos y paramédicos.

La visión dentro de mi mente desaparece de pronto.

"No es real lo que vi", reacciono. ¿Por qué se presentó esto?

- ¿Por qué no contestabas el teléfono? - me pregunta Norma, de repente a mi lado. Ahora veo su camioneta roja estacionada frente a mí.

- Estaba pensando - le contesto, y todavía con mi mente en la extraña visión tan nítida que acabo de tener, agrego - estaba distraído, no lo oí repicar.

- Te dejé dos mensajes, ¡dos veces te llamé! - insiste.

Una vez no contesté, pero no escuché su segunda llamada. Me sorprende.

Mientras vamos a casa, Norma manejando, escucho su mensaje.

Ahora me sorprendo mucho más al escuchar su llamado lejano, angustioso, que se apaga como alejándose a gran velocidad arrastrando el nombre - *¡Juaan... Caaa... rrrr... loooos... sssss...!*

No dije nada, excepto que "sí, aquí están tus llamadas".

¿Por qué esa visión del accidente?

En la noche, ya en casa, Norma está agotada. No ha dormido bien las últimas noches. Hay mucho trabajo. Además, tiene su propia preocupación y sus propias conclusiones acerca de lo ocurrido. La veo agotada, pero no se me ocurre qué hacer. No siento que yo pueda hacer algo sobre esto. Está equivocada con respecto a lo que cree que es la causa de mis "cosas" y sufre mucho por esa equivocación. Me hace mal que no puedo sacarla de ese error. "¿Qué podría hacer para sacarla de su error?", me pregunto, pero ahora no puedo dedicarle tiempo a ella para esto. Yo mismo tengo que encontrar las explicaciones que busco basadas en lo que realmente me pasó, y entender los mensajes que recibí, antes que sumirme en medios para ayudar en las especulaciones erróneas de mi esposa, compañera de vida, menos siendo especulaciones que ella se rehúsa revisar. Si ella se rehúsa revisarlas, ¿qué otra cosa puedo hacer sino esperar que algo le haga cambiar su actitud frente a las cosas que han ocurrido? No puedo complacerla negando mi experiencia, ¡la experiencia de Dios!

Cenamos ligero, yo apenas una sopa de avena y ensalada.

Ya terminé de hacer el programa para mañana para nosotros dos y Carlos. Es un gran trabajo. Ya tenemos regularmente unas sesenta casas por día para hacerles servicio de la grama y mantenimiento de sus jardines, y estamos bastante atrasados esta semana. Ya no hay casas a trabajar cada dos semanas.

Voy a la sala de estar diario.

Sentada sobre el sillón frente al televisor, Norma se quedó dormida.

Temeroso me acerco a ella. Por un instante me pareció que estaba... ¿muerta? Me sobresalto. Recuerdo la extraña visión de su accidente frente al taller esta tarde.

Poniendo mi boca sobre su cabeza, aspiro, como extrayéndole vida, aliento, desde su cabeza. Reacciona inmediatamente. La sorprendí. ¡Yo la volví a la vida! Me cuestiona que la haya despertado, que haya interrumpido su sueño. Yo trato de aliviar la situación molesta que acabo de crear proponiéndole que vayamos a sacar los perros a caminar, y que luego vayamos a descansar, a dormir.

Damos una caminata corta con los dos perros, casi sin hablar. Ambos estamos muy cansados.

Norma se va a dormir apenas regresamos.

Le digo que ya la sigo, que voy a revisar que todo esté bien en la oficina para mañana y enseguida subo.

Al rato estoy subiendo las escaleras para ir a nuestro cuarto.

Al llegar al tope, cuando me dispongo a entrar a nuestro cuarto, siento que tengo que arrojarme hacia abajo desde allí, de frente, pues ya lo hice ayer desde la cerca de metal hacia atrás, y ahora debo hacerlo aquí, por mi voluntad. Ayer Dios hizo algo, y ahora me toca a mí. Me preparo, estoy por dejarme caer de frente, y de repente me doy cuenta que eso no es lo que debo hacer. No, no es eso lo que se espera de mí. Me tomo fuertemente de la baranda para no perder el equilibrio.

Me quedo unos segundos pensando en lo que iba a hacer; y entonces, una ola de temor frente a la consciencia de lo que estaba por hacer me invade y corre por todo el cuerpo.

Dios me detuvo.

Dios detuvo a Abraham cuando se disponía a sacrificar a su hijo Isaac.

Entro a la habitación.

Voy al baño.

Regreso hacia mi cama, nuestra cama matrimonial en realidad, Norma se ha acomodado hoy en ella y se da vuelta siguiendo mis pasos al oírme, aún no se ha dormido, y ya listo, preparándome para meterme al lado de ella, algo comienza a perturbarme otra vez en este cuarto.

Miro alrededor de la habitación, techo y paredes, como buscando algo. Algo hay aquí dentro que me desconforta tanto, que me perturba, me descontrola.

Miro la pared detrás de la cama matrimonial.

Veo el gran crucifijo de unas dieciséis pulgadas de alto, de gruesa madera de pino barnizado sobre la que se ha puesto la

¿QUÉ LE SUCEDIÓ A JUAN?

escultura de hierro vaciado muy voluminosa, de acabado cromado, que hemos puesto no hace mucho tiempo, en el espacio entre la cama matrimonial y la cama pequeña que a menudo usamos uno de los dos para no molestarnos, ya que a veces me levanto una o dos veces durante las noches para ir al baño. El crucifijo mío, pequeñito, que tengo desde que era niño, está en el centro de la cama grande, matrimonial.

"Eso es", me digo a mí mismo.

Tengo que sacar el gran crucifijo de hierro cromado que cuelga en la pared entre ambas camas.

Lo llevo a la habitación de Omar y lo coloco en el suelo, bajo la mesa de luz.

Regreso a nuestra habitación. Ahora me siento mucho mejor.

"Es la masa de acero frío que de alguna manera me afecta", concluyo, aunque no sé por qué sucede ni cómo tiene lugar este efecto sobre mi mente.

Norma no ha dejado de seguirme en lo que hago, meneando la cabeza, entre perpleja y resignada.

En nuestra cama, juntos, me abrazo a Norma. Ella se duerme, pero yo no puedo. Me acurruco junto a ella, por detrás, y la abrazo. Pongo mi boca sobre su cabeza, sobre la coronilla. Al rato, a través de su cabeza, a través de todo su cuerpo, tengo una imagen de un feto, de una nueva vida ¡dentro de ella! Veo cómo se divide una célula para dar origen a otra nueva. Estoy viendo una multiplicación de un universo que quería ver en mis teorías. Luego veo en un conjunto de varias esferas que una de ellas puede pasar entre otras, como para incorporarse a otro cuerpo, para formar un conjunto compacto, como había querido ver, o imaginar, unos días atrás, que sucediera para generar materia a partir de la unión de partículas.

Más tarde, todavía junto a ella, huelo azufre en la habitación. Es fuerte. Me asusté. Lo asocié con la presencia, o expulsión del demonio, o ¿era el cabello de Norma, a causa del sudor y polvo?

Viene a mi mente que la muerte es como el sueño de cada noche, del que se sale al despertar al día siguiente; la muerte no es sino una interfase a otra manifestación de vida.

6 de Julio.

La noche fue interminable para mí. No sé si Norma ha dormido bien; yo no la sentí moverse y ella no me ha dicho nada. Tal vez ambos hemos dormitado de a ratos. No lo sé, aún estoy confundido con el tiempo.

Acabamos de ponernos en camino a trabajar.

Continuamos con Norma a cargo del volante. Carlos sigue trabajando con mi grupo.

Norma y yo estamos muy cansados. Ahora sí ella me dice que no sabe cómo va a pasar el día de hoy, que hay mucho trabajo. "¿Qué podemos hacer?", le respondo, y agrego, "tenemos que continuar. No tenemos otra opción. Vamos a hacer el trabajo".

Después de un rato me siento otra vez muy débil, sin fuerzas.

No hago mucho. Continúo con mi sombrero chino encasquetado cuando de a ratos salgo a caminar de un lado a otro entre las casas bajo trabajo, lo que disgusta a Norma. Ella se preocupa demasiado por las preguntas e insinuaciones de los muchachos. La mayor parte del tiempo dormito en la camioneta. ¿Por qué otra vez este cambio tan abrupto desde esta mañana? A pesar de estar mal dormido, creí que hoy iba a trabajar. Luego, por momentos tuve algunos arranques de energía y quise hacer algo, pero enseguida se disiparon. Ya no quiero hacer nada.

Continúo viajando en la "cápsula de tiempo", en la camioneta. Sí, yo estoy convencido que estoy siendo transportado a través de otra dimensión de tiempo, aunque ahora no entiendo mucho cómo ocurre, ni para qué.

¿QUÉ LE SUCEDIÓ A JUAN?

Siento los pies excesivamente pesados. Me cuesta caminar a un paso normal. Tengo que hacerlo muy lentamente. Tengo ciertas ondas provenientes de mis pies. Tengo arritmias, o algo como pérdidas de pulso cardíaco. Me tomo el pulso. Noto que de vez en cuando me faltan pulsaciones. Esta arritmia la vengo experimentando desde hace un par de años... ¿tal vez tres años?, cuando estuvieron visitándonos los padres de Norma, la última vez, en casa, pero nunca tomé acción alguna, no lo consideré un problema serio. Incluso me dije entonces que si hubiera tenido un problema serio no podría haber soportado todo el esfuerzo que hice en todo este tiempo. Pero ahora me pone a pensar. ¿Qué será esto?

Dormitando en la camioneta no dejo de tener pensamientos de la historia de la humanidad, de Jesús, y acerca del futuro. Imagino otra vez el universo como una esfera, pero no es una esfera clásica, hay algo diferente. La luz es el límite de la materia. La Tierra, si fuera hueca, yo podría trazar una línea desde el lugar en que nací, pasaría por el centro de la esfera, rebotaría en un punto importante (tengo que saber después dónde es ese punto), tocaría luego, o emergería por donde ya he estado, en Venezuela; otro nuevo rebote me conduciría luego a Houston, previo paso por Jerusalém... ¿Dónde es que acabo de ver? No importa ahora, cuando me sienta mejor veré esto en un globo terráqueo. Veo que todas las ondas electromagnéticas se dispersan hacia adelante, en la dirección en que las transmitimos, pero también hacia atrás; luego, al llegar al infinito rebotan y regresan, nos traen el pasado al futuro; pero las que provienen desde atrás, interfieren. Luego, como una inmediata conclusión, no debemos contaminar el espacio, el universo todo, con nuestras transmisiones inservibles. Esta contaminación es parte de las cosas que estamos haciendo contra la naturaleza, contra el universo... Es muy confuso ahora.

- Puesto que no escribo, tengo que esforzarme en recordarlo - le digo a Omar que acaba de llamarme, cuando me pregunta qué estoy haciendo ahora mientras los demás trabajan.

Más tarde pienso en que el hombre tiene tres componentes, y que debe haber una relación o equilibrio entre esos componentes: un componente para trabajar, otro para reflexionar, otro para descansar. En otro momento me veo a mí mismo otra vez como una marioneta del bien y del mal, como un títere manejado por fuerzas fuera de nuestro control. ¿Qué significará todo esto? ¿Cuándo fue que vi esto mismo? ¿Hace un rato? ¿Ayer? Bueno, no importa, más adelante voy a pensar en esto.

Pienso ahora en la llave para abrir el corazón, el *Amor*. No sé porqué me digo que es *Amor*, con mayúscula, y no amor. Hay algo entre el corazón y el cerebro, la mente, el conocimiento. Me viene constantemente la imagen del Corazón de Jesús. Es que, ¿al conocimiento llegaré a través del *Amor*? Siento algo muy fuerte ahora, creo que tiene que ver con la relación entre *Conocimiento y Amor*. Corazón es esencia, naturaleza, no la bomba de sangre.

Salgo de la camioneta a dar una vuelta. Continúo caminando lento. Los pies están muy pesados, como si tuviera los zapatos con plomo. Me cuesta despegar los pies del suelo al levantarlos para caminar. Siento como si tuviera una muy pesada masa informe en lugar de pies.

Una vez en casa, en la noche, luego de la misma rutina, subimos temprano a nuestra habitación. Carlos me ayudó hasta hace un rato con el programa para mañana. Lo veo muy afectado. Pero no me dice nada. Yo tampoco digo nada; no puedo hacer mucho conmigo mismo por ahora, y nada con los demás.

Nuevamente no puedo dormir en mi habitación; hay algo en ella, ¿otra vez? Tan pronto como me acuesto, algo no me permite conciliar el sueño, me perturba. A veces parece que es algo que está en el ventilador de techo. Un ruido monótono, que en reali-

¿QUÉ LE SUCEDIÓ A JUAN?

dad no oigo, y el movimiento de las palas que veo cuando de a ratos entreabro los ojos, me perturba. No sé en realidad qué es, pero algo me aleja de este cuarto. Tengo miedo... siento que me descontrola.

Me voy a dormir al cuarto de Omar.

Aquí me siento más tranquilo a pesar de toda una sensación extraña que me envuelve.

No sé qué hora es ni cuánto he dormido. De pronto tengo una visión, ¿o es un sueño?, acerca de la vida en la Tierra. Una sucesión de pececillos en la pared me dice que yo ya sé acerca de nuestro origen, y del origen y evolución de nuestro universo. Dios me está mostrando la vida, en el tiempo, y que yo ya he visto hace unos días cómo se murieron los dinosaurios, y ahora tengo esto. Después de todo, entonces yo... ¡yo había entendido cosas buenas!, cuando estaba pensando, imaginando, o recibiendo orientaciones unos días atrás, aunque también me equivoqué en otras, tal como aquello de pensar que el universo podría haberse generado a partir de un punto, de un entorno de masa infinita y con toda la inteligencia de vida en ese punto, entorno. Entonces, ya completamente despierto, o dueño de mí mismo, ¿tengo que revisar todo lo que escribí y luego quemé?

Comienzo a sentir algo en mi cerebro. Al principio no me doy cuenta exactamente de lo que siento.

Después de un rato lo noto bien al darme vuelta en la cama. No puedo dormirme sino acostado sobre mi lado derecho. Si lo hago sobre el lado izquierdo, no puedo conciliar el sueño, y además me pongo a pensar cosas perturbadoras, regreso al ventilador y a las aspas extrañas con aquel taca-taca-taca-taca. No, no, no; no quiero regresar a eso, de manera que me doy vuelta otra vez y me quedo acostado sobre la derecha.

Comienzo a sentir estallidos "¡shaaaaaack!" dentro de mi cerebro cuando más tarde me despierto en la noche y me levanto para ir al baño. Suenan como cortocircuitos, pero en realidad pienso que son descargas eléctricas naturales que ahora sí las siento por alguna razón.

7 de Julio.

"¡Shaaaaaack! …. ¡shaack!" otra vez los cortocircuitos en mi cerebro al despertarme.

Durante el día creo que los tengo también, pero algo diferente. En el día son suaves y seguidos de una tenue sensación de baja presión sanguínea en el cerebro; es como si fuera a perder el conocimiento, pero esto no interfiere en absoluto con mi capacidad de razonar, recordar, pensar, actuar. Me esfuerzo en probarlo, sea pensando o razonando cuando ocurren. A veces, mientras espero que se presente el cortocircuito, me pongo a pensar o a razonar en una línea, o aspecto, o tema deliberado, para saber si pierdo el hilo de la concentración. No ocurre nada. El cortocircuito se presenta pero no interfiere. Cuando estoy expuesto a la luz, son suaves; y a la luz de afuera, al sol, no los tengo.

De pronto recuerdo que en Judibana, en Venezuela, ya los tenía, años atrás. Eran muy esporádicos, de noche, al despertarme de un sueño muy profundo, para ir al baño. En aquella época lo tomé como algo natural al despertar bruscamente de un sueño muy pesado. Por entonces pensaba que esos estallidos, o cortocircuitos, eran debido a la reconexión de las neuronas. Y así lo dejé, hasta ahora.

En el taller le comento a Norma acerca de estos cortocircuitos. Una vez más, ella cree que debo ir al médico, y pronto. Carlos también lo cree. Y una vez más les digo que no creo que sea cuestión de médico. Es sólo una cuestión de fe. Todo lo que ha venido pasando conmigo es entre Dios y yo, nadie más.

¿QUÉ LE SUCEDIÓ A JUAN?

- Entonces, ¿para qué nos decís algo sobre eso? - me pregunta Carlos.

Prefiero por ahora no decir que deseo compartir todo cuanto ocurre con relación a esta experiencia con Dios, y además busco motivar que se crea en la participación de Dios en todo esto, pero parece que no voy a lograr nada todavía.

Más tarde, durante el día y en el trabajo tengo esos estallidos, cortocircuitos, sólo al dormitar, no en ningún otro momento.

Estamos trabajando en el vecindario de Commonwealth.
Es todavía muy temprano en la mañana; mejor, ya que hay bastante trabajo retrasado.

Yendo Norma y yo en la camioneta a marcha muy lenta de una casa a la siguiente un poco más adelante, una agitada y balbuceante señora vecina que casi salta al frente de nuestra camioneta se dirige a los muchachos que vienen a pie detrás nuestro, con sus máquinas, y éstos, al no poder entender lo que la señora les dice, nos llaman nuestra atención, a Norma y a mí, a gritos y golpeando la camioneta con las manos, lo que agrega más a la ya confusa situación que observamos. Es que la señora está muy asustada y nerviosa, realmente, y entrecortadamente nos pide ayuda para matar a una serpiente, "mucho feo snake" nos dice, que acaba de ver en su casa, en la entrada al garage, cuando se preparaba para salir en su vehículo. Me bajo mientras Norma trata de retenerme por mi brazo. Ella se opone a que yo vaya porque le tiene mucho miedo a las víboras, y además piensa en mi estado. Ella está convencida de que yo debería ir al médico y ha venido insistiéndome en la camioneta. Ayer, me comentó hace un rato, los muchachos, que en un par de oportunidades subieron dentro de la cabina de la camioneta en vez de ir atrás, en la caja, como es usual, le comentaron lo mal que olía yo. "Quizás sea por lo que le inyectaron en el hospital", les contestó ella. Y yo me pregunté, luego de su relato, qué sería. ¿Tendría algo que ver aquel olor a azufre en mi habitación antenoche? Entonces, ¿sería yo y no Norma, su cabello?, como pensé esa noche. Y si así fuera, ¿por qué? Me higienizo, no bebo alcohol, no como nada que sea picante ni sazonado con nada que no sea sal, aceite y vinagre. ¿Qué podría ser?

A pesar de las objeciones de Norma, bajé de un salto. Voy a ver qué es lo que puedo hacer. No se me ocurre negarme. No puedo. Tomo dos palas del trailer y voy hacia el acceso al garage, al driveway, y allí la veo. Es hermosa, bella por sus colores; y puede ser fatal si muerde. Es una víbora coral. La sujeto y le doy vuelta con una pala. Sí. Los anillos son completos, rojos, negros y amarillos. Un escalofrío recorre mi cuerpo. La empujo hacia la tierra, hacia el cantero a lo largo de la cerca de madera. La golpeo con la pala en el momento que se desliza rápido un corto trecho para escaparse. Es como si presintiera su suerte de muerte. La golpeo en medio del cuerpo y mantengo la pala apretada firme sobre ella para no dejarla escapar. Con la otra pala le doy con fuerza, repetidas veces, de un lado y del otro de la otra pala con la que le mantengo fija, hasta que poco a poco la víbora se va enterrando en la tierra, y la dejo, semi-enterrada, totalmente destrozada, hecha una masa sanguinolienta con la tierra, con sus bellos anillos de colores ahora desaparecidos.

Los muchachos terminan la casa vecina y continuamos luego nuestro programa.

Mientras todos trabajan en otra casa, alguien pide un estimado a Norma y viene a buscarme. Quiere mantenerme ocupado. Me bajo. Le digo al señor que luego, puede ser mañana domingo, o el lunes, se lo haré. Le digo que tuve un accidente y que por el momento necesito descanso. Es un vecino que ya en otra oportunidad me hizo perder tiempo para nada. De repente me siento algo incómodo por haberle dicho que tuve un accidente en vez de decirle lo que realmente pasó, a pesar de que también pienso que no va a creerme, e incluso puede pensar que estoy loco.

Ahora se acerca una señora; es hindú. Quiere un estimado por

¿QUÉ LE SUCEDIÓ A JUAN?

el corte de su césped. La sigo. A paso lento, detrás de ella, siempre mirando el suelo. Me pesan los pies. Me siento cansado. Veo la casa. La señora, que había permanecido delante mío, se vuelve para preguntarme cuánto es lo que le voy a cobrar. Caminando detrás de ella yo había pensado en aceptar el trabajo si le parece bien el estimado. Las ganas de trabajar, de no perder una oportunidad de trabajo, me impulsa. Pero ahora veo... veo que sus ojos son extraños... son como los de una víbora, ¡son los ojos de una víbora! ¡Acaban de cambiar sus ojos mientras me habla! Me doy vuelta, y sin decir palabra, comienzo a alejarme. La señora se queda hablándome, a mis espaldas. Pero no puedo. No puedo quedarme. Me alejo sin palabras.

"No debo dejar tentarme por el mal", me digo.

Cuando Norma me pregunta qué pasó con el estimado le digo que la señora no quiso, no aceptó. No quiero ahora ponerme a discutir con Norma si sabe que he rechazado un trabajo cuando ya estamos en el sitio de trabajo. Tendría razón, lo admito, pero yo no puedo aceptar ningún trabajo por ningún dinero para esa señora. ¿Acaso no le vio los ojos?

Finalmente termina este largo sábado.

Mañana es domingo, podremos descansar más. No creo que haga nada con la computadora hasta dentro de unos días. Ni tampoco con pasar en limpio los trabajos hechos esta semana; de todas maneras no tengo adonde pasarlos sin la computadora en la que guardo todos los archivos de trabajos. ¿Y las máquinas que hay que reparar? No importa tampoco. Todavía hay algunas de repuesto.

En casa, en la noche, me voy a dormir nuevamente en la habitación de Omar. Siento otra vez que algo no me deja dormir en mi cuarto. De todas maneras, tampoco puedo dormir en éste.

Voy a la planta baja. Camino por toda la planta. Medito. Finalmente me siento en el sillón que está frente al televisor. No, no voy a prender la televisión; es muy tarde, y además yo no estoy en estos días para televisión.

"¡Yo soy Abraham!", entiendo de pronto. Yo vengo descendiendo de él, en el tiempo. Y ahora no voy a morir. Continuaré viviendo, de alguna forma. Iré envejeciendo, a los ojos de los demás, más rápido, pero yo seré eterno. Soy eterno.

Más tarde, dando otras vueltas siempre por el piso de abajo, ya es muy tarde, y Norma durmiendo en nuestra habitación, me dispongo a ir a mirar afuera, desde la ventana del frente, pero de repente me da temor mirar hacia afuera de la casa. Es tarde, está muy oscuro. No debo hacerlo. Puede entrar el demonio. Pero ésta es, después de todo, la casa de Dios. ¿Acaso no es esto a lo que se refería aquello de *ir a la Casa de Dios* el miércoles pasado? ¿Es este temor porque yo tengo algo de demonio? ¿Seré yo un príncipe de las tinieblas que no quiero enfrentarme a la oscuridad, a la noche, para no desaparecer en ella? Titubeo mientras regreso a la sala. Luego de unos interminables segundos, y todavía algo temeroso, alejo estos pensamientos pues no son míos; no, no son míos.

Mucho más tarde, yo soy Dios. Debo tomar decisiones como Dios. Me siento Dios. No me conmueve lo que pasa ahora por mi mente. Tengo que hacerlo. Tengo que tomar decisiones, y ya. Es necesario, si quiero que todo se cumpla. Para poder encontrarme otra vez con Norma en la eternidad, ella debe morir. ¿Morir? Sí, Norma debe morir.

Pienso por un largo rato. Siento una gran batalla dentro de mí. ¿Cómo es posible si yo soy Dios?

Finalmente, sentado otra vez en el sillón frente al televisor, concluyo que,

"¡Sí, yo soy Dios, y soy Abraham!".

Muriendo Norma, yo estaré solo, continuaré envejeciendo al igual que nuestros hijos, y luego, en el tiempo, se me reunirán otra vez, ahora sí, para formar una familia eterna junto a los hijos de nuestros hijos. En la eternidad... tiene que ser así. Es así. Sí, siendo Dios, tengo que tomar decisiones fuertes, aparentemes

¿QUÉ LE SUCEDIÓ A JUAN?

carentes de toda emoción humana. Tiene que haber un orden. Hay que aceptar el orden.

Ahora sí, me voy a dormir. Ya es demasiado tarde.

8 de Julio.

Con la idea de que algo me perturba en esta casa, me siento muy mal a poco de despertarme.

No puedo estar dentro de la casa.
Salgo al patio, entro... y salgo otra vez.
Hay algo en la casa que me descontrola, me enloquece... siento que me hace perder mi cordura. Lo siento. No puedo ni siquiera estar dentro de la casa, ya no es mi habitación solamente. Es la casa. Sí, sí, es algo dentro de ella; lo sé porque cuando estoy en el patio se me pasa.
Norma me sigue a todos lados, hablando, preguntando, y reclamándome, y eso me desespera aún más. ¡Necesito concentrarme, mi Dios! No puedo explicarle nada a ella ahora. No puedo. Primero necesito, y antes que nada, resolver lo que me afecta, lo que me perturba. Necesito estar solo. Necesito estar solo, solo, ¡por favor!
Voy a caminar por el patio. Norma me sigue. Me toma del brazo. Quiere obligarme a entrar a la casa. Dice que quiere hablar. No puedo. No quiero hablar ahora. No puedo. Necesito estar solo, solo... ¡por favor!
Regreso. No quiero pelear. No puedo hacerlo. No puedo defenderme. Tampoco logro comunicar lo que siento, lo que me pasa. Estoy atrapado, atrapado, atrapado... Dios mío, ¿Qué hago?
Otra vez me voy afuera. No puedo estarme quieto aquí adentro de la cocina, no puedo.
Quiero salir a caminar. Norma no me deja. Piensa que puedo irme otra vez, que puedo "perderme" como el miércoles cuando

dejé a los muchachos solos. Piensa que puede pasarme algo, o, yo mismo intentar hacer algo. También uno de ellos, Raúl, un par de días atrás, dijo a Norma que tuviera mucho cuidado conmigo, que me cuidara mucho, ya que así había hecho yo el miércoles pasado, que yo les había dicho que iría al baño "y... bueno, ya sabe lo que pasó, ¿no?". Ahora me encuentro ahogado, angustiado, sujeto a una situación que no puedo manejar ya. Necesito caminar, pensar, y... y ¡no puedo hacerlo! Norma también se preocupa de lo que puedan pensar los vecinos. No puedo convencerla tampoco en este aspecto, que no importa lo que ellos piensen. Soy yo quién importa ahora, en estos momentos. Yo sólo quiero y necesito caminar. Ella accede si va conmigo. No, no; necesito estar solo, sin que me hablen. ¿Cómo puedo hacerle entender que nada va a pasarme?, que lo que pasó ya pasó, ya ocurrió, nada como eso va a ocurrir de nuevo, y que yo necesito reflexionar y ahora es tiempo para eso. Pero, como ella no cree en la naturaleza de lo que me pasó, piensa que es cuestión de médico y me amenaza con buscar ayuda y con llamar a la policía. "No te vayas a atrever a llamar a la policía por algo que es entre Dios y yo", le digo. Para no agravar la situación, accedo a quedarme. Pero luego se me ocurre que puedo salir llevándome al perro. No creerá que voy a dejar que le pase nada al perro. Creo haber encontrado la solución a esta situación absurda.

- No sé, no estoy segura - me contesta cuando propongo llevarme a Casey sabiendo que yo la quiero. Finalmente accedió a dejarme dar un corto paseo junto al riachuelo, al fondo de casa.

Me llevo a Casey. Norma, desde el patio de casa, no me pierde de vista.

Regreso de la caminata con la convicción de que debo dejar la casa, el trabajo, todo.

Sí, algo hay en esta casa. Algo en ella me perturba profundamente. El recuerdo de la noche del infierno, el lunes, me descontrola totalmente frente a la perturbación que tengo ahora. No en-

¿QUÉ LE SUCEDIÓ A JUAN?

cuentro la paz. Estoy muy desesperado. Hoy siento algo muy fuerte, muy fuerte, sí, y es de día, cuando yo pensaba ya que la luz del sol no dejaría que algo me perturbara. No puedo soportarlo más.

Tengo que dejar trabajo, casa, todo. Tengo que irme. Eso es. Abandonar todo. Sin llevarme nada. Eso es lo que tengo que hacer, y voy a hacerlo. "¿Acaso no tengo yo que tomar decisiones?", me recuerdo a mí mismo lo de anoche.

No puedo despegarme de Norma que protesta a todas voces por lo que acabo de decidir. No puedo moverme sin que me siga.

Es mediodía.

Voy a llamar a Mariano en San Antonio para que venga a buscarme. Tengo que irme.

"Sí, ya sé", me digo a mí mismo. Mariano, cuando vino el miércoles, me preguntó si yo quería ir a San Antonio con él; yo decidí que no, que me quedaría en mi casa. Mariano regresó esa misma noche a San Antonio. Lamento profundamente haberle ocasionado a él, y a Tammy que quedó sola, ese inconveniente. Pero algo fue más fuerte que yo mismo o, simplemente, no era completamente yo mismo si es que yo lo hice venir ese día. Bueno, no sé si fui yo quién lo llamó el miércoles, no sé, no sé... no puedo pensar bien ahora, no me siento bien, sólo quiero que venga Mariano y me saque de aquí.

Llamo a Mariano.

Me pide seguridad de que no voy a echarme atrás otra vez, una vez que él haya hecho el viaje hasta casa. Le digo que no, que estoy decidido. Norma habla con él para tratar de convencerlo de que me disuada de mi idea loca de irme de casa y dejar todo, pero Mariano no quiere comprometerse mucho. Mariano cree en lo que yo le digo, que yo tengo necesidad de dejar esta casa. Hay una situación muy triste para Norma, sí lo sé, pero no puedo hacer nada; no puedo. Y hay una situación muy triste para nuestro hijo también. Lo noto a través del teléfono. Me preocupa en parte que maneje así desde San Antonio, pero tengo que irme, y yo no puedo manejar.

Llamo a Carlos por teléfono. Le comunico de mi decisión. Me apoyó, pero se nota... le siento muy triste, muy quedo.

Es una situación muy triste para todos, sumamente penosa. Estoy consciente de todo lo que está sucediendo, pero no puedo hacer nada; tengo una gran necesidad de salir de aquí. No puedo expresar emociones, que no tengo, por las consecuencias frente a lo que me perturba. Tampoco puedo expresar mis sentimientos que se ahogan en mi garganta porque no puedo explicar lo que ocurre y no se cree en ellos. Sólo tengo que irme. Me doy cuenta del gran sufrimiento que estoy ocasionando, tú lo sabes Dios mío, pero no puedo evitarlo, tengo que hacerlo, tengo que irme sin llevarme nada, nada. No puedo seguir así, no puedo... no puedo.

Veo a Norma desesperada, que no entiende nada. Sí, lo veo, lo presencio, pero no puedo ayudarle. Yo sé que le estoy echando su mundo abajo, lo sé. ¡Oh, Dios! yo no puedo hacer nada, tengo que irme, tengo que alejarme de esta casa. Le digo a Norma que tengo que irme, yo necesito irme; nada más. Norma continúa reaccionando desesperada, con rabia, llorando, maldiciendo por doquier. Rompe nuestra fotografía, en la que estamos juntos, en la boda de Mariano, nuestra mejor foto juntos. Quiero abrazarla y decirle algo, pero no puedo. La miro muy quedamente, sin poder hacer nada. No puedo derramar una sola lágrima, a pesar de que soy consciente de lo que yo le estoy haciendo a ella, de lo que está sufriendo por lo que yo tengo que hacer. Pero no, yo no puedo hacer nada para evitarlo. Tengo que irme, dejarlo todo. Subimos a nuestro cuarto. Norma quiere ponerme un poco de ropa en una maleta. "No, no quiero", le digo. No me entiende, y arroja todo al piso. Bajo a la oficina. Me sigue. De verdad Señor que ella sufre. Pero ahora Norma hace algo increíble. A último momento, a pesar de todo, ella no me abandonará. Secándose sus lágrimas me dice que me seguirá - yo voy con vos.

Y nos vamos arriba otra vez. Norma quiere recoger algunas de sus cosas, y nuevamente yo me opongo a llevar nada que no se

¿QUÉ LE SUCEDIÓ A JUAN?

necesite; y otra vez se desata una horrible situación entre ambos. Decido ir abajo, sin más, ella siguiéndome por las escaleras desesperada para que le escuche, que le preste atención a sus ruegos.

Una vez abajo no ceso de ir de un lado a otro, de la oficina a la sala, a la cocina y de alí otra vez a la oficina. Norma detrás mío. Casey se cruza frente a mis pasos y tampoco puedo hacer nada para evitar que ella también pase por todo esto.

A media tarde llega Mariano.

Otra vez le explico que algo me afecta en la casa, que debo dejar la casa.

- ¿Dejar todo? ¿Todo? ¿Y el trabajo, la compañía, los clientes? ¿Y los muchachos, los empleados? ¿Qué va a pasar con Carlos, su trabajo...? ¿Qué van a hacer vos y mamá... después?

- Mariano, tengo que dejar todo. Tengo que hacerlo; es lo que necesito hacer ahora. Luego sabré por qué, y qué tendremos que hacer en adelante - le digo.

Norma le pide a Mariano que me convenza de mi locura, de que yo acceda a que ella busque un médico o un sacerdote para que me ayude con los demonios que me han vuelto loco. "Eso es lo que tiene... ¡el demonio!" - grita pegada a mi lado sabiendo que no quiero que piense ni diga tal insensatez.

- No es eso, no es eso, no es eso... - le digo repetidamente.

Mariano queda atrapado entre su padre y su madre.

- Por favor, hablá con tu padre... a ver... a ver si vos podés hacerlo - Norma le suplica a Mariano que haga algo para que yo entre en razón.

- Algo feo le pasa a papá... Está mal. ¿No lo ves? ¿No te das cuenta?... - escucho a Mariano decirle a su madre. Noto su voz asustada, pero tampoco puedo hacer nada.

Norma y Mariano hablan sobre qué hacer conmigo.

Yo no intervengo ahora. Sólo les digo que yo sí me doy cuenta de la situación en que pongo a todos, a él, a su madre. Pero que esto es algo que yo tengo que hacer. No es cuestión de médico ni de sacerdote, y yo no voy a ver ni médico ni sacerdote. Si quieren hacer algo, entonces tendrán que hacerlo sin mi consentimiento, y deben saber que eso no resolverá nada. Tienen que creerme que esto es algo entre Dios y yo.

Ahora Mariano quiere llevarme, sacarme de casa pues está convencido que necesito salir de ella. Pero, su amor por su madre le hace sufrir lo indecible.

Se repiten otra vez las escenas de rabia y gritos de Norma. A veces pareciera que la situación se va a escapar de control. No sé qué hacer. Sólo quiero que esto se termine pronto, de una vez. Yo sólo quiero alejarme de la casa. Tengo que irme, ¡y ahora! Estoy perdiendo mi mente aquí.

Finalmente, Norma cesa de batallar. Se resigna otra vez, aunque también me doy cuenta que ella misma se halla al borde de colapsar frente a todo esto que no puede entender.

Una vez más vamos arriba a buscar algo para llevarnos.

"Tengo que dejar todo. No necesito llevarme mucho", me repito para mí mismo. *"No necesitas nada material",* me dijo Dios.

Para llevarme algunas cosas que creo serán suficiente tomo la funda de mi almohada, ya que no quiero llevar la maleta. Allí pongo interiores, pantalones, franelas. Zapatos en una bolsa de plástico, y sombreros. Un poco de dinero en efectivo. Efectos personales de aseo, y ¿los tapaojos ?... no, no, ya no puedo usarlos. Un puñadito de cosas, nada más.

Norma decide preparar también solo unas pocas cosas para ella. A pesar de mi falta de emociones, de frialdad externa, aparente, que no puedo evitar, me alegro, sí; después de todo yo no quiero dejarla sola, yo no quiero alejarme de ella sino de la casa, y si le digo que no me siga cuando quiero caminar es porque necesito estar solo, pensar, y no porque no quiera estar con ella sino que necesito entender lo que ocurre conmigo y eso solo lo voy a resolver yo, nadie más.

Norma quiere llevarse sus pocas joyas. Le digo que no le hace

¿QUÉ LE SUCEDIÓ A JUAN?

falta llevarlas. Se genera otra gran discusión porque insisto en hacerle entender que si quiere llevarlas, pues que lo haga, yo no me opongo, sólo le digo que no las necesita. Norma se resiente porque cree que a mí no me importa el que su aprecio sea realmente porque su padre tuvo que trabajar muy duro para regalárselas. Yo trato de hacerle entender ahora que no es eso; es que las joyas en sí, de donde provengan, no le sirven para nada.

Finalmente entiendo que no debo continuar tratando de que ella me entienda, y Norma entiende que sí puede llevarse sus joyas, si esa es su voluntad.

Preparamos nuestra camioneta Blazer. Colocamos a Pipo, el lorito, y los perros, Casey y Chester.

Norma va a manejar siguiendo a Mariano. Ella no quiere por nada del mundo que lo haga yo. Yo no podría manejar si me voy solo, pero sí puedo hacerlo con ella. Cree que yo no puedo, que no estoy en condiciones, que no estoy en mi sano juicio. Para herirme aún más, en su dolor, lo sé, me dice que no quiere que yo trate de matarla estrellándonos por la carretera. No contesto nada. Ni yo mismo entiendo lo que me ocurre a mí mismo en esto que me afecta aquí en la casa, pero jamás tengo un pensamiento, ¿cómo podría tenerlo?, ni por un solo instante, de nada malo o de algo que no me lleve sino hacia Dios, a Quién estoy buscando entender. Entiendo que son malas las consecuencias de dejar todo así de repente, pero no es lo que deseo hacer sino que ya no puedo seguir así, no puedo. Tengo que resolver lo que me ocurre aquí dentro. Todo lo que necesito es estar aislado de todo, de todo, por un tiempo.

Llega Carlos. Breve despedida con un silencioso, fuerte, largo abrazo. Tengo el corazón hecho pedazos por todo lo que estoy causando. Ahora me doy cuenta. Sí me duele, ¡sí me duele! todo esto, pero no puedo evitar hacer lo que tengo que hacer. No es que no quiera, ¡no puedo! No puedo llorar, a pesar de que quiero y necesito hacerlo.

Finalmente, partimos. Está anocheciendo.
Mariano sale adelante. Se supone que Norma va a seguirlo. Obviamente no le es nada fácil. Norma no está acostumbrada a manejar por autopistas, y la salida por la Beltway 8 se le hace muy penosa por el tráfico, a pesar de mis indicaciones. No nos hablamos sin discutir. Quiero hacer algo para disminuir la tensión y su frustración, su rabia, su dolor; no se me ocurre nada. Ahora estoy aterrado por ella, por algo que pueda ocurrirle dadas las condiciones en las que está manejando. Está muy nerviosa, sumamente alterada.

Después de un tenso rato ya puedo estar más tranquilo ahora con Norma al volante dado que estamos en la interestatal I-10, más simple para ella para manejar con el tráfico yendo en una sola dirección sin salidas. Aquí no hay los peligrosos cruces rápidos de vehículos de un lado a otro, de un carril a otro, como fue más atrás por la Beltway 8, donde había un denso tráfico de vehículos cruzándose delante de ella buscando las salidas.
Puedo regresar a mis reflexiones.
Algo me causa una gran inquietud interna, un desasosiego, dentro de casa. Es algo como una presencia perturbadora dentro de mi casa que me causa una reacción incontrolable. No puedo dormir en mi cuarto. Norma no puede entender, obviamente, ya que ni yo mismo puedo explicarme qué es lo que siento allí, exactamente. Eso sí, necesito estar solo con mis pensamientos, en mi búsqueda interna, aunque junto a Norma. Esto agrava paso a paso la situación entre ambos; no me entiende, está bien, pero no acepta esperar como le digo; la frustración en ella por lo que ve como una locura, una demencia en mí, se intensifica; y crece también mi propio desasosiego e impaciencia al no tener el apoyo que tan desesperadamente necesito en estos momentos. A veces me atemoriza que no pueda resolver mi propio rompecabezas, que no pueda entender lo que tengo que entender; otras veces

¿QUÉ LE SUCEDIÓ A JUAN?

cuando recuerdo aquella "visita" al infierno y la locura consciente que experimenté, pienso que podría estar siendo llevado a un estado mental del que no pudiera salir. Yo sé, siempre supe, de la procedencia de la manifestaciones espirituales de los días anteriores, pero ahora no atino a encontrar una explicación a lo que desde hace noches, y desde esta mañana especialmente, me perturba tanto. Algo anda mal, sí, pero no puedo entender qué es. Debo dejar todo ahora. Eso sí lo entiendo y es lo que me mueve en lo que hago. Pero... ¿qué es lo que me causa eso que siento, esa extraña perturbación? Es lo que busco saber, y para pensar en eso debo alejarme de eso.

Un rápido movimiento hacia la derecha me saca de mis pensamientos.

Ya es de noche.

Me equivoqué hace un rato. No resulta mucho más fácil para Norma manejar por estas carreteras rápidas aunque no tengan salidas frecuentes.

Norma no ve las líneas blancas divisorias de los carriles. Titubeando, corrige la posición o cambia de carril a último momento. No puedo ya soportarme a mí mismo sentado, impotente, a su lado.

Mientras maneja llorisqueando, me reprocha unos momentos, me suplica en otros. Veo que se distrae de las señales que aunque no entiende antes me preguntaba por ellas, por su significado, pero ahora no, no quiere preguntarme.

Una vez más le pido a Norma que me deje manejar. Yo puedo hacerlo. Debo hacerlo. Corremos un gran riesgo con ella manejando en el estado en que está. Yo no siento, a pesar de mi propio estado, ninguna razón que me impida manejar. Creo que tengo un conflicto entre diferentes niveles de consciencia, ¿será correcto decirlo así?, entre un nivel profundo en mi mente y otro nivel normal de raciocinio diario, que no afecta a las actividades mecánicas.

Norma no accede. Está convencida en que no puedo. Yo no puedo forzarla. No puedo hacer nada en contra de su decisión. Me siento impotente.

- Quiero manejar - insisto.

Norma no quiere. Quiero ayudarle. No me deja. No me habla sino para descargarse. No quiero discutir para que no se distraiga más. No dejo de pensar en todo lo ocurrido. Estoy en una situación llanamente extraordinaria, aunque nada sencilla. ¿Qué voy a hacer?

Otra vez cambia de carril, ahora muy lentamente. Escuchamos bocinazos.

Estamos corriendo un serio peligro con Norma al volante. Ella no ve bien de noche, no conoce la ruta, no está acostumbrada a las luces fuertes de los camiones viniendo de frente aunque estén en la otra vía algo separada de ésta por la que vamos. Norma no ha manejado de noche nunca antes por autopistas rápidas, y mucho menos en las deplorables condiciones emocionales en que se encuentra en este momento.

"Dios verdaderamente ha de protegernos ahora", me digo.

Mariano ha desaparecido de nuestra vista. No es que él conduzca muy rápido. No. Es Norma la que conduce muy lentamente. Mariano no se ha dado cuenta de la situación. No quiero llamarlo por el teléfono celular todavía. Estoy esperando que Norma ceda pero no ha querido hasta ahora, y a cada minuto se hace más y más penoso continuar en estas condiciones, además de sumamente riesgoso.

Finalmente, como a unas dos horas después de haber salido de casa, no me queda más opción que llamar a Mariano. Está muy oscuro, es completamente de noche, está muy cerrado, excepto por las luces de los vehículos.

Norma accede a que llame a Mariano, no sin rebelarse otra vez contra toda la situación en la que se halla y no entiende ni está dispuesta a aceptar.

Mariano va adelante como por una media hora a este ritmo de

¿QUÉ LE SUCEDIÓ A JUAN?

marcha.

Tengo que describirle a Mariano exactamente dónde es que estamos para que él se detenga y espere por nosotros en la salida más visible para Norma. No quiero que ella se pase y tengamos que pedir después a Mariano que nos siga hasta otra salida de la I-10. No sé cuánto va a durar la carga de la batería del celular. Además, el tráfico está muy pesado y es muy peligroso para hacer rápidas maniobras de cambio de dirección.

Mientras intercambiamos información Mariano y yo, poco a poco para "alinearnos", uno yendo y el otro esperando, y luego indicarle en qué milla estamos, seguimos adelante, hacia nuestro encuentro. Voy mirando los postes de millas para avisarle con tiempo a Norma. Mariano ya se ha detenido y nos espera en el frente de un hotel que está junto a la I-10, que es muy visible desde la carretera y con bastante anticipación. Bueno, eso mejora la situación para Norma, para nuestro encuentro con Mariano.

De pronto, lo que me perturba se intensifica. Me parece que he de perder mi control. No, no es eso. Es un gran desasosiego interno, como una gran agitación, ¿emocional? No, no, profundo en la mente. No sé definirlo, pero es una agitación profunda. Pienso que no voy a poder seguir encerrado en la camioneta. Me falta aire. Me pesan mucho, enormemente, los pies al levantarlos del piso de la camioneta. Se saltean pulsos en el corazón. Tengo contínuas oleadas, suaves temblores que recorren mi cuerpo subiendo desde las puntas de mis pies. Estoy convencido que algo me pasará. Creo que voy a morir... no, no, "esas no son señales para morir", me digo para mis adentros, entre convicción y esperanza. Pero de cualquier modo, estoy muy asustado. No sé qué es lo que me está pasando. Por momentos quiero regresar a casa. ¿Se lo digo a Norma? Finalmente le digo.

- ¿Qué estás diciendo? ¿Regresar a casa? ¡Ahora menos que nunca! - me responde.

Manejar de regreso a casa está muy lejos de sus posibilidades ahora ya con la eventual necesidad de salir de la autopista y luego encontrar la vía de regreso por debajo de ella. Es algo que Norma no está en condiciones de hacer, aunque yo la dirija. No, no quiere ni intentarlo. Por un momento el pánico se apodera de ella; nos vemos en la posibilidad de un inminente terrible accidente. ¡Cuidadooo!... ¡Oh, sí! Obviamente Dios está con nosotros, ya lo creo, pues la manera en que nos estamos desplazando, casi erráticamente, y corriendo a muy baja velocidad, Norma, sin ver prácticamente nada, nos está llevando al desastre. Es cuestión de tiempo. De poco tiempo. Y yo no puedo hacer nada. No puedo usar la fuerza. No podría, aun si quisiera hacerlo ya que algo me impediría hacerlo, es algo que siento profundamente.

Finalmente nos acercamos a la salida para encontrarnos con Mariano. Tomar la salida, identificar y seguir por la estrecha y oscura vía paralela a la autopista I-10 que Norma simplemente no ve, ni por sus problemas de visión ni a causa de su estado de pánico, acaba de ser toda una gran hazaña.

Salimos de la I-10 y nos detenemos en el patio de estacionamiento del hotel en el que nos espera Mariano.

Doy gracias a Dios por ayudarnos.

Mariano va a dejar su camioneta en el parque de estacionamiento del hotel ya que Norma no quiere que yo maneje nuestra Blazer. Accediendo a regañadientes, Mariano va a manejar hasta San Antonio, y mañana va a venir con Tammy a buscar su camioneta. ¡Qué manera de complicarle las cosas a mi hijo!, pero no puedo evitarlo.

Bajo de nuestra camioneta mientras Mariano estaciona la suya. Me pesan terriblemente los pies mientras camino para estirar mis piernas.

Debo esperar unos minutos antes de que pueda volver a subirme a la camioneta.

- Yo sé lo que me pasa - le digo de repente a Norma - he cometido una gran violación...

- ¿Violación? ¿Vos? ¿Qué estás diciendo? ¿A quién violaste?

¿QUÉ LE SUCEDIÓ A JUAN?

¿Qué es lo que has hecho?... ¿Qué? - obviamente Norma me entendió mal.

- He violado algo frente a Dios - le digo para calmarla en las conjeturas que obviamente hizo.

- ¿Cómo que has violado algo frente a Dios?

- Lo que hacemos todos. Desobedecer a Dios... No escuchar a Dios... No seguir lo que creemos de Dios...

Mariano sube a nuestra camioneta y se hace cargo del volante para poder continuar el viaje a San Antonio.

Cuando Mariano toma el volante, siento un alivio inmediato por Norma, por ambos. Yo ya estaba bien preocupado por ella y por su negativa a dejarme manejar. Y de repente, comienzo a sentirme muy mal, extrañamente. No puedo quedarme quieto en mi asiento. Necesito voltearme de un lado para el otro. Los pies me pesan demasiado pues son de plomo. Tengo un desasosiego increíble. Le pido a Mariano que pare, por varias veces. Necesito salir fuera de la camioneta y tomar aire. Una vez fuera, y después de un par de pasos, me asalta un temor atroz que pueda haber culebras. No puedo seguir afuera. Entro. Una vez dentro, otra vez mi desasosiego, la sensación de que algo pasará con mi corazón. Me saltean pulsos. Siento las pausas cuando faltan pulsos. Me retuerzo en mi asiento. Digo cosas que se aparecen en mi mente espontánea, involuntariamente. Estoy convencido de que se me anuncia que voy a morir. Finalmente me arrodillo en mi asiento, mirando hacia atrás. Así puedo, al fin, calmarme. Continúo diciendo algunas cosas que a pesar de estar consciente de decirlas, no las entiendo y no puedo evitar el decirlas.

Le digo a Norma *"que no puedo darle la espalda"*; que por eso me arrodillo mirando hacia atrás.

Norma se molesta por mis "estupideces".

- ¿No ves que algo tiene, que algo le pasa? - sale Mariano a apaciguar su reacción.

- Les digo que algo va a pasar más adelante, ya lo verán ustedes, con el tiempo... - y agrego - yo tengo que hacer lo que estoy haciendo porque es un anuncio. Ustedes no pueden creerme...

Los pies me pesan cada vez más. Son dos mazas de plomo. Me cuesta levantarlos, moverlos.

Siguen salteándose pulsos del corazón.

Llevo puesta la yema de mi pulgar izquierdo sobre la vena en la muñeca de mi mano derecha. Me sorprendo porque se saltean trenes de dos y tres latidos continuos. El corazón se "vacía", siento la falta de sangre, la falta de presión, pero no disminuye mi capacidad racional, excepto que siento algo de temor.

Una oleada de ondas sube por mi cuerpo desde los pies.

Siento las suaves ondas por mi cerebro, como se manifiestan también antes de ocurrir los cortocircuitos cuando estoy recién levantado, ya fuera de la cama.

Nos detenemos varias veces más. Necesito salir de la camioneta. Mariano ahora está molesto conmigo, además de desconcertado y asustado. No bien pongo mis pies fuera de la camioneta, que ya estoy entrando por el temor a las culebras.

Al pasar por el límite de Seguín, antes de llegar a San Antonio, varias millas antes de la avenida de circunvalación 1604, siento que estoy pasando por una línea de seguridad.

« **Estás a salvo. Acabas de pasar por la línea** » se imprime en la mente. ¿Por qué? ¿Acaso sucederá algo en Houston?

- Ahora estoy a salvo - les digo a Norma y Mariano. Hay algo que no podrá alcanzarme ya. Lo que sea, su poder quedó atrás de ese límite.

No responden, aunque Mariano mueve sus ojos hacia mí, y Norma deja ir un suspiro.

Llegamos a casa de Mariano.
Es tarde, casi medianoche.
Siento pena por Tammy, esposa de Mariano.

No como casi nada al llegar, solo té con galletas secas, algo de ensalada, y agua al final.

Por varios días éste continuará siendo mi menú. No puedo

¿QUÉ LE SUCEDIÓ A JUAN?

comer otra cosa, simplemente porque no me provoca comer otra cosa. Ensaladas son la base. Hay una razón, y a mí me gusta.

Discutimos otra vez, Norma y yo.

Norma ya ha fijado su mente en que todo esto que pasa tiene un solo responsable: mi hermano, por su salida de nuestra compañía. En vano trato otra vez de disuadirle. - Es absurdo - le repito varias veces - creer eso después de lo que te he contado -. Pero no puedo convencerla; por el contrario, con mis negativas Norma se aferra aún más a sus conclusiones de que la salida de mi hermano me ha afectado a tal punto de provocar este colapso mental en mí.

Me pregunto ahora,

¿Quién creerá, en este mundo, que yo tuve una experiencia espiritual real? ¿Quién me creerá que *Dios me tocó*? Recuerdo cómo se reían de mí los oficiales de la policía que me detuvieron en el boulevar Commonwealth, - ¡Ah, he says he lives in God's house! (¡Sí...! Dice que vive en la casa de Dios) - . De alguna forma Dios estuvo conmigo el 4 de Julio. Yo lo sé. No me cabe dudas. Es más que creerlo... es saber de Su presencia, de la Manifestación de Dios mismo en mí. No ceso de repetirlo tantas veces como pueda, a mí mismo, y cuando me dan la oportunidad. Sé que hago y digo cosas que ahora ni yo entiendo, pero tengo la certeza de que entenderé más adelante.

Es hora de ir a dormir.

Voy a dormir en una camita de la habitación auxiliar en la planta baja que Mariano nos tiene reservada para cada vez que le visitamos. Hoy voy a dormir solo en ella. Norma lo hará en la sala. Chester va al patio y Casey se acurruca en una alfombrita en el bañito al lado de esta habitación. Pipo, en su jaula tapada, va a la sala de estar y televisión.

Para poder ir a dormir le pido a Mariano su pequeña crucecita de plata; es una versión ligeramente más pequeña de la mía que yo arrojé en los ligustros, allá, en el parque de estacionamiento donde Dios me tocó.

Enriedo la cadenita entre mis dedos para asegurarme así que no la pierda de contacto cuando me duerma.

¿Tengo temor? Por supuesto que sí. Temo, respeto a Dios. ¿De quién o qué otra cosa habría de temer?

Me meto en la cama junto a la ventana que da al frente de la casa.

Veo que el ventilador de techo está funcionando pero no me provoca ninguna reacción adversa.

Estoy más tranquilo ahora.

En algún momento de la noche, completamente despierto, tengo una visión. Muy fuerte en mi mente aparecen números rojos, muy gruesos, del uno al seis, sobre fondo absolutamente negro, el universo oscuro de fondo,

« 1... 2... 3... 4... 5... 6... ... .. ».

Los números van apareciendo uno a uno, en secuencia, sin escuchar nada con mis oídos, sin embargo, siento un fragor que acompaña la aparición de cada número en mi mente. Los veo impresos a todos en mi mente, y luego desaparecen rápidamente. No les vi con mis ojos, no. Estaban en mi mente, dentro, inconfundiblemente.

No me asustan, sino que me impresionan. Estoy inmediatamente convencido que tiene algo que ver con las *Tablas de los Mandamientos de la Ley de Dios*. No sé porqué se me ocurre eso. Me pareció percibir algo más a continuación de los números, antes de que desaparecieran, algo así como dos elementos o dos números más. Me pareció que hubo una enfatización del uno hasta el seis, y luego una muy rápida extensión hasta el diez, ¿o fue hasta el número doce? No estoy seguro, excepto del uno a seis.

9 de Julio.

Me despierto y levanto temprano.

¿QUÉ LE SUCEDIÓ A JUAN?

He dormido bien, por fin.

"Es 9 de Julio", me digo a mí mismo recordando que es el día de la independencia de Argentina.

Tomo té con crackers.

Al rato tengo un impulso: voy a limpiar el jardín trasero de la casa. Me siento muy bien y extraordinariamente energético por un rato. Rastrillo todo el patio, todas las hojas de los numerosos grandes árboles del patio de la casa de Mariano y Tammy. "Podría hacer un hermoso jardín, yo lo mantendría todo muy agradable. Todos podríamos disfrutar de él. Podría estudiar, reflexionar junto a las plantas. A Norma le gustan las plantas", pienso mientras trabajo.

El entusiamo y la energía desaparecen al rato tan súbitamente como aparecieron. No sé qué pasó.

Más tarde, decido sentarme a leer una Biblia en inglés que me presta Tammy, en una silla, afuera, a la sombra de los árboles del patio. Tampoco duro mucho tiempo aquí. Quiero entender lo ocurrido, sí, pero no encuentro motivante ahora a la Biblia sino más bien como una carga. No sé si es porque está en inglés y contiene expresiones que nos conozco.

Salgo luego a caminar por el vecindario. Me acompañan los salteos de los latidos del corazón y las suaves ondas por mi cerebro. Los pies me pesan increíblemente. Camino más despacio aún.

En la noche, en el supermercado al que acompaño a Mariano, tengo ciertas reacciones extrañas, nuevas, en mi laringe, como si estuviera tragando muy suavemente... no, no; como si el corazón dejara de latir por un momento y yo siento entonces la falta de flujo de sangre. Trato de relacionar esa manifestación con lo que observo para ver si hay un patrón que provoca esa reacción. No relaciono nada.

10 de Julio.

Otra noche más que he dormido bien.

Mientras salgo a dar una vuelta por el vecindario con Casey, pienso que yo debo cuidar de Norma y de mí mismo. Y entonces, así de repente, quiero regresar a Missouri City. No puedo quedarme aquí otro día.

Salimos a media mañana.
El lorito Pipo y Chester se quedan con Mariano. Casey regresa con nosotros.
Norma conduce durante todo el regreso. Es de día; no tiene problemas ahora.
Llegamos a casa sin inconvenientes. Gracias a Dios.

La grabadora de mensajes en la oficina de nuestra casa en Missouri City está atestada de mensajes. No es para menos. Tenemos casi trescientos clientes regulares por semana para servir. Muchos están esperando por los servicios atrasados. Estamos en pleno verano. Un solo día de retraso ya es mucho para muchos.
Mientras Norma se ocupa de las cosas en casa, en preparar algo para comer, y de Casey, yo me pongo a revisar los innumerables mensajes y ver las listas dejadas por Carlos ayer y las que dejé yo mismo la semana pasada.
¡Qué desorden, Dios, qué desorden tengo aquí!
La mayoría de las llamadas son de quienes quieren tener el servicio atrasado; otros quieren saber qué pasó, que algo supieron acerca de un problema en BCHS. Algunos mensajes son de personas realmente preocupadas, interesadas en saber acerca de mi estado, y dejaron largos, interminables mensajes, entre los que hay dos o tres clientes en particular, muy conocidos y con quienes tenemos una muy buena relación y trato, y que esperan que me recupere de mi *accidente*, especificamente así se refieren a lo que creen saber, y nos desean lo mejor para BCHS y para

¿QUÉ LE SUCEDIÓ A JUAN?

Mr. y Mrs. Martino.
Anoto en la libreta de mensajes telefónicos a todos quienes nos llamaron.

Dejo los mensajes referentes a trabajo atrasado y de clientes con un par de estimados pendientes, y borro todo lo demás.

Comienzo a poner en orden las listas de trabajos hechos para luego pasarlas cuando tenga la computadora arreglada. Otra vez a pensar en esta computadora, no en lo que pasó aquella noche sino en el trastorno de no tenerla en servicio ahora.

Más tarde, el teléfono no cesa de sonar y sonar todo el tiempo. Es la hora en que muchos clientes llaman cuando llegan a sus casas, luego de regresar de sus trabajos. No tiene sentido que tome las llamadas. Hay mucho que hacer. Dejo que la grabadora tome las llamadas; las revisaré después, o lo hará Carlos. No puedo concentrarme en ellas ahora. No sé cómo, pero Carlos se las arregló para atender este gran desorden y para trabajar en las innumerables casas de ayer. Norma me dijo, durante el regreso, que Glenn Francis, el chofer de Live Green, la compañía de fertilización de Carlos, le ayuda a Carlos con las gramas, conduciendo una de las dos camionetas con un grupo de trabajadores mayor de lo normalmente necesario para poder cumplir con el programa semanal de servicios. No creo que la eficiencia de trabajo tenga importancia ahora sino que se haga el trabajo.

El teléfono continúa sonando mientras reviso las listas.

A cada llamada, Norma viene a la oficina; se desespera escuchando los mensajes para recordarnos el servicio pendiente, más aún cuando se refieren a "sus gramas" como las considera y que según ellas están a punto de ser perdidas. Me sigue constantemente reclamándome sin pausa lo que yo estoy haciendo, la destrucción que estoy llevando a cabo. "El trabajo, los sacrificios, el esfuerzo, los equipos, todo, todo tirado por la borda porque vos lo has decidido así", me machaca sin cesar.

Después de cada llamada se repite la misma escena.

Siento que no voy a poder seguir con esto así, con esta actitud, aunque entiendo que Norma está preocupada. Pero ya no puedo hacer nada de esta manera.

Regresé porque creí que tenía que hacerlo y comenzar a trabajar de nuevo hasta que se aclare todo. Yo no siento absolutamente nada por el trabajo; simplemente, no siento nada por eso. Es algo más allá de mí mismo, de mi voluntad. Pero quise venir a ayudar a poner todo en orden hasta saber qué hacer.

Ahora ya no puedo seguir. No voy a seguir de esta manera.

Una vez más, dejo todo.

Ante mi decisión, y luego de un largo rato discutiendo, finalmente decidimos que vamos a vender la casa.

No voy a salir a trabajar mañana.

Comienzo a limpiar la oficina, a sacar todo aquello que no sea útil.

Cajas vacías, bolsas y más bolsas pesadas del tipo de contratista van siendo llenadas de cosas que ya no necesitaremos y van a parar afuera para que mañana se las lleve el camión recolector de basura.

Películas, cuadernos, libretas de teléfonos, cajas y cajas de volantes de BCHS, papeles borradores de negocio, estimados, cartas, archivos de hojas diarias de trabajo, directorios, artículos de escritorio, adornos vanos de cerámica y madera, van para la basura. Sólo dejo lo que sean documentos legales del negocio que se necesitarán para hacer el reporte final y cerrar, terminar las actividades.

Toda mi biblioteca se va a la basura. Ya no quiero esos libros. Revistas y más revistas también.

Son muchas las grandes bolsas de contratistas que lleno con basura.

Ya no trabajaré en esto.

Ya no necesitaré más nada de esto.

No tengo ninguna emoción personal al respecto. Lo único que siento es una gran pena por Norma, pero no puedo detenerme.

¿QUÉ LE SUCEDIÓ A JUAN?

Entrada la tarde vamos al taller; tampoco tengo ninguna emoción a pesar de haberlo construído con mis manos, con mis propias manos, yo solo, nadie más excepto un soldador, aunque siempre contando con la ayuda de Norma y los chicos que con sus trabajos me permitieron que yo pudiera dedicar el tiempo, los esfuerzos y los recursos para esto, y también con la ayuda de Dios, como siempre. Pues, sí, voy a dejarlo. Es lo que siento que se me induce, de alguna manera. Que lo deje ir. *Tengo que salvarme.* No le voy a dar prioridad a mi taller sino a seguir lo que siento en mí, a resolver, entender lo que ocurre en mí, no importa si lo hice con mis propias manos; no me importa ahora otra cosa, no puedo preocuparme por ninguna otra cosa, no, no... no puedo preocuparme por nada mientras tenga esto dentro de mí.

La cena es muy tensa entre Norma y yo.

Tomo despacio mi sopa mientras la sigo con el rabillo de mi ojo. ¡Cómo quiero poder decirle que quiero ayudarla!, a pesar de lo que ella ve que yo hago, de mis decisiones mezquinas, insensibles, inexplicables, arbitrarias, como ella cree. Me duele que diga que soy frío, insensible, que no me importa que se pierda el negocio de toda la familia en el que todos hemos trabajado tanto ("sí, todos, ¡todos hemos trabajado duro para eso!, no solamente vos", insiste desesperadamente), pero es que hay algo que me impide expresarme, que sí es verdad lo que dice respecto al esfuerzo y expectativas, pero hay algo más importante ahora que debo entender, para lo que debo seguir buscando tranquilizarme antes, y luego entender lo que ocurre. Es verdad que al mismo tiempo que necesito reflexionar, hacer y moverme como tenga que hacerlo, yo le entiendo sus reacciones también. Es una batalla terrible que estoy librando dentro de mí y que no sé manejar aún... excepto que me necesito a mí mismo, ¿cómo podría expresar lo que no puedo expresar? Siento ahora como si dos mundos nos separan... Necesito pensar. Necesito pensar en todo esto. Sólo quiero salir de esta opresión dentro de mí que no puedo mostrar a los demás, menos a ella... no puedo... hay algo que me sofoca, me ahoga dentro de mí... Necesito que se me deje resolver, lo que sea.

Antes de ir a la cama, saco a pasear a Casey en una larga caminata que aprovecho para hablarle a Dios. Le pregunto una y otra cosa, una y otra vez. Le pido respuestas para ahora y para más adelante. Más que nada Le busco dentro de mí y Le pido que me oriente.

A la noche, no puedo dormir arriba, ni en mi cuarto ni tampoco en ninguno de los otros que eran de nuestros hijos, de Mariano uno, de Omar y Carlos el otro.

Entonces bajo y me preparo el sofá cama que tenemos en la planta baja, en la sala, frente al televisor.

Voy a la cama con el crucifijo de Mariano en la mano derecha. No puedo ir a dormir sin él. De repente, tengo miedo.

Duermo de un solo lado, derecho. No puedo dormir sobre mi lado izquierdo. No lo sé, algo me impide otra vez conciliar el sueño sobre ese lado; y si persisto me entra como un desasosiego.

Otra vez me despierto en la noche con cortocircuitos en el cerebro, fuertes estallidos eléctricos secos, dentro de mi cabeza. Son inconfundibles "shaack... shaaaaack".

11 de Julio.

Llega Omar de Denver para ayudarle a Carlos y Glenn.

Paso el día buscando cómo estar un rato a solas afuera, en lugar de pasármela encerrado en la oficina sin hacer nada para evitar que Norma reaccione.

En la noche, yendo a la oficina y pasando frente a la escalera que lleva al piso superior, recuerdo la noche del 5 de Julio, cuan-

¿QUÉ LE SUCEDIÓ A JUAN?

do parado en su parte superior, sentí el repentino impulso de arrojarme de cabeza hacia abajo. En aquel momento se me ocurrió que eso era lo que tenía que hacer puesto que el 4 de Julio yo ya lo había hecho hacia atrás. De repente ese impulso se desvaneció, y me dio mucho miedo por lo que había estado a punto de hacer. El mismo temor me invade ahora. Otra vez soy consciente de que no hubiera sido lo mismo que aquel "salto que dí" desde la cerca. No hubiera tenido aquí en la escalera el mismo desenlace que en el patio de estacionamiento junto a la cerca de arbustos; me habría matado de haberlo hecho esa noche. Sé que *Dios me detuvo* esa noche pues no era lo que debía hacer.

Ahora recuerdo otra vez lo de Abraham. Dios lo detuvo.

"Pensar en esto es una señal para buscar en la Biblia", me digo. Eso es. Entonces, voy a leer la Biblia todas las noches. Tengo la que me prestó Mariano.

Ya acomodado en la oficina, comienzo a leer la Biblia.

Se me hace pesado leer en mi estado esta versión de la Biblia en inglés con un vocabulario especial, y me canso muy rápido.

Mejor me voy temprano a la cama.

Voy a la sala.

Seguiré durmiendo en el sofá cama, aquí abajo.

Norma va a dormir arriba, en nuestra habitación. Me deja no sin antes cerciorarse que todo está bien conmigo. Sigue convencida de que yo necesito tratamiento y se molesta cuando me niego a ello, y en su impotencia por mi negación me amenaza hacerme ir a tratar por la fuerza, que va a llamar a alguien para que me pongan bajo tratamiento. Le recuerdo otra vez que no debe hacer eso, pero que si lo hiciera porque no puedo evitarlo, nada va a resultar. Creo que mi "necia terquedad", como ella cree que es, es lo que la descoloca, la desespera más y se dispone a ir a dormir. No sé cuantas veces se lo he dicho ya, y vuelvo a decirle, "esto es algo entre Dios y yo". Comienza a caminar, pero se detiene.

- ¿Te vas a morir? - me pregunta.

- ¿Por qué?

- Porque decís que es algo que tenés que arreglarlo con Dios.
- No sé. Espero que todavía no. Lo que tengo que arreglar con Dios lo puedo hacer ahora, antes de morir. Quiero hacerlo antes de morir, sea ahora o en cien años.
- ¿Tenés miedo de morirte?
- No. De lo que tengo miedo es de no entender antes de morirme. Pero creo que Dios va a arreglar las cosas para que pueda entender. Al fin y al cabo, ¿para que me tocaría sino para que entienda algo, para orientarme, eh?

Norma se va sin decir más nada.

Me acomodo, siempre aferrando el pequeño crucifijo de Mariano. Me duermo casi de inmediato al acomodarme del lado correcto.

Cada vez que me levanto para ir al baño durante la noche tengo fuertes estallidos en el cerebro. Me sacuden, pero acepto lo que sea, lo que Dios disponga. Cada vez que tengo estos estallidos reafirmo mi convicción de que tienen que ver entre Dios y yo; no es cuestión de médico ni de sacerdote. Al regresar a la cama puedo volver a dormirme inmediatamente.

A la mañana, luego de haber dormido relativamente bien aquí en la sala, me pregunto otra vez: ¿Qué no me deja dormir arriba? Me doy cuenta que esta imposibilidad de ir a dormir arriba le hace peor a Norma, y a nuestra comunicación; me separa más de ella, a pesar de que no es lo que deseo y que ella necesita entender también, o al menos aceptar y esperar.

12 y 13 de Julio.

Carlos y Omar continúan trabajando con todos nuestros empleados y la ayuda de Glenn Francis.

Norma está desesperada viendo que el negocio de la familia se "va" de sus manos.

¿QUÉ LE SUCEDIÓ A JUAN?

Continúo comiendo muy poco. Arroz blanco, ensalada y galletas. Algunas frutas, y bebiendo solo té y agua.

A la tarde voy al taller, cuando mis hijos y nuestra gente regresan de trabajar.

Les agradezco a los empleados por la ayuda que nos están dando. Les pido que me perdonen por mis fallas; que sé que yo tengo mucho empuje y energía para trabajar y mucha voluntad e incentivos íntimos, y que ahora sé que no puedo esperar de ellos lo que yo hago por mí y para mí mismo; y que eso, ese empuje y deseo personal, me ha conducido a algunas presiones indebidas sobre ellos. Les pido, por favor, que me perdonen.

Les abrazo a todos.

Dentro del taller, sobre un escritorio que tengo allí, veo aquel papelito en el que Carlos había anotado una secuencia de números que le dicté el sábado 30 de Junio mientras yo estaba trabajando en la casa de un cliente en Sweewater. Yo había completado por fin la secuencia de números que se me había inducido parcialmente uno o dos días antes en casa. Esa inducción estaba relacionada con algo de la cadena de vida cuando se me indujeron todos los superconocimientos. Luego, más tarde ese 30 de Junio, lo asocié como una premonición positiva para jugar el lotto de Texas. Bueno, "¡qué gran tontería!", me digo en este momento, y agrego, siempre para mis adentros, "no pude haberme equivocado peor".

Más tarde vienen a casa Alicia, hermana de Norma, y Augusto, su esposo, de quienes estábamos distanciados a causa de desacuerdos, desavenencias y malentendidos por razones de trabajo y familiares desde enero de 1998, cuando Augusto dejó de trabajar con BCHS, con nosotros. La salida de Augusto fue también una sorpresa que tuvo un inesperado impacto emocional en Norma, por los vínculos familiares por una parte, y por algo que ocurrió sin nuestra intervención, pero que nunca fue aceptado así por parte de ellos.

Augusto está trabajando, desde que se fue de BCHS, en servicios de gramas también, por su propia cuenta, con un grupo de trabajo.

Es de verdad una grata sorpresa la visita de Alicia y Augusto.

También ellos fueron traídos por lo que sus propios empleados les comentaron acerca de mi "accidente". Una vez que lo supieron quisieron saber de mi estado y terminar con esta separación familiar.

Por un largo rato les cuento de la Manifestación de Dios en mí mientras me escuchan absortos. Alicia no cree que fue una Manifestación de Dios; lo noto por sus expresiones y re-preguntas, y no la juzgo por eso, sino que no puedo dejar de observar las reacciones a tan extraordinario *toque de Dios* en quienes me escuchan. Augusto parece más propenso a creer, pero también noto que no se siente seguro de lo que cree en estos momentos. Es que hablo de una experiencia con Dios atípica, sobretodo en lo que respecta a la experiencia en el infierno.

Al menos, este incidente promovió el acercamiento que desde hacía ya tiempo que yo le decía a Norma que no debía postergarse más; y más aún, insistía yo, porque sus propios padres, equivocadamente o no, estaban involucrados.

Por fin veo que la relación familiar interrumpida por tontos incidentes se pone en marcha de recuperación con esta visita. Es el momento de hacer algunos arreglos impostergables. Luego de explicarles brevemente mi versión acerca de lo ocurrido con una camioneta que le habíamos regalado a Augusto[(*)], les hago saber mi decisión de regresársela, y que yo sé que él realmente se la ganó con su trabajo con nosotros.

Después de un rato se van y nos despedimos prometiéndonos mutuamente continuar visitándonos.

En la noche, antes de ir a dormir, continúo leyendo la Biblia que Mariano me prestó. Hoy, además del cansancio por leerla en

¿QUÉ LE SUCEDIÓ A JUAN?

inglés, se le suma el tipo de letra, que es muy pequeño. Necesito lentes para leer. He pasado por Génesis durante mi "caminata junto a Dios el 4 de Julio", y ahora, lo estoy haciendo a través de estas líneas de este libro. Estoy interesado en este libro Génesis de la Biblia pues me toca muy íntimamente luego de mi encuentro con Dios.

(*)
Yo le había regalado una de las camionetas de trabajo a Augusto al irse, como parte del reconocimiento por su muy buen trabajo con BCHS, pero Augusto tenía que registrarla y sacarle placas nuevas, cosa que no hizo de inmediato, y en cambio dejó la camioneta estacionada en el complejo de apartamentos en el que viven, nada lejos de nuestro taller. Un policía que vivía en el complejo vio la camioneta sin placas por cierto tiempo, y luego ordenó hacerla llevar al sitio de depósito del condado. Llegó una carta del condado para mí a los dos meses, pues yo era el dueño registrado, y fui a reclamarla y a recuperarla luego de un abultado costo de multas y cargos por el depósito. Aquí fue el preciso momento en que cometí un error, yo mismo. Pensé que Augusto no quiso la camioneta y la dejó abandonada, que no quiso recuperarla (equivocadamente yo pensé que le habrían avisado a él, cosa que no me di cuenta en ese momento que no podía ser porque él no la había registrado aún. Es la verdad, por tanto que parezca, e insisto que yo no me di cuenta que Augusto no podía haber sido avisado porque él no era todavía dueño registrado), por lo que yo me sentí con todo mi derecho a retomarla. En el tiempo, se la asigné a mi hermano cuando él vino a trabajar con nosotros, y ahora permanece en nuestro taller. Para ellos, Augusto y Alicia, yo fui quién mandó a que la sacaran de su estacionamiento y esto nunca fue adecuadamente resuelto, sólo debido a la total falta de comunicación entre nosotros. Si algo surgió posteriormente en relación a esta camioneta, es por lo que ellos comentaron al padre de Norma, y éste a Norma. Hasta hoy, en que la visita de ellos trae a mi mente este infortunado incidente muy mal manejado por mí primero, y reaccionado equivocadamente por parte de ellos luego, este lamentable asunto permaneció sin haberse resuelto adecuadamente. Habiendo estado yo en posesión de la camioneta desde que la "secuestraron", les he estado indicando que sus sospechas de que yo tuve que ver con el se-

cuestro de ella era verdad; mi proceder les confirmaba la "verdad" a la que ellos ya habían llegado. Finalmente, este asunto llegó hoy a su fin.

14 de Julio.

Norma y yo decidimos ir a San Antonio otra vez este fin de semana. Vamos a llevarnos algunas cosas a la casa de Mariano puesto que ya hemos decidido vender nuestra casa.

Norma manejará la camioneta. No quiere dejarme manejar. Todavía se resiste a creer que yo pueda estar en condiciones de hacerlo. No insisto.

Salimos.
Nuevamente Norma se conduce muy bien de día, en la carretera local primero, en la interestatal luego.

Durante el viaje no paramos de discutir una vez más acerca de lo que me pasó. Norma quiere saber por qué me pasó lo que me pasó. Simplemente no acepta mi versión, la verdad, única verdad posible en mí, de que *es una auténtica Manifestación de Dios que nada tiene que ver con nadie que no sea Dios y yo mismo*. Insiste en saber cuál es la causa real de mi "mal". Insiste en saber qué hice tan malo que no puedo decir nada acerca de ello. Rechaza que haya algo extraordinario en lo que yo digo. No entiende que lo extraordinario lo tengo dentro de mí, en mi consciencia. La comprendo. Otra vez, yo entiendo que ella no entienda porque no puede, pero tiene que aceptar lo que ocurrió y buscar de trabajar en resolver lo que ha ocurrido en lugar de estancarse en que no es verdad lo que digo. Ella ve que se pierde el negocio, pero yo tengo algo que me impide actuar en casa, y no puedo hacer nada sin tener mi espacio para resolver lo que me perturba. Algo me perturba, sí, lo digo, lo reconozco, lo grito a todas voces, pero es algo que solo yo voy a resolver, junto a Dios, y necesito que me deje hacerlo. Si no lo resuelvo, no puedo "funcionar" otra vez.

Más tarde, en realidad ya no es una discusión ni intercambio.

¿QUÉ LE SUCEDIÓ A JUAN?

No. Es un monólogo, de Norma. Yo escucho, de vez en cuando digo algo como para que no crea que la ignoro. No es eso. No quiero discutir, menos pelear. Ella está muy preocupada por el futuro, el de ambos. "¿Qué vamos a hacer? ¿Cómo es posible tirar todo nuestro trabajo, el de la familia? ¿De qué vamos a vivir? ¿Por qué tengo que dejar mi casa y mis plantas? ¿Así actúa Dios, ese Dios que decís que te tocó? ¿Esto hace Dios? ¿Es esto justo para mí y para nuestros hijos? ¡Esto no es de Dios! No, no, nooo... ¡Esto no es de Dios! ¿Cómo vas a venir que te lleva al infierno y después te toca? Pero, ¿qué es eso, eh? Así que Dios, para tocarte... primero te lleva al infierno, ¿eh? Infierno es esto, ahora, dejando todo y tirando por la borda todo lo que una familia levantó, yo, tus hijos, y vos, pero a vos no importa porque ya se sabe que no te afecta nada... ¡nada! ¿No te conmueve como yo estoy?, perdiendo todas mis ilusiones, sueños... Perdiendo ¡todo! como si a alguien le fuera a importar algo... No, no, esto no es justo, yo no me lo merezco. Si ese es Dios... quedáte vos con tu Dios, yo no lo quiero, ¡no quiero ese Dios!..."

Llegamos a San Antonio.

15 de Julio.

En la mañana Norma libera a "Pipo", su lorito. En un arrebato de frustración, cegada en llanto, abrió su jaula en el patio y le dejó volar. Esto da lugar a otras interminables discusiones.

Paso el día sacando a caminar a Casey a cada rato. Estos paseos me dejan solo para reflexionar y hablar con Dios; en realidad es para pedirle, una y otra vez, que me lleve a entender, que me oriente para entender la relación entre todo lo que ha venido ocurriendo desde que yo comencé a visualizar las cosas acerca del universo, Sus manifestaciones, y lo que me perturba. ¿Qué es lo que me perturba tanto? Entiendo que hice algo mal, pero quiero reparar lo que haya hecho mal. Entonces, ¿qué me perturba? Algunas veces Norma quiere venir a caminar conmigo pero necesito estar solo para reflexionar y hablar con Dios; no quiero hacer otra cosa, no puedo hacer otra cosa. La dejo acompañarme un par de veces, en cortos tramos.

En la noche, cuando camino con Casey, otra vez tengo oleadas que suben desde mis pies. Se me antojan que son señales definitivamente. Y otra vez trato de encontrar un patrón. Al mismo tiempo se saltean pulsos del corazón. Cuando pienso en algo que intuyo positivo, tengo una señal física; al intuir en contrario, que es negativo, tengo otra señal física; a veces no. Cuando se saltean los pulsos tengo la certeza de que he de morir pronto. Luego desecho esa idea; es absurda. Si Dios estuvo conmigo, y lo está, es para que haga un trabajo para Él. Si decide llevarme ahora, bueno, es Su voluntad; pero no, no me parece que sea eso. Esta conclusión me reconforta.

16 de Julio.

Esta mañana me levanto muy diferente. Algo preocupado sí, pero muy diferente.

Salgo afuera a caminar por las cercanías del vecindario. Me llevo a Casey; nuevamente Norma no quiere que salga solo a hacer otra "locura" de las mías y sigue pensando que si me llevo a Casey en la caminata no va a pasarme nada, no se me va a ocurrir hacer nada "raro".
En cambio, se me ocurre pensar en regresar a trabajar. Algo siento en mí. Me asusto. Unas ondas suben rápidamente desde mis pies. Se saltean pulsaciones más frecuentemente, pero yo sigo caminando a pesar de que me faltan muchos pulsos muy seguidos que voy detectando con mi pulgar izquierdo en mi muñeca derecha.

¿QUÉ LE SUCEDIÓ A JUAN?

De pronto me doy cuenta que... ¡Ey!, sí. ¡Oh, sí, sí, Dios mío! ¡He estado interpretando las cosas en sentido contrario!

He estado entendiendo mal las señales de Dios y las del mundo. He estado realmente confundiendo mis pensamientos en diferentes niveles de mi mente, y las orientaciones de Dios. Voy a explorar esto más adelante, pero ahora sé que tengo que regresar.

Debo regresar, sí, a trabajar; debo regresar a Missouri City.

Cuando tengo esas señales que me asustan es que debo actuar, obrar en el sentido que temo. Las señales son buenas, pero el temor es mío. ¡Eso es! No debo temer, es lo que dicen esas señales. Entonces, ¡a regresar a Missouri City!, a casa. A trabajar.

Entro apurado, agitado, excitado, y le digo a Norma, totalmente transformado,

- Norma, ¿qué es lo que estamos haciendo aquí? Éste no es mi lugar. Vámonos para casa. Vámonos a trabajar.

- ¿Qué?... ¿Estás bien? - me pregunta con gran sorpresa, pero su rostro cambia de repente, se ilumina.

- Sí, sí. Yo no sé qué estoy haciendo aquí. Vámonos.

No tardamos nada en recoger nuestras cosas.

Subo a Casey a la Blazer.

Me disculpo de Tammy que estaba atendiendo a Sofía, su hijita, nuestra pequeña nieta. Me gustaría que ella me crea y que me perdone por lo que he estado ocasionando a todos. Le repito un par de veces que crea cuanto digo, que es cierto. Le pido que me despida de Mariano que está en su trabajo y no quiero llamarlo e interrumpirle en lo que pudiera estar ocupado.

Chester se queda gimiendo. Sabe que nos vamos otra vez. Le froto su cabeza y toco su hocico que asoma por la puerta entreabierta cuando voy a despedirme de él. "Ya regresaremos a buscarte en unos días", le digo mientras me lame la mano agitadamente.

Salimos sin más.

Yo manejo de regreso a casa. Finalmente, me impongo. Norma no se opone ahora.

El viaje de regreso a casa se hace en un ambiente entre Norma y yo muy diferente al de dos días atrás. Hablamos, no mucho, pero hay otra "atmósfera" entre ambos.
Llegamos a casa a las dos de la tarde.
Sin problemas y sin demoras.

Norma entra presurosa con Casey después que ésta hizo pipí en la grama, y se dirige animada a abrir las cortinas del comedor diario y regar sus plantas frente a la ventana, antes que otra cosa.

Estoy en la oficina.
Ni siquiera tomo nada ni como nada de almuerzo antes de ponerme a trabajar. He entendido que debo poner manos a la obra, recomenzar, y eso es lo que voy a hacer.
La grabadora de la contestadora de mensajes está otra vez abarrotada de mensajes de trabajo, de los clientes. Desde que llegamos el teléfono no cesa de repiquetear. Resulta exasperante; le bajo el volumen al mínimo. De todas maneras, con el atraso pendiente y la cantidad de llamadas que entran sin cesar, lo mejor es recomenzar nuestro trabajo, de Norma y mío, y sobre la marcha los clientes se darán cuenta de que BCHS ya está resolviendo lo que les afecta.
Inmediatamente voy a prender la computadora que no ha estado trabajando desde la noche del 2 de Julio.
Sin dudar que la computadora trabaja conecto la fuente de poder, enciendo, y sin más... ¡arranca la computadora!
¡Ahora sí funciona! Increíble pero cierto... ¡la computadora no funcionaba! Carlos tampoco pudo hacerla funcionar cuando él trató. Un par de veces me lo dijo a mí, o a Norma y ella a mí.
Busco el programa de BCHS. Los archivos del negocio sí están desaparecidos.
Comienzo a rehacer los archivos que había perdido aquella noche a principios de mes. Con otra información relacionada y en parte por memoria, comienzo a rehacer todos los archivos borrados increíble e inexplicablemente aquella noche imposible de olvi-

¿QUÉ LE SUCEDIÓ A JUAN?

dar, 2 de Julio; "será inexplicable científicamente", se me ocurre pensar, aunque no desde el punto de vista espiritual como lo veo ahora, ya que la computadora arrancó y comenzó a trabajar sin más... ¡porque tiene que ver conmigo y mi relación con Dios! Carlos había tratado de arrancarla y no pudo, y ahora trabaja... ¡sin problemas! ¿No es acaso una extraordinaria buena señal?

Tres horas más tarde tengo todo listo para salir mañana.

¡Todo listo en solo tres horas!

¡Casi toda la información vino de mi memoria!

Yo mismo me sorprendo. Tomo todo esto como la confirmación de haber tomado la dirección correcta. Es lo que Dios quiere. Adelante, pues.

El programa listo, y nuestra gente ya informada. ¡Qué bien!

Me siento muy optimista.

También siento que puedo volver a escribir sobre todo cuanto sucedió. Mañana mismo comenzaré, poco a poco durante mi trabajo, en la camioneta.

Recuerdo la foto que guardé en el cajón la noche del 2 de Julio y la saco. Está normal. Reapareció el sujeto que se había borrado al jugar yo con la foto.

Todo está bien. Todo va a estar bien ahora.

Esta noche es muy diferente.

Norma me acompaña por un rato durante la caminata de Casey. Luego ella entra a casa pero yo quiero estar afuera por un poco más. Quiero conversar con Dios como vengo haciendo todas las noches. Más tarde, cuando entro, leo otras pocas páginas de la Biblia antes de cansarme de ello. Doy gracias a Omar en mente; ayer me prometió enviarme una en español, cuando regrese a Denver, publicada con un tipo de letra más grande. Esperaré por ella.

Me voy a dormir. Estoy cansado pero tranquilo.

17 de Julio.

Salimos a trabajar. Una sola camioneta, la mía con doble cabina, bajo mi mando, y con todos los muchachos que hacen falta normalmente en los dos grupos de trabajo, de Norma y mío. Somos una multitud, pero yo ya me siento bien, y Norma mejor aún.

Poco a poco esta semana nos vamos poniendo al día con el programa. Algunos clientes que fueron servidos después de dos semanas de atraso quedaron otra vez bajo programa regular.

Una vez más comienzo a relatar todo lo que ha sucedido desde aquel día que recibí la revista Time, el 19 de Junio, ¡hace ya casi un mes! Incluso hago un dibujo del sitio donde ocurrió la Manifestación de Dios, mi encuentro con Él. Los papeles comienzan a acumularse otra vez junto a mí en la camioneta. Y otra vez hoy, comienzo a usar los volantes de BCHS. A pesar de que boté todo el papelerío la semana pasada, todavía hay volantes de BCHS por todas partes, en las camionetas y en el taller.

Estoy contento.

Aún persisten señales, pero las pérdidas de pulsos son cada vez menos frecuentes, y a veces suaves estallidos en mi cerebro. En la mañana temprano esos estallidos fueron ondas que nublaron ligeramente mi mente, aunque sin hacerme perder mi capacidad racional ni el control motriz de mis acciones reflejas al conducir. No siento temor alguno de conducir en estas condiciones. No creo que haya nada de qué temer en ese sentido. Si lo hubiera, Dios me lo haría saber de alguna manera. Estoy seguro.

En la noche, aún duermo abajo, en la sala. Me despierto dos o tres veces con fuertes estallidos, pero ya no me preocupan; esto es parte de lo que definitivamente tenemos entre Dios y yo ahora, de lo que me une conscientemente a Dios.

¿QUÉ LE SUCEDIÓ A JUAN?

Resto de Julio.

Con el correr de los días retomamos la misma rutina monótona del trabajo de siempre.

Extraño a Chester. Quedó en casa de Mariano. Creímos que era lo mejor durante un tiempo, hasta que recuperemos el ritmo normal de trabajo; y también hasta que yo me sienta más cómodo con mis conclusiones preliminares acerca de todo lo ocurrido. Sí, he venido protestando por el tiempo que me toma atender a nuestros dos perritos en las noches, pero extraño a Chester ahora.

Finalmente conseguimos un muchacho que con el tiempo puede trabajar para conducir una de las camionetas. No le hemos dicho nada pero estamos observando su trabajo y maneras de conducirse con sus compañeros y los clientes. Esto introduce una mejora sustancial en cuanto al trabajo y la creciente carga, al menos anímicamente, sobre todo para Norma quién también consiguió a un muchacho argentino de la provincia de Neuquén que sabe de mecánica, para que se encargue del mantenimiento de los equipos, el que hacía mi hermano Miguel antes de irse a trabajar por su cuenta. Este muchacho, Rogelio, es de una gran ayuda en un momento tan crítico, no sólo por sus habilidades, sino por su manera tan agradable de ser; es correcto y muy positivo el muchacho.

Adentrado en el trabajo rutinario otra vez, dándome cuenta de que a pesar de nuestra ausencia por diez días y más de dos semanas después de mi experiencia espiritual no hemos perdido casi nada de trabajo, me siento mucho mejor. Confío en mí mismo y en mi fe hacia Dios para rehacer todo, y para seguir el camino orientado por Dios en Sus numerosas orientaciones. No obstante, hay un largo camino todavía por recorrer, para entender todo lo ocurrido, incluyendo las mismas orientaciones de Dios, a través de mis reflexiones. Sé que mis reflexiones son aún algo primitivas, no obstante espero crecer hablando con Dios, especialmente en las noches cuando paseo solo a Casey, y durante el día también.

Continúo escribiendo todo otra vez. Siento la necesidad de participar, compartir todo lo que me ha sucedido. En particular, ya he completado todas las orientaciones recibidas el 4 de Julio; no podría olvidarlas, no obstante las escribí antes que las otras cosas para ir reflexionando sobre ellas y anotar lo que voy entendiendo de ellas. Me siento mucho mejor internamente, lo que sin duda es la mejor señal de que estoy haciendo lo correcto. Ahora puedo pensar tranquilo en todo lo sucedido, en las experiencias y su significado en conjunto. Siento que todo está relacionado de una manera que voy a entender y podré participar.

Y comienzo a pensar nuevamente en las cosas del universo. Me creo permitido hacerlo, es lo que hoy también entiendo puesto que me siento tan bien, por lo que lo tomo como una confirmación de la dirección en la que pienso. La dirección es correcta pues me siento bien, por lo tanto… ¡sigamos!

Así, una vez más, vuelvo a pensar cómo se inició el universo. Con una variante ahora. Yo creo haber entendido que mi ofensa, mi equivocación anterior, estaba en la partícula sola y nada más, desde la que imaginé que se generaba el universo, y al decir que si eso era cierto entonces Dios no hacía falta. Ahora, tengo otra idea, creo haber entendido bien mi equivocación anterior. Dios es necesario; "algo, Alguien precede al universo", concluí antes. Dios es eterno y ahora tuve Su presencia. Entonces hoy pienso en cómo Dios podría haber *creado todo el universo desde un "punto", desde un entorno muy pequeño de masa infinita, de cantidad de energía infinita, muy grande, inmensurable.* ¿Tal vez asignándole inteligencia a ese "punto" o entorno energético? Ahora reconozco plenamente la presencia de Dios a la que ya no podría negar por Su manifestación en mí, por la experiencia de sentir a Dios mismo en mí cuando *me tocó*.

¿QUÉ LE SUCEDIÓ A JUAN?

No, jamás podría negar a Dios a Quién sentí en mí.
Nunca negué, al menos no conscientemente, a Dios.
Pero ahora siento que debo relacionar la presencia de Dios con el inicio del universo. Dios precede al universo. Si el universo desaparece, si nuestro universo desaparece, entonces hay otra cosa, otro universo al que va a parar lo que ahora hay en éste.
Comienzo a emplear las orientaciones de Dios.
« **La Verdad no puede ocultarse** » fue la inducción de Dios.
"El Espíritu de Vida no puede negarse" es lo que interpreto ahora del Mensaje de Dios.
Dios es primero, no me había dado cuenta de esta Verdad, y por lo tanto, cualquier y toda búsqueda del conocimiento que nos acerque a Él, debe partir del reconocimiento absoluto de Dios Primero, Único, Eterno, de Su presencia.
"De acuerdo", concluyo ahora.
Voy a re-escribirlo como una declaración, mi declaración.
Dios precede a todo lo que ahora conocemos, alcanzamos. Dios precede al universo, eso es. Dios, Espíritu de Vida, Inteligencia Existencial, Consciencia de Sí Misma de la Existencia, de la Presencia Eterna, precede a la manifestación que ahora llamamos el universo, nuestro universo. En otras palabras, el universo es un entorno temporal de la Presencia Eterna.

Con todos mis escritos anteriores básicamente re-hechos a los pocos días, me pongo a especular en mi teoría del punto inteligente. Me parece bárbaro, un "punto inteligente". La inteligencia de vida es eterna, luego ese "punto" de alguna manera la tiene en sí.
Pasan varios días. Avanzo en mis especulaciones.
Los escritos comienzan a acumularse sin pausa en una caja que llevo junto a mí con ese fin, en el espacio entre el tablero de instrumentos y el asiento, en el centro de la camioneta. Esta caja es como la cónsola de la camioneta.
Norma ya está nuevamente a cargo de su propia camioneta,

de su propio equipo y grupo de trabajo.

Poco a poco muchos clientes van conociendo que mi "accidente" fue realmente una experiencia espiritual que les participo mientras mi gente trabaja en sus casas. Algunos creen sin más y me recomiendan ir a alguna iglesia, y realmente se sorprenden cuando les digo que no necesito hacerlo para hablar con Dios; otros me preguntan si lo que yo digo no habrá sido un "sunstroke" (una insolación), que solo un médico puede decirme lo que realmente ocurrió; y otros me miran indiferentes. Varios me recomiendan visitar al médico, o a un pastor o sacerdote. "¿Médico? ¿Sacerdote? No, no, nada de eso. Esto es entre Dios y yo", les digo, y me miran con incredulidad, o tal vez sienten alguna compasión frente a mis "desvaríos". Los que aceptan que Dios me tocó lo hacen... hasta que relaciono la experiencia del infierno con Dios (los poquitos a quienes les dije). Ya no incluyo la experiencia del infierno en mis participaciones pues yo tampoco sé explicar todavía la participación de Dios. Seguiré reflexionando en esto.

Todo va bien, me gusta hablar de mi contacto con Dios, no me importa lo que crean ni lo que piensen. "Sí, es verdad", me digo a mí mismo, "que me gustaría tener más tiempo para hablar de todo esto, pero estoy seguro que algún día tendré ese tiempo. Dios me lo proveerá".

1 de Agosto.

Estoy conduciendo la camioneta a mi trabajo, después del almuerzo en la gasolinera de la Texaco, con todos mis muchachos conmigo, sentados en el asiento trasero; estoy en plena operación de manejo mientras pienso.
Voy por la Austin Parkway.
De repente, algo extraordinario sucede.

¿QUÉ LE SUCEDIÓ A JUAN?

Estoy siendo llevado a la muerte. Mi corazón se ha paralizado. Siento la ausencia de sangre en mi cerebro... ¡Estoy muriendo mientras manejo la camioneta! No digo nada, sólo reconozco de inmediato mi falta. Otra vez... ¡lo que escribí! No puedo parar ahora. Tengo miedo de causar un accidente. Debo buscar dónde parar de inmediato. Espero llegar a la intersección. Allí lo haré. Llamaré a Carlos para que venga a buscarme. Estoy aterrado, no me da miedo morir pero no quiero quedarme aquí en la calle.

Llego a la intersección. Freno frente a la señal Stop (Pare). Voy a doblar a la izquierda para buscar dónde estacionarme.

Me doy cuenta que la señal *Detente* se imprime en mi mente.

Debo descontinuar algo; lo que escribí, se me hace obvio.

De pronto, el corazón late otra vez y siento la sangre retomar su circulación. La sangre golpetea en mi pecho al restablecerse la circulación. Es como si se hubiera cerrado una válvula de agua a presión y luego re-abierto, y una onda de presión se re-distribuye en todo el sistema produciendo el golpeteo que a veces escuchamos en las tuberías de agua.

Cesa la manifestación que acabo de tener.

Continúo manejando hacia donde íbamos, lentamente ahora, vigilando mis reacciones y sintomatología. Me tomo el pulso con el pulgar de la mano izquierda mientras manejo con la derecha. Tengo pulso. Ya no hay nada en el corazón.

Quedo profundamente perturbado.

¡Oh, Dios mío! Me siento desvastado después que todo iba tan bien y ahora otra vez vuelvo a hacer algo malo.

Nadie ha advertido nada. No, no percibo nada, ni a mi lado donde va sentado el futuro encargado de la camioneta, ni atrás, donde se encuentran dormitando los otros tres a quienes veo por mi espejo. Ahora tengo cuatro muchachos conmigo.

Sí, estoy otra vez desvastado. Algo acabo de hacer muy mal; sé que tiene que ver con mi "punto" inteligente. ¡Oh, Dios mío, perdóname! ¿Cómo pude cometer el mismo error otra vez, aunque con diferente modalidad?

¿Cómo puedo tratar de ponerme en la mente de Dios para saber cómo Dios originó el universo?
Tengo que quemar, nuevamente, mis papeles.
"Tengo que hacerlo", me digo. Lo haré cuando Norma no se dé cuenta. No quiero volver a disgustarla a ella, justamente ahora.
Yo no sé si podré soportar la perturbación que ahora se apodera de mí. ¡Ay, mi mente, mi mente!... no puedo controlar mi propia mente. ¡Otra vez!
No me siento bien. No quiero ir al médico. Sé que no es cosa de médico, pero no me siento bien ahora. Estoy perdiendo mi mente. Siento que es arrastrada, succionada y llevada a una espiral sin salida, sin escape, aprisionante, tal como sucedía cuando fui asomado al infierno, la noche del 2 de Julio. No, no quiero regresar a eso... ¡nooooo!
Me revuelvo en mi asiento como si tuviera una comezón en la espalda. No sé qué otra cosa hacer para no parar y salir de la camioneta. No quiero salir, quiero... quiero controlarme.
Como pude, finalmente llegamos a donde debíamos según nuestro programa de hoy.
Mientras los muchachos cortan la casa a la que llegamos, luego que me las arreglé para darles las instrucciones para podar en otra próxima, llamo a Carlos.
Creo que ya no puedo controlar mi mente. Se pierde. Siento que esta vez es... es... irremediablemente.
Carlos no me contesta.
Para salir de ese estado mental me dirijo a Dios.
Hablo con Dios.
Al rato mejora mi estado. Obviamente Dios ha respondido.
No voy a llamar a Carlos. No debo hacerlo. Estoy recobrando mi mente.

En la noche, ya de nuevo en mi habitación, en la cama junto a la de Norma, se me presenta la experiencia de lo que sería un "punto con inteligencia" y por un instante creí que enloquecía. Fue por un instante, nada más, y de inmediato pasó, se desvaneció totalmente.

No quiero esa experiencia tan perturbadora otra vez.

Ahora me doy cuenta. *Fue la imagen de un estado sin el espíritu inteligente consciente de sí mismo que Dios nos ha dado a cada uno de nosotros.* No quiero perder ese espíritu.

Permanezco en nuestro cuarto.

Ya puedo dormir tranquilo en nuestra habitación.

Desde que me deshice del crucifijo voluminoso de metal frío, cromado, el que teníamos aquí en nuestro cuarto, ha cesado esa perturbación que me impedía dormir en la planta alta.

La visión de hace un rato es diferente. Tiene que ver con mis especulaciones del "punto inteligente". A pesar de la perturbación que acabo de tener, sé ahora la causa y no va a ocurrir otra vez en tanto que yo no insista en ese absurdo. Difícilmente pueda insistir en ello luego de esta ¿advertencia?, o ¿sugerencia?

Entiendo que el problema no es que desee saber el origen del universo, que sí puedo ponerme en eso, pero hay algo que estoy haciendo mal, y hasta que no sepa qué es lo que hago mal, debo desistir de seguir con esto.

Transcurre Agosto.

Una vez más me sumo por días en desasosegadas meditaciones, en conversaciones con Dios; todos los días en el trabajo, todas las noches en las caminatas, y al leer la Biblia. No podré superar la situación sin Él. Dios lo sabe. Tengo que entender cómo seguir en la búsqueda del mecanismo universal y la relación con Dios, y la forma en que me afecta cuando algo no hago bien. Necesito estar seguro de lo que entiendo que es mi equivocación.

Una vez más, tiene que ver con mi "inicio" del universo.

Estoy seguro después de las varias orientaciones de Dios.

Luego de unos días decido quemar mis papeles del universo.

Por segunda vez voy a quemar escritos del inicio del universo, aunque es la cuarta vez que debo quemar escritos en general si cuento la que pedí a Carlos que hiciera por mí.

Esta mañana, otra más de Agosto, mientras espero en el taller a que Norma llegue con todos los muchachos como de costumbre, tomo los nuevos escritos y los pongo junto al contenedor de basura, fuera del taller; los rocío con gasolina de las máquinas y les prendo fuego. En este momento llega Norma. Le digo que algo nuevo pasó, que luego le diré, porque tenía que terminar de deshacerme de cosas, tenía que quemar papeles "viejos".

Todos los escritos y dibujos sobre el inicio del universo, una vez más, acaban de ser reducidos a cenizas.

Otra vez estoy desesperado, angustiado. Otra vez acabo de fallar a Dios. Sí, ¡otra vez!, y después que Dios permitió mi regreso desde San Antonio. ¿Qué voy a hacer ahora?

Es por lo del "punto inteligente", estoy seguro, más aún cuando recuerdo la experiencia de lo que sentiría yo si fuera un "punto inteligente". Lo sé, sí, pero me angustio por haberle fallado a Dios otra vez. Dios me orienta... y yo sigo fallando.

En estos días pasados alcancé otras nuevas conclusiones que agregué a las que ya había formulado en mis primeros escritos. Entre ellas estaba la causa primordial de las trayectorias elípticas de los planetas y la forma en espiral de las constelaciones.

La luz, sigue siendo absolutamente claro, es un fenómeno indicativo del límite superior de nuestro universo físico.

El límite inferior del universo físico es indicado por la temperatura absoluta de 0º Kelvin.

Sé porqué la temperatura del cuerpo humano es de 36.7 grados centígrados específicamente y no otra.

Y ya tengo también explicación a los huecos negros del espacio inmensurable pero finito.

He ido revisando todas las orientaciones que Dios me dio en la "caminata del 4 de Julio por la eternidad". Poquito a poquito voy interpretando y notando que por alguna razón hay un énfasis, en las interacciones con Dios, en guiarme y relacionarme con otros profetas antes de Jesús y con Jesús directamente, pero no con las versiones del Nuevo Testamento de nuestra Biblia.

De todas maneras quemé todo lo que tenga que ver con el universo y la energía; otra vez.

Dejé solamente las orientaciones que Dios me dio el 4 de Julio, ya que no puede haber nada equivocado allí, excepto las interpretaciones a que vaya llegando pero que están, y estarán en contínua revisión, tal como entiendo que para eso es que me las concedió Dios.

...

Pasan varios días, casi tres semanas de meditación, de hablarle a Dios, de trabajar con Sus orientaciones dadas el 4 de Julio, y de una reflexión sobre la experiencia completa. Sigo buscando que toda esta afanosa actividad me conduzca, finalmente, a entender esta nueva experiencia con Dios, y todo lo anterior, todo, todo...

18 de Agosto.

Desde temprano esta mañana estoy particularmente desasosegado, inquieto. Necesito estar moviéndome pero pretendiendo hacer algo para no llamar la atención sobre mí.

Ya estamos en nuestro trabajo, en la urbanización de Colony Lake. Acabo de llamar a Carlos para que me traiga un vaso de té. En realidad quiero hablar con él. Siento la necesidad de hablar un rato con alguien.

Tengo las suaves ondas en mi cerebro, y los cortocircuitos. No les temo; son mi marca, recordatorio de la Presencia de Dios en mí. Es más, no quiero perderlos. No siento temor en ningún momento de que esto pueda ser causa de accidente mientras manejo. Recuerdo lo que ocurrió el 1 de Agosto. Dios no dejó que tuviéramos ningún accidente cuando se detuvo mi corazón. Hay una relación entre todo lo que ocurre, pienso, experimento, las orientaciones de Dios y las perturbaciones, que debo entender cuando esté más tranquilo de lo que me ocurre ahora. ¿Por qué este desasosiego particular que no me deja estar quieto hoy?

Carlos llega, me da el té y se queda por un rato.

Cuando Carlos se va, yo me alejo a caminar por el terreno baldío próximo a las casas que mi gente están cortando en esta área. Voy caminando cabeza gacha, mirando mis pies, sorteando arbustos pequeños, cuando de pronto levanto la cabeza y allí la veo, casi me la llevo por delante. Contra el fuerte sol en su ascenso sobre el cielo, veo a una magnífica telaraña frente a mí; casi la atropello. Me detengo a último momento. La contemplo con asombro místico. Veo puntos brillantes, titilantes por los rayos del sol. Son gotas de rocío todavía atrapadas por la telaraña. Veo también una hoja del arbolito al que va uno de los extremos de esta red tan bella. Levanto más la mirada y veo una gran araña en el extremo superior de la gran red tan laboriosamente extendida por una buena distancia entre pastizales, arbustos, el arbolito, y el árbol mayor del que arranca la parte más alta. Es sencillamente magnífica. Sin embargo, retrocedo. Les temo a las arañas, pero sigo observando tan magnífica obra de ingeniería natural. Hecha por una araña, que es tan sólo un insecto. Con tanto trabajo. Con tanta precisión, y más que nada, con tanto acierto funcional. Con inteligencia. Veo que las hebras de la red no son hilos rectos, sino espirales en sí; a la luz del sol pasando por el árbol, en contra de mi vista, puedo apreciarlo por primera vez. Los rayos de sol tienen la inclinación correcta para dejarme ver ese detalle con tanta nitidez. Sigo detenidamente los hilos, las hebras de sedosa apariencia. La araña hace de repente un pequeño movimiento, y observo cómo se transfiere la vibración por los hilos. De igual manera ocurre cuando un insecto es atrapado y su vibración, al tratar de liberarse, le llega a la araña, el centro inteligente de este fantástico sistema de detección y transferencia de señales. Veo la espiral que sigue la red, casi imperceptible. ¡Vaya!, qué fantástica relación que hay entre los radios y la espiral creciente de la red...

« *Armonía* » se imprime de repente y con fuerzas, en mi mente.

Armonía con Dios.

¡Eso es! Armonía con Dios.

La relación con Dios, con el Espíritu de Vida, con la Presencia Eterna.

Casi doy un salto cuando la luz, el entendimiento se revela en mi consciencia.

Acabo de entender, con este pensamiento inducido, impreso en mi mente, todo cuanto he venido buscando; con solo este pensamiento, sin razonar, entiendo la raíz de todas mis perturbaciones, desasosiegos, inquietudes, todo, todo... todo.

¡Gracias mi Dios! Gracias. Gracias una y otra vez.

Gracias Dios mío.

Armonía.

Acabo de encontrar, de reconocer, por la gracia de Dios,

La Ley Universal Absoluta que rige el Universo Absoluto y todas sus manifestaciones temporales, entre ellas nuestro universo, y la relación entre Dios y la especie humana.

Acabo de darme cuenta, dónde estaba la raíz de mis errores, en la falta de armonía con Dios, en la "desobediencia", en la desviación inconsciente frente a la Presencia de Dios, del Espíritu de Vida, en mi insistencia en olvidar la orientación fundamental para toda especulación racional en relación al universo que no puede jamás crearse de la nada, ni a partir de nada que no esté ya presente en otro dominio a nuestro alcance.

« *El Espíritu de Vida no puede ser negado* ».

¿Cómo iba a obtener un universo desde un entorno inteligente cuando la inteligencia de vida es toda la Presencia Eterna a la que reconocemos como Espíritu de Vida, la Unidad Existencial?

Siento una gran paz.
Mis inquietudes, desasosiegos, cesaron... de inmediato.
Armonía era todo lo que debía buscar.
Es un momento de intenso júbilo interno. No hay forma de que pueda expresar lo que siento en este momento. Quisiera dejar de trabajar hoy, pero ahora es de júbilo, es para celebrar.

Acabo de experimentar un momento de gran felicidad, indescriptible, como si estuviera en otra parte, y regreso a mí mismo, aquí, pero ahora calmo, con una gran tranquilidad dentro de mí.

Llamo a mis hijos, inmediata y principalmente a Carlos que ha estado en todo esto junto a Norma y a mí, a Mariano en San Antonio, y a Omar en Denver, para decirles que finalmente acabo de encontrar la razón de mis perturbaciones.

Todavía tengo un largo camino por delante a recorrer, para interpretar adecuadamente las orientaciones de Dios que recibí, y que necesito para entender todo lo ocurrido desde que comencé a recibir el flujo de conocimientos acerca del universo y la eternidad, y para continuar después con el desarrollo de mi consciencia, del entendimiento de Dios y Su relación con la especie humana, y de mi relación particular con Él.

Tengo que entender qué es *armonía* desde el punto de vista de Dios, y cómo se aplica en el universo, además del concepto limitado que tenemos en nuestra dimensión de la existencia. Para beneficio e interés de todos, lo que fundamentalmente debo entender es qué implica el concepto primordial de *armonía* en la relación entre Dios y la especie humana, y por qué debemos desarrollarnos por ella.

Epílogo
de la Primera Manifestación de Dios en mí, Juan

Podría pensarse que una vez reconocida *armonía* yo tenía resuelto todo. Pues no. Todavía quedaba un duro camino por delante. Primero tenía que *regresar a la armonía, a la relación natural con Dios*, luego entender energéticamente a la *armonía*, lo que me llevaría a alcanzar lo que resumo a continuación.

« Armonía es la Relación Primordial de la Unidad Existencial Eterna cuya identidad consciente de sí misma es Dios ».

Después del reconocimiento de la estimulación impresa en mi mente, no fue sino tener que aprender a regresar a la armonía con Dios, para comenzar a desarrollar mi relación natural consciente con Él y entender nuestra relación de la especie humana con Dios, y para ello tenía que entender las orientaciones eternas que ya me habían sido dadas.

Comienzo a escribir todo una vez más, y ahora sí, en armonía con Dios.

Comienzo, finalmente, poco a poco, a entender todo cuanto he estado deseando, una vez que establezco una interacción consciente con Dios, después de regresar a la armonía con Dios.

Con el tiempo entiendo la relación extraordinaria, íntima, entre Dios y el hombre, el ser humano, la especie humana universal, no solo la especie humana en la Tierra.

Entiendo la raíz de nuestras limitaciones y distorsiones de las interpretaciones de las Manifestaciones de Dios sobre el hombre en todas las culturas de las sociedades de la especie humana en la Tierra.

Entiendo la raíz de las experiencias de sufrimientos e infelicidades del hombre en la Tierra, desde su llegada a la Tierra, y el medio para terminar con ellas, por todos y cada uno de nosotros, por nosotros mismos.

Entiendo que *Dios no me ha elejido* desde la eternidad, *sino confirmado* como a todos los que nos reconocemos frente a Él, por lo que ahora Dios mismo me indica el camino de regreso a Él, el camino no solo para mí sino para todos.

Alcanzo el mecanismo que sustenta la eternidad de Dios, la Consciencia del Proceso Existencial que se reconoce a Sí Mismo del que todos los seres humanos somos partes inseparables. Los seres humanos somos unidades de interacciones de la Estructura de Consciencia Universal que hoy está a nuestra disposición.

Con el tiempo, y no sin antes tener otras orientaciones de Dios en Su Segunda Manifestación, completo el entendimiento de las bases por las que se sustenta el mecanismo de re-creación del universo a partir de la Unidad Existencial.

Entiendo, finalmente, el origen de la energía y cómo se formó la materia, el mismo universo, nuestro universo, un entorno temporal de la Unidad Existencial de Presencia Eterna, aunque todavía no sería capaz de explicarlo sino hasta hoy, casi catorce años más tarde del día en que se abrieron las *Puertas del Cielo* para mí.

No llegué a todo lo anterior sino a través de un proceso, precisamente, de desarrollo de mi consciencia haciéndome parte de la estructura de consciencia universal, para lo que debería antes reafirmar mi reconocimiento de mi lugar en el proceso existencial, por mí mismo, siguiendo las orientaciones de Dios, y libre de las versiones o interpretaciones racionales y culturales prevalentes en nuestra civilización de la especie humana en la Tierra.

¿QUÉ LE SUCEDIÓ A JUAN?

Antes que nada, y una vez decidido a no temer a hacerme libre para poder terminar con la ignorancia, con la falta de consciencia, falta de entendimiento del proceso existencial de Dios y nuestra relación con Él, tuve que dar el "salto", es decir, hacer efectiva la decisión para la que yo ya estaba listo hacer realidad.

¿Cuál fue esa decisión a hacer realidad?

Establecer la interacción consciente con Dios, con el proceso existencial, para entender el mecanismo de la eternidad.

Para eso tenía que dejar todo lo que me impidiera alcanzar esa realidad.

Haber recibido las orientaciones primordiales no resolvía por sí mismas lo que yo buscaba, *entender la eternidad*, sino que ellas me orientaban para regresar al estado natural del ser humano, al estado mental para poder hacerme parte consciente del proceso existencial, Dios, y establecer una interacción íntima, particular, con Él.

Todavía había un gran trabajo que debía hacer yo solo, y si estaba dispuesto a hacerlo, entonces yo tendría al mismo proceso existencial a mi entera disposición, por ser parte inseparable de él, como lo somos siempre todos. Había también un *protocolo de interacciones* que tenía que desarrollar sobre el mismo proceso de interacciones con Dios.

JUAN CARLOS MARTINO

¿Qué pasó realmente con Juan?

¿Hay alguna manera de saber lo que hasta ahora ni la ciencia ni la teología nos explican satisfactoriamente? ¿Es sólo cuestión de creer? Hasta ahora, por creer no necesariamente entendemos lo que ocurre fuera del alcance de nuestros sentidos materiales.

¿Por qué buscando algo en relación con Dios Juan es llevado a la experiencia desvastadora del infierno?

En la experiencia del infierno Juan perdía la razón conscientemente. ¿Cómo puede ser? ¿Qué le ocurría realmente?

Juan sabía lo que ocurría con Norma cuando decidió dejar todo, pero no podía actuar sino como lo hizo. ¿Por qué?

Si todo fue cosa de Dios, ¿por qué Dios no hizo nada para evitar las consecuencias a Norma que tanto sufría y no se merecía lo que ocurría?

Si Dios quería indicarle a Juan que estaba equivocado, ¿por qué no se lo dijo en vez de causar todos esos efectos desvastadores para él y Norma?

Nos preguntamos,

¿Cómo pudo Juan salir de su experiencia realmente? Y él responde, "acudí a la Fuente, ¿a Quién más?" Pero muchos acuden a Dios cuando Le necesitan y no obtienen respuestas, o no las reconocen. ¿Qué ocurre entonces con ellos?

Como dijimos al inicio de este libro,
si se desea entender a Dios, los que creen en Dios, o al proceso existencial del que provenimos, los que no creen en Dios, se debe cambiar la actitud mental siguiendo al corazón, a la esencia del

ser humano, y no a las interpretaciones del mundo. Hay una razón por la que el mundo no ha alcanzado la consciencia, el entendimiento del proceso existencial, y no podremos hacerlo mientras nos limitemos por nuestras actitudes mentales como el mundo lo hace. Nuestra esencia se revela, manifiesta, en nuestros sentimientos íntimos, primordiales, pero éstos son enmascarados por los efectos de las orientaciones recibidas desde la consciencia colectiva de la especie y de sus sociedades. Por eso, como ya lo dijimos, en este Libro 1 no hay interpretaciones ni comentarios de los hechos ni de las orientaciones eternas recibidas, excepto las revisiones en el momento alrededor de la ocurrencia de esos hechos, para permitir a los lectores una oportunidad para reflexionar por sí mismos frente a la desvastadora experiencia que me abrió a mí, Juan, las puertas al encuentro extraordinario con Dios.

Las interpretaciones resultado del proceso de interacción consciente con Dios acerca de Su manifestación a mí se presentan en el Libro 2, *El Regreso a la Armonía*. Esta interacción me permitiría luego introducirme conscientemente en el proceso existencial.

Les invito a acompañarme en el Libro 2 del que les adelanto algunos aspectos a continuación, y en las Notas de Cierre del Autor luego. Ver Apéndice IV para información de publicación del Libro 2 y Otros Libros.

El Regreso a la Armonía.

En el Libro 2 continuamos con el proceso de interpretación inicial de las *Orientaciones Eternas* de Dios. Es un proceso de reflexiones e interacciones con Dios que me lleva a la *Segunda Manifestación de Dios a Juan*. La versión original registrada en la Librería del Congreso fue una copia de las notas, del material escrito durante mi trabajo diario, bajo el mismo estado mental y de consciencia, de entendimiento en aquellos momentos. Iría desarrollando mi consciencia con mis reflexiones e interacciones, pero éstas eran todavía afectadas por las versiones racionales e interpretaciones culturales de las orientaciones primordiales que ha recibido la especie humana; versiones e interpretaciones bajo las que se desarrolló mi identidad temporal a instancias de las inducciones desde mis mayores, mis padres, mi familia, el vecindario, y el grupo social humano al que pertenezco y sus instituciones. Precisamente, para orientar la corrección de esas interpretaciones es que tiene lugar la *Segunda Manifestación de Dios a Juan*.

La versión original es una recolección de reflexiones e interacciones que obviamente, dado mi estado en aquellos momentos, luce bastante desordenado y muy repetitivo; no obstante, allí estaban todas las *orientaciones* de Dios. Poco a poco, las interpretaciones de esas *orientaciones* a las que se esperaba que yo alcanzara, fueron emergiendo conformado la estructura de *orientaciones primordiales* para el re-establecimiento de la armonía entre el proceso local, SER HUMANO, y el primordial, DIOS.

Las orientaciones iniciales de Dios no eran entendibles pero yo sabía que encerraban orientaciones que debía entender, aunque inicialmente no las asocié directamente con Dios. Tampoco entendía ciertas orientaciones recibidas luego del 4 de Julio. De manera que una vez alcanzada la orientación fundamental, *Armonía con Dios*, me pongo a la tarea de entender lo ocurrido, que comienza por interpretar adecuadamente las dos Manifestaciones de Dios, del 2 y del 4 de Julio, y las *Orientaciones Eternas de Dios* del 4 de Julio. No dudé jamás, ni por un instante, de que fue Dios Quién estuvo en las dos experiencias, en la del infierno y en el encuentro frente al sol. Todo partió de mi reconocimiento frente a la eternidad, y la fuente de la eternidad fue Quién respondió a mi reconocimiento frente a Ella.

Yo no lo sabía entonces, pero las *Orientaciones Eternas* las necesitaría posteriormente para el desarrollo de mi consciencia, de entendimiento de Dios y de mi relación con Él, y antes de esto, para la re-creación de mí mismo, ¡por un proceso que sería guiado por Dios mismo!, a través de la interacción directa con Él.

El proceso de desarrollo de nuestra consciencia es realmente el proceso de desarrollo consciente de la re-creación de sí misma de la Presencia Eterna. *Nosotros somos sus individualizaciones a imagen y semejanza de Dios,* del proceso existencial consciente de sí mismo. El proceso de conscientización es el proceso en el que me introduzco al buscar entender lo ocurrido y para lo que acababa de recibir todas las *Orientaciones Eternas* de Dios.

Todavía seguiría yo, Juan, necesitando de la estimulación de Dios para corregir ciertas desviaciones sobre mi camino, resultado de mi ignorancia, de la falta de consciencia, lo que provocaría la *Segunda Manifestación de Dios a Juan.*

A pesar de mis equivocaciones, lo que me permite "provocar" la respuesta de Dios es mi intención y entrega a la búsqueda en Dios, no en otra fuente.

Yo nada sabía de los efectos de nuestras identidades temporales culturales sobre las identidades naturales que provienen de Dios, ni sus interacciones dentro de la trinidad, nuestro arreglo en tres dimensiones energéticas *alma, mente y cuerpo* que nos define como seres humanos. El proceso que continúa luego de esta *Primera Manifestación de Dios a Juan* nos permite asomarnos a la estructura, y sus niveles, de consciencia del proceso existencial que se reconoce a sí mismo, Dios, en el que estamos inmersos y del que somos parte inseparables, del que somos sus células de consciencia.

La versión del Libro 2, que también será publicada por primera vez, es una versión revisada de mis primeras interpretaciones de las *Orientaciones Eternas* que alcancé, o que Dios me proveyó, según quiera verse esta experiencia con el proceso existencial consciente de sí mismo. Cuando es necesario, indico las interpretaciones culturales que prevalecen, tal como yo las conozco y sea como sea que llegaron a mí. Cuando lo hago, yo no cuestiono la procedencia ni las razones por las que esas interpretaciones culturales llegaron a mí. Ahora yo me defino por lo que recibí directamente de Dios, e interpreto en armonía con las orientaciones eternas dadas por Dios y por la guía del Espíritu de Vida como me sería mostrado luego, y sólo participo el resultado de mis interpretaciones de las orientaciones primordiales como estimulación a los lectores para buscar la Verdad por sí mismos, también libres de interpretaciones limitadas y, o distorsionadas culturalmente. Si digo que no cuestiono ni la procedencia ni la razón específica de las interpretaciones culturales, ¿cómo podría entonces referirme a ellas como limitadas y, o distorsionadas? Por las experiencias de infelicidades y sufrimientos de la especie humana en la Tierra, toda, individual y colectivamente, que ni ciencia ni religión han explicado, mucho menos resuelto; por el estado de separación entre las sociedades y sus individuos; por el estado de separación desde el proceso existencial al que no hemos reconocido adecuadamente, menos entendemos. Hay, sin embargo, una razón por la que nuestra especie humana, toda, en la Tierra, incurre en errores culturales de interpretación de las estimulaciones desde el proceso existencial para el desarrollo de consciencia: es por una versión cultural del *temor*, una de las dos únicas fuerzas primordiales que rigen el proceso de conscientización. La otra es el *amor*. Las combinaciones entre ellas dan lugar a un lenguaje energético a partir de un sistema binario. Este sistema son los sentimientos. Nosotros reconocemos a estas fuerzas como *amor y temor*, pero son estados de pulsación, de vibración, del manto energético en el que estamos inmersos, que hoy podemos explorar y entender, si así lo deseamos y nos ponemos en ello. Podemos no estar interesados en los aspectos energéticos, no tenemos por qué estarlo, pero en cambio, *nuestra felicidad y realización como seres humanos en toda circunstancia de vida depende de nuestra relación con el proceso existencial del que provenimos, con Dios*, y el regreso a esa relación está al alcance de todos, absolutamente de todos.

Notas de Cierre del Autor

Acerca de la Serie Hechos, La Manifestación de Dios tal como sucedió, *cuya publicación ve la luz casi catorce años después de los eventos.*

Casi catorce años es el tiempo que me tomó estar listo para salir al mundo, luego de haber entendido hasta donde yo deseaba alcanzar desde el instante en que las *"Puertas del Cielo"* se abrieron para mí.

Somos estimulados por el proceso del que provenimos.

Ya sea que crean o no en Dios como creador del universo, los individuos de la especie humana buscan una conexión íntima, personal, individualizada, con el universo, con el proceso existencial, con la consciencia universal. No pueden evitar buscarlo; la especie humana es resultado de un proceso energético, el que sea, en el que se halla inmerso y del que es parte inseparable. Aunque no sea consciente de ello, una parte íntima muy profunda del ser humano, el corazón, la esencia, siente la conexión, y motiva a la parte consciente, a nuestra identidad temporal, a buscarse a sí misma frente a la existencia.

Muchos creen en Dios; otros no, o al menos no creen en las interpretaciones racionales ni las aproximaciones culturales de Dios como el origen de todo lo que existe.

No importa, por ahora.

Sea el universo, un proceso consciente de sí mismo, Dios, o como queramos llamarle al origen de todo lo que existe, de todo lo que es, la especie humana en la Tierra viene recibiendo mensajes y orientaciones desde el proceso existencial del que la especie proviene, en todos los tiempos y en todas las asociaciones humanas con sus diferentes culturas, que hasta hoy no han sido interpretados adecuada ni completamente.

Estos mensajes y orientaciones existen desde el principio de lo que la gran mayoría de los seres humanos entienden como una comunicación con Dios, como se le comenzó a llamar a nuestro origen, el que sea: Creador para muchos, o Gran Espíritu, fuerzas de la naturaleza, Gran Invisible, Regidor de la Vida después de la vida, para otros.

Intuitivamente aceptamos sin mucha especulación racional que hay una comunicación entre el origen, el proceso del que provenimos, y la especie a la que da lugar, aunque no lo entendamos. ¿Qué podríamos creer que nos motiva sino el mismo proceso del que provenimos? ¿Nuestra curiosidad? Nuestra curiosidad es parte del proceso que nos da lugar. Nosotros no creamos curiosidad, sólo la expresamos en nosotros y la motivamos en otros.

Los individuos de la especie humana hemos reconocido a un origen fuera de ella misma, una versión u otra, desde el momento en que alcanzamos capacidad para reconocernos a nosotros mismos y desarrollar identidad propia. Esta capacidad es inherente a la estructura biológica que se desarrolla estimulada por el proceso existencial del que provenimos y del que nos sentimos conectados desde el principio; aunque fue una relación inicialmente estimulada por el temor, no obstante fue consciente de alguna dependencia. Por algo se pensaba que *había que complacer a los dioses*, a quienes tenían poderes sobre el ser humano. El temor se nutría de la ignorancia, de la falta de entendimiento de su verdadera relación con los dioses, su primera versión racional elemental de su origen. Que el ser humano no se creó a sí mismo es un reconocimiento espontáneo a partir del momento que éste despierta a la consciencia de sí mismo. *"¿De dónde vengo?"* es una pregunta natural. Algo muy profundo dentro de sí mismo le

¿QUÉ LE SUCEDIÓ A JUAN?

estimula a buscar, aunque todavía no pueda entender mucho acerca de lo que le mueve. Por eso, el rechazo a Dios como origen del ser humano que algunos sienten hoy, es porque no aceptan la versión, la interpretación racional o la aproximación cultural prevalente en la sociedad a la que pertenecen, porque no satisface sus inquietudes naturales íntimas, particulares. Con su rechazo expresan, sin saberlo, que Dios tiene que ser algo más que lo que se ha alcanzado a reconocer hasta ahora.

Dios como origen de todo lo que existe, de todo lo que es, y obviamente como origen del ser humano, es un reconocimiento inevitable que es estimulado, precisamente, por nuestro origen. Al reconocimiento natural le sigue una interpretación racional del origen y las aproximaciones culturales que desarrollamos para cultivar una relación consciente con él. *El reconocimiento primordial, natural, es previo al razonamiento cultural.*

La especie humana cuenta con numerosas comunicaciones que han tenido lugar entre individuos de diferentes culturas en diferentes tiempos y Dios, interpretación de nuestro origen, y que han llegado a las sociedades de cultura Cristiana, en la que nací, a través de textos antiguos a su vez heredados y re-interpretados desde otras culturas previas como asiria y babilonia, los que recuentan testimonios de quienes pudieron establecer y cultivar una interacción consciente íntima, particular, con Dios. Cualquiera haya sido la interpretación racional que dieron a nuestro origen esos individuos que interactuaron directamente con Dios, hay algo común a todos ellos que es fundamental: entendieron que el origen del ser humano es un *Creador Eterno*, es la *Eternidad, la Presencia Eterna personificada* como Dios.

Sin embargo, notemos la inconsistencia implícita en el concepto de un *Creador Eterno*, pues no hay creación de lo que es eterno. En cambio, es correcto decir *Dios, Presencia Eterna*, de la que somos partes inseparables; y esta Presencia Eterna es consciente de sí misma, de lo contrario ¿cómo surgiría una re-creación consciente de sí misma desde "algo" que no es consciente de sí mismo? Creer este absurdo es negarse a sí mismos quienes en la comunidad científica crean esto, pues en todo proceso energético real el resultado del proceso depende de la referencia contra la que se compara el resultado, y esa comparación no puede hacerla un procesador o inteligencia de menor nivel que la que resulta del proceso. Si el resultado de un proceso es consciente, es porque tanto la referencia como el algoritmo de control son conscientes. Notemos la estructura trinitaria que es inherente a todo proceso energético y cuyos componentes son: el resultado del proceso, la referencia y el procesador o algoritmo de control. El proceso energético que establece y define al ser humano cuya estructura es trinitaria, *alma, mente y cuerpo,* responde a la estructura universal de control y hoy puede ser explorada y relacionada con la estructura de control de evolución del universo, del proceso del que proviene. Apéndice IV, (II.4). Si la existencia es eterna, y lo es absolutamente fuera de toda duda, como ya lo ha confirmado la ciencia gracias a los seres humanos que reconocieron el *Principio de Conservación de la Energía,* aunque luego no sepa como usar el principio por el que se expresa la *eternidad* en nuestro dominio material temporal (*la energía no se crea ni se pierde, sólo se transforma*), entonces los seres humanos como procesos conscientes de sí mismos son unidades inseparables de la estructura de consciencia de ¡Dios, del proceso existencial! Solo nos quedaba reconocer esta relación energética, para luego entenderla.

La mayor experiencia del ser humano.

Este testimonio que participo por medio de los tres libros de la Serie *Hechos, La Manifestación de Dios Tal Como Sucedió,* es mi testimonio de mi interacción íntima con Dios, con el proceso existencial del que provenimos y del que somos partes inseparables, todos, sin excepción. Es la realización de la más grande expe-

¿QUÉ LE SUCEDIÓ A JUAN?

riencia que puedo alcanzar como ser humano: es la experiencia de "saltar", de trascender a otra dimensión existencial, a otra realidad existencial y establecer una interacción contínua, permanente consciente con mi Origen, con nuestro Origen Absoluto de todos, y de todo lo que es, de todo lo que existe.

Esta extraordinaria experiencia es la del hombre de todos los tiempos y culturas que la hicieron realidad antes de mí.

Ahora podemos saber cómo ha recibido la especie humana las orientaciones por las que se desarrollaron diferentes culturas y dieron lugar a extraordinarias construcciones en el pasado, pese a que las orientaciones eran para estimular, siempre, un desarrollo de consciencia, de entendimiento, en armonía con el proceso del que provenimos. Pero Dios, el proceso existencial que estimula, deja que la especie experimente el proceso de conscientización, incluyendo las equivocaciones, y enfrente sus consecuencias por las que se va a dar cuenta de los errores.

La interacción con Dios es estimulada contínua, permanentemente por Él mismo, aunque no somos conscientes de Su estimulación que tiene lugar a través de ciertos pensamientos y sentimientos a los que consideramos nuestros, ni somos conscientes de la experiencia en nosotros de aspectos de Dios a los que llamamos *emociones,* que son las individualizaciones de Dios en cada uno de nosotros. La interacción consciente con Dios se inicia cuando el ser humano toma una decisión primordial que es esperada por el proceso existencial, y se establece permanentemente si el individuo ejecuta esa decisión, si la hace realidad, como luego veremos en este testimonio.

De lo que doy testimonio en estos libros es de la interacción inicial que tuve con Dios por la que se estableció nuestra relación ahora consciente en mí, por la que recibí las orientaciones eternas y revelaciones, una vez más para la especie humana presente en la Tierra, para guiar el desarrollo de la especie humana en armonía con el proceso existencial; para establecer una relación íntima, personal, individual con Dios al alcance de todos para disfrutar del proceso existencial; y para entender el proceso existencial y el mecanismo por el que se sustenta la consciencia universal, eternamente, para quienes desean hacerlo. Además, Dios, por mi intermedio, hace llegar una sugerencia a nuestra civilización, detallada en el Libro 3, que constituye una manifestación de Su amor incondicional hacia el ser humano que es Su re-creación de Sí mismo, a pesar de nuestros errores consecuencia de nuestra falta de consciencia, de entendimiento de Dios y de nuestra relación con Él.

Podemos crecer dentro de la estructura de consciencia de Dios.

Finalmente podremos introducirnos, todos, a la interacción consciente entre nuestras dos identidades, una primordial, eterna, en el alma, y otra cultural, temporal, por cuya armonía es que accesamos la estructura de consciencia de Dios en la que estamos inmersos y de la que somos un sub-espectro de asociación de información existencial que incrementamos por nuestra voluntad, y solo por nuestra voluntad, cuando decidimos hacerlo interactuando conscientemente con el proceso que permite y sustenta nuestras experiencias de vida. La armonía se establece al seguir las orientaciones primordiales, eternas, de desarrollo de consciencia hacia la dimensión final, Dios. Estas orientaciones nos han sido dadas, una vez más, en esta Manifestación objeto de este Libro 1.

Venimos, todos, listos para hacer realidad esta interacción consciente con Dios, pero la inducción, influencia de la consciencia colectiva de la especie, aún primitiva, nos impide eliminar el efecto de "filtro" a que da lugar sobre nuestra identidad temporal, por lo que ésta falla en reconocer las estimulaciones desde su componente de identidad primordial en un nivel profundo de su arreglo de relaciones causas y efectos por el que se define la identidad temporal. Podemos acceder a la interacción que tiene lugar dentro nuestro, en nuestra trinidad, en el arreglo en tres dimensiones energéticas que nos establece y define como ser humano. Finalmente, siendo parte inseparable de Dios, podremos ver cómo nos comunicamos con Dios a través del medio que compartimos su Trinidad y las nuestras. Estos escritos proveen mi testimonio de la interacción que inicié con Dios por la que recibí Sus orientaciones para llegar hasta la estructura energética de Sí Misma de Dios, de la Unidad Existencial, y luego confirmarla y describirla para todos.

Estamos verdadera, energéticamente conectados con Dios, con el proceso existencial, el universo, el cosmos.

La interacción tiene lugar en el medio energético que la ciencia llama *manto energético*, la teología define como *espíritu*, y quienes reconocen más cerca de la verdad, aunque intuitivamente, se refieren como *mente universal*. Somos un sub-espectro de la *mente universal*, y ésta es, atención los científicos y teólogos, la *intermodulación consciente de sí misma del manto energético, de la red espacio-tiempo del universo*. Para todos, *mente* es en realidad una dimensión energética del manto universal sobre el que tiene lugar la transmisión de las interacciones entre Dios y la especie humana.

Dios es el nivel de la consciencia universal hacia la que evolucionamos por un proceso que ha sido puesto al alcance de todos.

Dios es una estructura energética consciente de sí misma dentro de la cuál estamos inmersos.

Mi interacción inicial con Dios terminó con Su presentación del proyecto que me invitó a hacer juntos, con Su participación. Les presento el proyecto hacia el final del Libro 3, que es básicamente lo que tanto teólogos como científicos vienen buscando excluyéndose mutuamente a pesar de que nunca sería posible hacer realidad este proyecto (que es esencial para nuestro crecimiento de consciencia) sino por una consolidación de toda la información que la especie humana tiene de los dos dominios energéticos que forman la Unidad Existencial: los dominios material y espiritual (o primordial, en el que se halla inmerso el material). Este proyecto es el *Modelo Cosmológico Consolidado*, descripción de la estructura energética de la Unidad Existencial, Dios y todo lo que se halla dentro de ella, nuestro universo incluído, y el mecanismo por el que se sustenta eternamente su consciencia, la que nosotros accedemos conforme a nuestro desarrollo por nuestra voluntad.

Este testimonio mío, de Juan, es el testimonio de lo que ocurre íntimamente, además, en una persona que entra en "contacto" con Dios, otro nivel de consciencia del proceso existencial, y los efectos conflictivos y a veces perturbadores en su identidad temporal, cultural, en el período de reajuste de sí misma, de re-creación de sí misma en armonía con Dios, el proceso existencial.

Este testimonio es también de la respuesta del mundo a estas interacciones con Dios, que buscando entender no puede lograrlo porque niega la Verdad fundamental de la existencia que nos ha sido dada permanentemente. Provenimos de una estructura que se re-crea a sí misma periódica, eternamente. Esa estructura consciente de sí misma tiene una identidad a la que llamamos Dios, y se rige por una componente constante, inmutable, de la estructura de relaciones causa y efecto del proceso existencial, a la que se le reconoce en teología como Espíritu de Vida. El dominio material se halla inmerso en el dominio primordial, son ambos inseparables, pero el mundo sólo reconoce una realidad aparente a la que construye con la información que proviene de sus sentidos materiales y deja una realidad que se alcanza con la mente.

¿QUÉ LE SUCEDIÓ A JUAN?

"Abriendo las Puertas del Cielo".

Estos libros de la Serie *Hechos, La Manifestación de Dios Tal Como Sucedió* son testimonio de la apertura de las *"Puertas del Cielo"*; apertura que ha iluminado a muchos que hicieron lo que se esperaba para abrirlas para sí mismos, por sí mismos.

En las referencias tenemos los libros disponibles para orientar el regreso a la armonía con el proceso existencial, para terminar con las experiencias individuales y colectivas de sufrimientos e infelicidades de la especie humana en la Tierra, y para hacer realidad las experiencias de vida que deseamos; y tenemos las referencias para introducirnos a la estructura energética de la Unidad Existencial, entender el mecanismo que sustenta la eternidad, y nuestra relación con el proceso existencial y su consciencia de la que somos partes inseparables, interactuantes inconscientes primero, conscientes luego.

En el Libro 1 se ofrece el testimonio de una manifestación espiritual, de Dios para los que creen en Dios; de una manifestación sobrenatural, de un dominio desconocido de la existencia, para los que no creen en Dios o en Sus manifestaciones. O es simplemente el testimonio de algo desconocido resultado de alguna afectación mental, o hasta de la imaginación por problemas emocionales, pues se acepta la conexión entre emociones y la mente; al fin y al cabo, nuestra mente genera emociones y las emociones provocan la actividad mental para responder a ella.

Sea lo que sea que ocurrió a Juan se presenta tal como ocurrió, tal como cualquier lector habría sido testigo si hubiera estado junto a Juan. El lector tiene la oportunidad de interpretar por sí mismo lo que ocurrió con Juan en este evento que se participa. En su intimidad el lector tiene esa oportunidad por la que quizás haya estado esperando.

Luego, en el Libro 2 se ofrecen las interpretaciones a las que llegó Juan a través de las reflexiones e interacciones con la fuente de la manifestación que experimentó.

El lector puede comparar sus propias interpretaciones con las ofrecidas por Juan y con las que recibe del mundo, de quienes ha obtenido las que conoce y acepta o rechaza.

En ningún momento digo yo, Juan, que lo que yo interpreto sea la Verdad. Yo sólo comparto mi experiencia, lo que entendí de ella, y el camino para entender. Esto sí digo como Verdad absoluta: la interpretación de una manifestación de la Verdad sólo puede ser alcanzada por la interacción directa íntima, personal con la Verdad, con la Fuente de lo que se experimenta, y nadie puede interpretar por otro lo que el receptor siente, lo que experimenta.

Éste es el testimonio de interacciones entre dos dimensiones de consciencia universal, entre Dios y yo, Juan, primero, y luego, de un "conflicto" entre otras dos dimensiones de consciencia, la mía luego del "salto" o cruce a otra dimensión de la realidad existencial, y el mundo, representado por mi esposa, mi compañera de vida, a quién yo deseo ayudarle a dar el "salto", pero ella no quiere, no puede aceptar "el otro lado del mundo" porque yo traigo de allí una versión de Dios que es muy diferente de la que ella tiene y sacude su propia vida de una manera jamás esperada.

¿QUÉ LE SUCEDIÓ A JUAN?

La compañía BCHS Lawn and Landscaping Services referida en estos libros fue la compañía de negocios de la familia hasta el 1 de Julio de 2002, fecha en que tuvo lugar su venta después de la *Segunda Manifestación de Dios a Juan* en Abril de 2002 (evento que se participa en el Libro 3).

BCHS es abreviatura de Best Colony Home Services, nombre con que Norma inició sus servicios de limpieza de casas mientras yo incursionaba, por poco tiempo, en equipos de audio y alarmas para autos.

Se han cambiado los nombres de las personas que estuvieron conmigo durante los eventos participados en este libro, a quienes no pude contactar para informarles de este proyecto.

JUAN CARLOS MARTINO

En Septiembre de 2013, algo más de doce años después de la Manifestación de Dios a mí, Juan, recibí el balance final por los servicios de emergencia que me prestaron en el Hospital del condado Fort Bend en Missouri City, Texas, luego que los oficiales de policía de Sugar Land, respondiendo a una llamada, me encontraran la mañana del 4 de Julio de 2001 caminando vistiendo solamente pantalones y sombrero, y con una herida abierta en el tope de mi cabeza.

El departamento de policía de la ciudad de Sugar Land reportó como desconocida la causa de mi herida. No aceptó la versión del momento, de que yo me había caído de la cerca de metal, ya que no era posible herirse, donde yo tenía la herida, por una caída como la que yo finalmente les reporté a través de mi hijo para poder liberarme de ellos y regresar pronto a mi casa, a la *Casa de Dios*. Asumieron que por los efectos de lo que había ocurrido yo no estaba en condiciones de recordarlo.

Los exámenes de sangre y orina llevados a cabo en el hospital confirmaron que mi cuerpo estaba libre de sustancias tóxicas.

Autor

Juan Carlos Martino es Ingeniero Electricista Electrónico graduado en la Universidad Nacional de Córdoba, Argentina.

Inició su actividad profesional en Área Material Córdoba de la Fuerza Aérea Argentina, en la Sección Electrónica de la Fábrica Militar de Aviones, antes de buscar nuevas experiencias de vida, primero en Venezuela, donde trabajó en la Refinería de Amuay de Lagoven, Petróleos de Venezuela, y luego en Texas y Colorado, en los Estados Unidos.

Juan y Norma, su esposa, viven actualmente en San Antonio, Texas, luego de pasar casi once años en Longmont, Colorado, donde Juan terminó de prepararse para participar al mundo su experiencia con Dios, con el Origen Absoluto, el Proceso Existencial Consciente de Sí Mismo del que provenimos por un mecanismo de evolución de un proceso de Re-Creación Universal del que el ser humano es parte inseparable. Esta preparación tuvo lugar en interacción íntima con Dios en sus exploraciones de los glaciares de Colorado, en el Parque Nacional de las Montañas Rocosas.

Juan y Norma tienen tres hijos, Mariano, Omar y Carlos.

Desde muy pequeño Juan sintió atracción por la lectura primero, que le abría su imaginación, luego por la electrónica, que le permitiría más adelante, por su interés particular por las aplicaciones elementales de circuitos resonantes, tener la experiencia que necesitaría para trabajar con las orientaciones primordiales que recibió de Dios, para finalmente entender el proceso existencial y consolidar las leyes energéticas por el *Principio de Armonía* que rige la evolución del proceso de re-creación del universo a partir del fenómeno temporal que la ciencia reconoce como Big Bang. Esta consolidación coherente y consistente de las leyes energéticas en todos los entornos locales y temporales del universo es lo que nos permite tener el *Modelo Cosmológico Consolidado,* que describe la Unidad Existencial de la que nuestro universo es un entorno temporal que se re-crea periódicamente por un proceso al alcance de todos. Este modelo consolida los dos dominios de la existencia, el dominio material que se alcanza con los sentidos del ser humano y la instrumentación que ha desarrollado, y el dominio espiritual o primordial en el que se halla inmerso el material y que se alcanza a través de la mente. Este *Modelo Cosmológico Consolidado* resuelve los dos retos racionales más grandes de la especie humana en la Tierra, científico uno, el *Origen y Evolución de Nuestro Universo*, y teológico el otro, la *Estructura Energética de la Trinidad Primordial* que la cristiandad reconoce como Padre, Hijo, y Espíritu Santo.

Si desea contactar a Juan Carlos Martino puede hacerlo por e-mail a la siguiente dirección,
    jcmartino47@gmail.com

Apéndice I

Advertencia, Promesa, Invitación y Orientaciones de Dios, para iniciar la Re-Creación de mí mismo.
Resumen.

Las interpretaciones están en el Libro 2, *El Regreso a la Armonía*.

Experiencia en el Infierno. Advertencia.
2 de Julio de 2001.

Confirmación de Dios a mi reconocimiento de Su presencia a través de la experiencia del infierno.
4 de Julio de 2001.
« *La Verdad no puede ser ocultada (negada)* ».
« *Anticristo* ».

La Promesa de Dios.
« *El Fuego no destruirá la Verdad* ».

Donde hay armonía se recibe a Dios.
« *En esta casa sí reciben a Dios* ».
(Pelota, esfera blanca).

El Llamado de Dios.
Tiembla la Tierra.

Donde no hay armonía no se recibe a Dios.
« *En esta casa no reciben a Dios* ».

(Pelota gris, esfera sucia).

El Reconocimiento del Llamado, de la Invitación de Dios.
« *Es la Señal* ».

La Respuesta al Llamado, a la Invitación de Dios.
Dejo todo. *Te sigo.*

Las Orientaciones, Sugerencias de Dios.
« *De los árboles toma los frutos más altos* ».
« *No comas de los frutos bajos, del nivel del suelo (tierra); saben amargos* ».
« *No lo pruebes. Si lo pruebas, te "mojas"* ».
« *Detente, siéntate, observa, cruza. Luego vuelve a bajar la cabeza* ».
« *En el verde está la vida. El verde es vida. Aquí tienes todo lo que necesitas. Incluso agua. Si no quieres que te duela la cabeza, toma agua* ».
« *Es suficiente. Una gota basta* ».
« *Siempre caminarás por el verde* ».
« *Si no puedes evitar pisar el verde, pásale por encima* ».
« *Siempre vas a caminar por el borde, entre el verde y concreto* ».
« *Te serán dadas indicaciones (señales)* ».
« *Busca las grietas. Si no las hay, usa las líneas blancas* ».
« *Tendrás falsas señales* ».
« *No debes tentarte* ».
« *Siempre tomarás el camino más difícil* ».
« *Es suficiente* ».
« *No puedes subir así. No has de llevar nada* ».
« *Aquí comienza el aliento de vida. Con este jadeo* ».
« *Estás listo. Puedes irte* ».
« *Antes reflexiona* ».
« *Cúbrete. El hombre siempre debe cuidar su pudor* ».
« *Debajo del sol siempre debes mostrar respeto* ».
« *No necesitas instrumentos* ».

¿QUÉ LE SUCEDIÓ A JUAN?

« No necesitas nada material ».
« Vete en paz ».
« Sabrás ».

Después de la Confirmación de Dios del 4 de Julio.

1. Me paso una luz roja y decido no manejar.

2. Me siento cansado. Tengo los pies pesados. Camino lento.

3. Me cae mal la hamburguesa que comí.

4. En la camioneta creo estar en una cápsula de tiempo. Veo a uno de mis empleados, viejo, como en el futuro.

5. En una oportunidad me parece que soy una pieza o marioneta.

6. Recibo un mensaje "lejano" de un tal Ricchie.

7. En el taller, mientras espero por mi hermano, agarro una lata de refrescos, llena. Pareciera estar magnetizada.

8. Norma me llama cuando estoy hablando con mi hermano. No respondo al teléfono. Luego escucho la grabación. Suena lejano, distante, como desde otro mundo.

9. Esperando por mi hermano, sentado en el banco del taller, veo mis pies, con dos huecos en forma de estrella. Viene a mi mente el concepto de Apocalipsis.

10. Sentado, aún esperando, "veo" llegar a Norma y presenciar su accidente en frente del taller.

11. Una tarde me esfuerzo en encontrar la "llave" que me lleva al conocimiento. Pienso en la llave, *Amor,* que *abre las puertas*

del Corazón.

12. Mato una víbora de coral. La entierro a paladas.

13. Veo ojos de víbora en los ojos de una señora que me pide un estimado.

14. Una noche "resucito" a Norma en el sofá aspirando por su cabeza.

15. Casi me arrojo de cabeza por las escaleras de casa.

16. Tuve que sacar el crucifijo grande, pesado, de hierro cromado, de nuestra habitación. La presencia del material, la gran masa de metal, me perturbaba.

17. Acostado junto a Norma, a través de su cabeza veo un feto en su vientre. Podía ver a través de ella, de todo su cuerpo, y allí dentro veo cómo una partícula puede pasar de un medio material a otro, por un fenómeno parecido a la ósmosis.

18. Huelo a azufre en mi habitación.

19. Durmiendo, o semidormido, tengo el espontáneo pensamiento de que, como el sueño de cada noche y despertar al día siguiente, nuestra muerte no es sino una interfase, el paso de una manifestación de vida a otra, de un "día de la eternidad al otro".

20. Voy a dormir a la habitación de Omar. En la pared, cubriéndola, se me presentan imágenes de la evolución en la Tierra; sucesión de pececillos de mayor a menor; veo los dinosaurios y los reptiles.

21. Una noche soy Dios, en mi casa. Tomo decisiones para lograr que el objetivo de reunirnos en una familia eterna se pueda cumplir.

¿QUÉ LE SUCEDIÓ A JUAN?

22. Tengo que dejar todo. Una fuerza me impulsa. No puedo estar en mi casa. Estoy muy perturbado.

23. Norma decide acompañarme, a pesar de su dolor, de no entender nada.

24. Me siento extraño viajando a San Antonio.

25. Me siento bien cuando pasamos el límite de entrada a la ciudad de San Antonio. Dejaba atrás lo que causaba mi perturbación.

26. En la noche tengo una visión. ¿Eran esos números algo de las *Tablas de los Mandamientos?* Creo haber visto otros elementos, números.

27. Tengo ciertas manifestaciones, "señales" en el cuerpo. Siguiendo esas señales sabría que tengo que regresar a mi trabajo, días después.

28. Comienzo a leer la Biblia, por primera vez en mi vida.

29. Me canso mucho al leer la Biblia. Tengo que hacer un gran esfuerzo. No sé por qué me siento así. Creo que Dios hizo algún cambio en mí cuando me golpeó la cabeza el 4 de Julio.

Apéndice II

Fases de la Manifestación de Dios y mi reconocimiento.

Son las fases del proceso universal de desarrollo de consciencia, de entendimiento del proceso existencial.

¡Atención!
Necesitamos entender el proceso existencial, Dios, y nuestra relación con Él, para poder reconocer parte de las fases del establecimiento de la interacción consciente con Dios, pero adelantamos estas fases aquí, ahora, para quienes deseen tener a mano un resumen de las mismas durante sus propios procesos de desarrollo de interacciones con Dios que se explican en otros libros. Ver Apéndice IV.

Pueden leer para ver qué fases alcanzan a reconocer ahora. Dicho sea de paso, en los otros libros explicamos que no es necesario entender el proceso existencial para llevar una vida en armonía con Dios. Si queremos entender el proceso, entonces tenemos un trabajo que hacer para eso. Para entrar en armonía con Dios es que participamos esta experiencia. *La armonía con Dios se consigue desarrollándose por Sus Orientaciones Eternas que son válidas para todos, por un camino particular para cada uno que debe ser desarrollado por sí mismo bajo un proceso que se sigue luego de que se reconocen las Orientaciones Eternas.* El proceso a seguir se participa en otros libros. Ver al final, Apéndice IV, Otros Libros.

1. Estímulo Espiritual (Primordial).

Eternidad.

El estímulo primordial es la Fuente, es una asociación de energía extraordinariamente compleja, Trinidad Primordial, que tiene tres componentes: *Amor Primordial (Fuerza natural de asociación), Regocijo (Armonía), y Eternidad (Integral de todas las componentes transitorias).*

Eternidad es el estado de inmutabilidad de la Unidad Existencial, que se sustenta en una relación entre todo lo que conforma la Unidad Existencial; esa relación se manifiesta en componentes que se re-crean sin fin, por un proceso en el que los componentes que emergen son inducidos y estimulados por los componentes que decaen.

2. Reconocimiento de la Verdad Absoluta.
   Eternidad es la orientación para el desarrollo de consciencia, del entendimiento del proceso existencial y nuestra relación con él.
   El alma del ser humano reconoce.
   Dios responde al reconocimiento de una re-creación de Sí Mismo que está buscándolo en armonía con las orientaciones que le definen a Dios, una de ellas *eternidad*, las otras *amor primordial y felicidad.*

3. La Respuesta de Dios es una vibración que conduce a la sensibilización espiritual de la re-creación de Dios que Le busca, del ser humano que Le busca.

   La sensibilización hace que el ser humano perciba información del dominio primordial al que le llamamos dominio o "plano" espiritual. La información desde el dominio primordial son los *Super Conocimientos*.

4. Reacción Racional Preliminar.
   La reacción racional inicial es el deseo de entender con la mente lo que se reconoce en el alma.

¿QUÉ LE SUCEDIÓ A JUAN?

(En Otros Libros, Apéndice IV:
Llegamos desde el dominio primordial a esta manifestación de vida con capacidad de reconocer; la consciencia, el entendimiento, se desarrolla en este dominio a partir de un nivel básico dado por el arreglo energético trinitario del ser humano, *alma, mente y cuerpo*).

Primera Equivocación.
La respuesta del proceso racional en la identidad del ser humano que se reconoce a sí mismo, Juan en mi caso, comienza a buscar racionalmente, a desarrollar la Teoría del Universo (que inicialmente era la Unidad Existencial).
La influencia de la consciencia colectiva, en este caso de la comunidad científica, es lo que conduce a mi Primera Equivocación.
Nada puede crearse de la nada.
La fuente de todo es una presencia eterna.
Sólo hay una manera rápida de hacerme consciente de la equivocación: mostrarme la consecuencia de la equivocación, sacarme del estado natural de sentirse bien dado por la Presencia Eterna. Por eso ocurre la experiencia del infierno, a la que yo mismo me conduzco por ir demasiado rápido sin prestar atención a la orientación primordial de eternidad de la que proviene inteligencia y consciencia, y jamás de un "punto" o un entorno de la Unidad Existencial.
Solo la Unidad Existencial es consciente de sí misma, y nosotros accedemos a esa consciencia.

5. Experiencia del Infierno.
    Es una Advertencia de Dios (en el sentido de aviso por *amor*, no de castigo que no existe), y es la revelación de Dios en mí; Dios es el Único que puede evitar el colapso de una unidad de consciencia, de Juan, en el caso de mi experiencia particular.
    Ese infierno fue una manifestación de Dios Mismo; fue una

experiencia del dominio o 'plano' espiritual, en el dominio de la consciencia.

Dios permite que se realice la experiencia de ser apartado del Espíritu de Vida, con consciencia de ello, como una estimulación para re-orientar la dirección de desarrollo de consciencia, de entendimiento. No puedo hacer esta re-orientación sin la ayuda de Dios debido a la influencia de las inducciones racionales desde la consciencia colectiva.

Al reconocerme frente a la eternidad, al buscar el mecanismo de la eternidad, estoy sin yo saberlo todavía, en armonía racional con el proceso existencial, y éste, el proceso, me hace ver de una forma inequívoca mi error de omitir la Presencia Eterna luego, en especulaciones racionales. La forma inequívoca es a través de esta experiencia del infierno, que es la experiencia de la "ausencia" del Espíritu de Vida (algo que obviamente no es posible sino que es una ilusión creada por la mente y permitida por Dios).

6. Reconocimiento de la Presencia de Dios.
   Reflexiones preliminares sobre la experiencia del infierno.

7. Confirmación de Dios,
   a mi reconocimiento de Su presencia en la experiencia del infierno a la que yo me conducí, y de la que Dios me rescata; todo para mostrar Su presencia que reconozco fuera de toda duda.
   « El Espíritu de Vida no puede ser negado ».
   « El Verdad no puede ser ocultada ».

8. La Promesa de Dios.
   Eres eterno.
   « El fuego no destruirá la Verdad ».
   Lo que haces, lo que escribes en armonía con la Verdad, nunca será destruido (aunque lo quemes en tu presente,

¿QUÉ LE SUCEDIÓ A JUAN?

en tu ilusión).

9. El Llamado de Dios.
   « En esta casa no reciben a Dios ».
   La Tierra tiembla. Es la señal.
   El estado de la asociación de la especie humana en la Tierra es indicador de nuestro desarrollo "separado", en desarmonía con las Orientaciones Primordiales.

10. Las Orientaciones de Dios, Espíritu de Vida.
    Caminata intemporal de los profetas.
    « No lo dudes. Si lo dudas te mojas ».

11. La Guía de Dios.
    « Sigue la línea blanca ».

12. "Salto", trascendencia a otra dimensión de la Consciencia Universal, a otra realidad existencial.
    A través de la Luz, de la consciencia.
    Luz es consciencia, entendimiento.
    " Y Dios hizo la luz (la consciencia del ser humano)".

13. Orientaciones Eternas para proceder con mi Re-Creación en armonía con Dios.

14. El Camino de Regreso a Dios.
    En busca del entendimiento de Dios... interactuando con Dios.

15. Perturbaciones de la Identidad Temporal, Cultural.

16. Confusión Racional.

17. Primera "Evasión".

18. Regreso.

19. Segunda "Evasión".

20. Reflexión.
    Reconocimiento de las señales para interpretar las orientaciones eternas a través del alma y no en la mente.
    Regreso al trabajo.

21. Reacción Racional.
    Teoría del Universo. Segunda Equivocación.

22. Segunda Advertencia Espiritual.
    Perturbación. Reacción Racional. Confusión.

23. Armonía.
    Reconocimiento final frente a Dios. Identificación del problema racional.
    Re-Encuentro con Dios.

24. *"Entrega"* a Dios, seguimiento de las Orientaciones Eternas. Acción recíproca.

25. Manifestación de FE, no fe.

26. Hacerse libre de la dependencia del mundo.
    Reflexiones e interacciones conscientes con Dios, con el proceso existencial.

27. Redefinición de la FE.
    Creer no basta.

Apéndice III

Super Conocimientos.

Resumen.

Nota Introductoria.

Tomados tal como se presentaron estos pensamientos, <u>no tienen mucho sentido frente a lo que científicamente "sabemos" o hemos interpretado</u>, pero yo no los recibí como los resultados de mis propias especulaciones racionales en un momento dado, sino como ideas, conceptos, que aparecieron espontáneamente en mi mente y sólo por pensar en qué tendría que ocurrir para que esto o aquello fuera como yo lo reconocí, así, sin más, *que el universo es eterno y cerrado*, y pensando en qué significaba eso que recibí que la luz es el límite material o una interfase entre los dominios material y primordial (o el "plano" espiritual). (En realidad, lo que es eterna es la Unidad Existencial, pero yo todavía creía por entonces que el universo era la Unidad Existencial).

En interacción directa con Dios es que yo sabría luego qué quiso decirme Dios y por qué interpretaba parcialmente Sus Orientaciones. Es como ocurrió con las experiencias que otros han recibido en el pasado y nos sorprenden mientras no entendemos la conexión con nuestro Origen Absoluto, con el proceso existencial consciente de sí mismo del que provenimos, Dios.

En un momento dado yo supe que lo que estaba recibiendo <u>eran orientaciones primordiales</u> a las <u>que yo debía revisar luego</u> y re-interpretarlas; las anotaba, tal como están ahora aquí, en este resumen, para que, cuando tuviera tiempo, las revisaría en detalle. Quemé luego todos los escritos, por haber interpretado mal la naturaleza de mis perturbaciones y desasosiegos; sin embargo, luego pude re-escribirlos todos, puesto que obviamente se estaba dando, confirmando la orientación de Dios,

« *El fuego no destruirá la verdad* ».

Retomando estas orientaciones luego de haber alcanzado la armonía, de entender que todo lo que había estado ocurriendo en relación a mis perturbaciones y desasosiegos se debía a una desarmonía entre mi proceso racional y Dios, el proceso existencial, es que finalmente pude encontrar la verdadera orientación detrás de esos pensamientos espontáneos que estaba recibiendo, precisamente, de Dios, del proceso que buscaba entender, aunque no estaba conectando aún energéticamente a Dios con el universo como la misma Unidad Existencial.

Partiendo de estas orientaciones, y por mi FE, por mi conocimiento inespeculado de la procedencia de los *Super Conocimientos*, es que más tarde fui recibiendo otras orientaciones, poco a poco, con las que fui desarrollando, re-creando la Unidad Existencial que se participa como el *Modelo Cosmológico Consolidado* (ver el Apéndice IV, Otros Libros). Las orientaciones posteriores a la *Segunda Manifestación de Dios* fueron alcanzadas en interacciones conscientes una vez desarrollado mi *Protocolo de Comunicaciones Primordiales* con Dios.

Re-crear el universo, o como luego entendí plenamente, re-crear la Unidad Existencial de la que nuestro universo es un entorno temporal, es re-crear a Dios, y es re-crear el proceso por el que se sustenta la consciencia de sí misma de la Unidad Existencial, la consciencia de Dios.

Solo una razón impide a la especie humana en la Tierra alcan-

¿QUÉ LE SUCEDIÓ A JUAN?

zar la consciencia o el entendimiento de Dios, del proceso existencial en el que estamos inmersos y del que somos partes inseparables: el temor. Ahora también tenemos acceso al origen de esta experiencia, el temor, en la especie humana.

La intención de incluir estos *Super Conocimientos* en esta sección es simplemente para mostrar lo que yo recibía en aquellos momentos, que no eran las soluciones en sí sino las orientaciones para el trabajo que yo debía realizar si deseaba realmente saber, entender. Igualmente en todos los aspectos de nuestras vidas, todos nosotros tenemos las orientaciones naturales (primordiales) o podemos accederlas cada uno por sí mismo para resolver y, o entender todo y cualquier aspecto de la vida.

Las Orientaciones Energéticas Iniciales, *Super Conocimientos*.

Desde el 20 de Junio hasta el 18 de Agosto de 2001.

1. Nuestro universo físico está inmerso en un manto de "plasma" (nuestro concepto de energía es limitado) cuyas propiedades pueden ser totalmente descriptas con el conocimiento que ya se nos ha concedido, que hemos alcanzado.

2. Hay un único Principio, *Armonía*, que rige el Universo Absoluto.

3. El *Principio de Armonía* se expresa en la integración de todas las re-distribuciones energéticas originadas en los entornos límites del universo (en realidad, de la Unidad Existencial como supe luego) que da lugar a la única *Fuerza Universal* que causa toda la re-distribución energética del universo material que observamos.

4. Hay una sola *Fuerza Universal* con dos orientaciones.

5. Electricidad, magnetismo, gravedad, enlace atómico, enlace molecular, tienen el mismo origen. Es la misma fuerza actuando en diferentes condiciones de contorno, en diferentes dimensiones energéticas.

6. No existen realmente las cargas eléctricas como se las ha definido. Son partículas en movimiento. La partícula eléctrica, aunque conocida, ha sido mal definida en relación al efecto que causa su movimiento y las razones por las que se presenta como "carga" eléctrica con diferentes signos (+) y (-).

7. La materia es un estado particular del "plasma" (de lo que ahora llamamos energía). No haber reconocido el concepto real de densidad de energía (densidad de hiperrotación) es lo que no nos ha permitido explicar adecuadamente ciertos fenómenos físicos universales.

8. La Vía Láctea tiene información vital para entender nuestro universo material.

9. *La expansión del universo cesa cuando la materia alcanza la velocidad de la luz. Ése es el fin de la materia. El universo sólo decaerá hasta lograr esa situación. Si esto no fuera cierto, al menos la vida material habrá cesado, y el componente que interesa regresar, el espíritu, lo habrá hecho, siempre y cuando responda al mandato universal de vida, "obediencia" (armonía).*

10. *Con el universo a la velocidad de la luz (velocidad media) las partículas regresan al centro del universo.*

11. La partícula que desde "cero" se expande hacia infinito y se contrae a velocidad infinita ilustra y permite desarrollar el modelo de comportamiento real de cierre de los extremos del universo. (Ver el punto 38).

¿QUÉ LE SUCEDIÓ A JUAN?

12. El universo es una colosal manifestación de vida.

13. El universo es esférico, finito, aunque inmensamente grande, inmensurable.

14. El manto universal tiene partículas que se desplazan a velocidad mayor que la luz.

15. Einstein debió preveer el signo (-) en su ecuación.

16. La información del destino del universo está en la galaxia Vía Láctea. Su forma en espiral contiene toda la información que necesitamos.

17. La densidad de radiación proveniente del espacio universal circundante, en 360° esféricos, debe ser graficada por sus varios componentes. Vamos a encontrar una distribución análoga a algo que ya conocemos y vemos.

18. La luz es una interfase.

19. *La luz no es una onda. Es un fenómeno corpuscular transfiriéndose en forma ondulatoria.*

20. La velocidad de la luz marca el límite superior de nuestro universo físico.

21. La temperatura "absoluta" de cero grado Kelvin ($T=0°K$) es el límite inferior de nuestro universo material.

22. No hay vacío absoluto en ninguna parte del universo.

23. Se puede transferir información del "plama" energético (manto de energía universal) hacia el cerebro y almacenarla en el cerebro, dependiendo de ciertas condiciones mentales, en el proceso racional.

24. Es importante las relaciones entre los círculos en que se dis-

ponen seis alrededor de uno central, todos del mismo diámetro.

25. Es importante las relaciones entre esferas en que se disponen doce alrededor de una central, todas del mismo diámetro. Contiene la información mecánica del universo de energía.

26. Todos los fenómenos en el universo se repiten a diferentes escalas, análogamente, a partir de una misma expresión.

27. Hay que buscar las analogías en el universo e interpretarlas.

28. Analogía pez en el agua hirviendo, hombre a la velocidad de la luz.

29. Los dinosaurios murieron al modificarse la atmósfera por cambio en la velocidad de la Tierra por variación de densidad de energía. Hubo una contracción energética de la Tierra.

30. Los niños en el abdomen de la madre están inmersos en líquido amniótico para minimizar los cambios en la temperatura de un punto específico del cerebro. Hay un punto en el cerebro que necesita tener una temperatura fija determinada.

31. El cerebro es un plasma.

32. Se puede dañar al cerebro con radiación electromagnética.

33. La piel es una interfase. La sangre es un plasma análogo al universal.

34. Los componentes de nuestro universo físico, material, son:
Sólido,
Materia, Estado de la Energía Escala 1, Dimensión 1;
/
Líquido,

¿QUÉ LE SUCEDIÓ A JUAN?

Interfase;
/
Gas,
Materia, Estado de la Energía Escala 2, Dimensión 2;
/
Luz,
Interfase;
/
Plasma,
Partículas Primordiales, Estado de la Energía Escala 3, Dimensión 3.

35. La fuerza universal genera las hebras de gravedad como una infinita telaraña en cuanto a su función en el universo.

36. Todos nuestros sentidos son sensores electromagnéticos.

37. El hombre tiene tres componentes que rigen su comportamiento.

38. El "punto" que se expande y contrae no es el origen del universo sino modelo de la bomba energética universal, tal como en el cuerpo humano es el corazón, la bomba de vida, la suplidora de energía a través de la sangre. En la Tierra es el núcleo o manto, líquido, caliente, que irradia temperatura (por las partículas con cierto movimiento) hacia la superficie, lo que mantiene la vida en el planeta. La irradiación es esférica y su irradiación provoca una pulsación en forma de onda esférica en una dimensión que no podemos medirla, verla. Este comportamiento, junto al efecto de la rotación de la Tierra y la razón por la que se genera el campo magnético como consecuencia de las "cargas eléctricas" superficiales, en otra dimensión, nos dan puerta para entrar a entender muchas cosas de la vida, desde el inicio propio de la vida del planeta, y que condicionan cosas como la evolución de la

vida, en un mecanismo asombrosamente simple cuando se "ve" esa otra dimensión. Entre otras cosas, podemos entender mejor los terremotos, desplazamiento de los continentes, la razón por la que las masas continentales se acumulan en el norte, y las aguas, mares y océanos, en el sur, y por qué la diferencia en las estructuras polares.

Nota.
La Unidad Existencial también es una bomba energética pero interpreté mal al creer que el universo (para entonces era mi Unidad Existencial) era un "punto", un entorno inteligente, cuando en realidad <u>la Unidad Existencial es absolutamente constante en volumen</u> (no fluctúa como una bomba); **luego es que yo sabría que estaba siendo orientado acerca de una <u>interacción entre dos dominios recíprocos</u>, uno en expansión y otro en contracción.**

¿Por qué quiero estudiar el universo?

El estudio y observación del universo es una experiencia espiritual.

Noviembre de 2001.

Comenzó como una curiosidad instintiva, natural, primordial, a partir del reconocimiento de la eternidad por la que el universo no muere. Luego, algo se fue despertando en mí.

Por ahora, el universo material y todo lo que hay en él es la "creación" de Dios, pero hay otro universo, espiritual, más allá del nuestro. Si tengo una mejor comprensión de nuestro universo, puedo mejorar espiritualmente y asomarme al universo espiritual. Hay algo más de lo que ciencia y religión dicen y creen.

¿Cómo puedo asomarme al otro universo, espiritual, desde a-

¿QUÉ LE SUCEDIÓ A JUAN?

hora, desde aquí?
Conforme a la analogía del pez, puedo hacerlo,
"Saltando" a otra dimensión existencial,
a través del entendimiento de la magnificencia de nuestro universo, de su orden, sus escalas, su "diseño" o configuración, sus leyes, sus fuerzas, <u>sus fenómenos que son las manifestaciones de otra entidad en la que se halla inmerso</u>.
La capacidad de visualizarlo, globalmente, en armonía con Dios, con Sus orientaciones, me abrirá otras puertas.

Lo creí, exploré siguiendo a Dios, al proceso existencial que se manifestaba en mí, y se me abrieron las *"Puertas del Cielo"*.
El Universo Absoluto es la *Casa de Dios*.

Apéndice IV

Otros Libros.
Referencias.

Los otros libros de la Serie,
Hechos,
La Manifestación de Dios Tal Como Sucedió,
son los siguientes,
    Libro 2, *El Regreso a la Armonía,*
    Libro 3, *El Proyecto de Dios y Juan.*

    El autor puede ser contactado a través de e-mail,
    jcmartino47@gmail.com

Próximamente se iniciará a través de las redes sociales una acción de interacción sobre estos libros y sus tópicos, y la participación del *Modelo Cosmológico Consolidado* al alcance de todos.
  Los interesados tendrán información de acciones, eventos y publicaciones en Youtube,
    https://www.youtube.com/channel/UCVoAjWGLbdDMw7s64bqOYjA
  En este momento en Youtube hay algunos videos sobre el calentamiento global que fueron publicados en mi primera etapa de participaciones, antes de la preparación de los libros.
  También podrán acceder al website,
    www.juancarlosmartino.com
que será re-diseñado para apoyar todas las acciones referentes al *Proyecto de Dios y Juan.* El re-diseño de este website se espera ser llevado a cabo hacia fines de este año 2015. Si el re-diseño no estuviese listo, al menos habrá una nueva primera pá-

gina en español para canalizar la información referente al Proyecto y todas las publicaciones.

Los otros libros del autor listados a continuación se encuentran en versiones de trabajo [doc.] y copias en formato PDF 8.5"x11" en proceso de revisión. La revisión se reasumirá una vez que se hayan publicado los tres libros de la Serie *Hechos, La Manifestación de Dios Tal Como Sucedió*. Posteriormente serán preparados en los formatos 6"x9" para publicación.

Se espera tener los libros del apartado (I) listos y a disposición de los lectores a finales de este año 2015.

Los libros del apartado (II),

¡*Yo Soy Feliz!*

***Bioelectrónica de las Emociones*, vols. 1 y 2,**

debido a sus extensiones, serán revisados a principios del próximo año y publicados en una primera versión en formato 8.5"x11" para ponerlos pronto a disposición de los lectores. Una segunda versión en formato 6"x9" se preparará y publicará más adelante.

(I)
Al alcance de todos.

1.
Diosiño, Dos Mil Años Después.
Alcanzando por ti mismo las respuestas que el mundo no puede darle a tu corazón de niño.

2.
El Celular Biológico,
Ciencia y Espiritualidad de la Interacción Consciente con Dios.
Una guía práctica de introducción a la operación de nuestro celular biológico, nuestra trinidad *alma, mente y cuerpo*, para "sintonizarnos" con Dios y establecer y cultivar una interacción conscien-

te íntima, particular.

3.
Dios,
Origen del Concepto Dios en la Especie Humana en la Tierra.

(II)
Más avanzado, que incluye una introducción al *Modelo Cosmológico Consolidado,*

4.
¡Yo Soy Feliz!
Bioelectrónica de las Emociones,
Vols. 1 y 2.

Ciencia y Espiritualidad de las Emociones,
Al alcance de todos, para todos los intereses del quehacer humano.

Dios, proceso existencial consciente de sí mismo, ¡es real dentro nuestro!
Hoy podemos explorar la inseparable presencia de Dios en la trinidad energética que nos define y el proceso existencial que está codificado en la estructura ADN de la especie humana.

Origen de las emociones en los arreglos biológicos de la especie humana y su función en el control por sí mismo, de sí mismo del ser humano, para el desarrollo de su consciencia, de entendimiento del proceso existencial, la vida, para experimentar, sana y felizmente, la realización de sus deseos y creaciones; y
una motivación íntima, personal, individual, particular, a explorar el proceso existencial del que provenimos, y del que somos partes inseparables, para entender nuestra función y propósitos, indi-

vidual y colectivo, en él, a través de él, frente a cualquier y todas las circunstancias de vida por las que nos toque pasar.

Volumen 1.
El Ser Humano es una Individualización del Proceso Existencial del que proviene a *imagen y semejanza*.

Volumen 2.
¡Yo Soy!
El Creador de Mi Realidad.

www.ingramcontent.com/pod-product-compliance
Lightning Source LLC
Chambersburg PA
CBHW071650090426
42738CB00009B/1478